管理学学术文库·宏观管理与决策卷

管理学学术文库·宏观管理与决策卷

国家自然科学基金资助项目（71962020、72072079）成果
河南省哲学社会科学规划项目（2021BJJ070）成果
河南省软科学研究计划项目（242400410263）成果

政府与市场互动视角下驱动企业技术创新政策研究

吕晓军　王红建◎著

華中科技大學出版社
http://www.hustp.com
中国·武汉

内 容 提 要

本书基于微观企业数据，从政府与市场互动的视角研究驱动企业技术创新的政策效应，通过构建研究驱动企业技术创新关键性政策的理论框架，并基于该理论框架考察资本市场开放、信贷数量管制和利率市场化、跨行业套利、实体企业金融化、政府补贴、竞争性政策和连锁股东对企业技术创新的影响，较全面地反映影响企业技术创新的关键性因素，有助于进一步验证金融、补贴以及竞争性政策促进企业技术创新的杠杆作用，更加深刻理解驱动企业技术创新的作用机理及路径，有助于指导技术创新政策的调整。

图书在版编目(CIP)数据

政府与市场互动视角下驱动企业技术创新政策研究/吕晓军，王红建著.—武汉：华中科技大学出版社，2022.8

(管理学学术文库.宏观管理与决策卷)

ISBN 978-7-5680-8630-1

Ⅰ.①政… Ⅱ.①吕… ②王… Ⅲ.①企业管理-技术政策-研究-中国 Ⅳ.①F279.23

中国版本图书馆 CIP 数据核字(2022)第 148978 号

政府与市场互动视角下驱动企业技术创新政策研究

Zhengfu yu Shichang Hudong Shijiao xia Qudong Qiye Jishu Chuangxin Zhengce Yanjiu

吕晓军　王红建　著

策划编辑：周晓方　宋　焱　黄　军
责任编辑：贺翠翠
封面设计：原色设计
责任校对：余晓亮
责任监印：周治超
出版发行：华中科技大学出版社(中国·武汉)　电话：(027)81321913
　　　　　武汉市东湖新技术开发区华工科技园　邮编：430223
录　　排：武汉正风天下文化发展有限公司
印　　刷：湖北恒泰印务有限公司
开　　本：710mm×1000mm　1/16
印　　张：20.75　　插页：2
字　　数：394 千字
版　　次：2022 年 8 月第 1 版第 1 次印刷
定　　价：99.90 元

华中出版

前　言

Preface

本书基于微观企业数据，从政府与市场互动的视角研究驱动企业技术创新的政策效应，通过构建研究驱动企业技术创新政策的理论框架，较全面地反映影响企业技术创新的关键性因素，有助于进一步验证金融、补贴以及竞争性政策促进企业技术创新的杠杆作用，更加深刻理解驱动企业技术创新的作用机理及路径，有助于指导技术创新政策的调整。在已有文献的基础之上，本书至少在以下三方面具有一定的贡献，具体表现为：

第一，构建驱动企业技术创新关键性政策的理论分析框架。国内外学者主要从财税政策、金融政策和竞争性政策等方面研究了驱动企业技术创新的作用机理及路径，但这些研究成果主要从单一方面研究驱动企业技术创新的政策。少部分学者开始尝试研究政府创新补贴、高新技术企业减税、研发加计扣除三种混合政策对企业技术创新的驱动机制，为本书的研究提供了有价值的借鉴。然而，企业技术创新周期长、风险大、驱动政策复杂，必须从驱动企业技术创新的关键性因素入手，建立研究驱动企业技术创新政策的统一性理论框架。因此，本书构建驱动企业技术创新关键性政策的理论分析框架，并对此进行实证研究，从而在理论上深化了财政、金融和竞争等方面政策促进企业技术创新的理论机理。

第二，较全面地反映了影响企业技术创新的关键性政策因素。现有研究关于金融、补贴、竞争性政策对企业技术创新的效果仍然存在较大的争议，存在抑制效应还是激励效应，还未取得一致的结论，有待我们进一步深度挖掘其作用机理和作用效果。因此，本书构建驱动企业技术创新关键性政策的理论分析框架，考察金融、补贴、竞争性政策对企业技术创新的影响，有助于进一步明确驱动企业技术创新的政策效果，探明作用机理及路径，以优化和完善驱动企业技术创新的关键性政策。

第三，进一步明确政府与市场互动下驱动企业技术创新的政策。现有研究重点关注了政府和市场的关系问题以及如何发挥市场配置资源的决定性作用，但关于两者如何影响企业技术创新缺乏系统研究。随着企业创新的主体地位进一步明确，如何有效发挥政府和市场的作用促进企业技术创新成为学者研究的热点问题。较多的学者分别从政府和市场的关系角度探寻驱动企业技术创新的机制及路径，然而，企业技术创新具有周期长、不确定性高以及失败率高的特性，在依靠市场力量来推动企业技术创新的过程中，政府必须纠正“市场失灵”，采用财税、金融、资本等多种手段，充分发挥市场机制配置资源的作用，并根据市场的反作用适时调整政策，实现政府与市场互动，有助于提升企业绩效、实现产业转型升级等目标。在现有研究中，鲜有学者从政府与市场互动的视角研究企业技术创新的激励政策和驱动机制。因此，本书从政府与市场互动视角，构建驱动企业技术创新关键性政策的理论分析框架，并进行实证研究，有助于进一步探明政府与市场的边界，厘清政府与市场良性互动关系构建的机理及途径，进一步明确政府与市场互动下驱动企业技术创新的政策。

本书分为六大部分。

第一部分为第一章。这是本书研究内容的基础部分，主要阐述选题背景、研究目标及意义、国内外的研究现状和主要研究内容等，总结出了本书的研究方法及主要创新点。通过选题背景的阐述，提出本书所要研究的主要问题和研究意义。对选题所涉及领域的文献进行梳理，分析该领域的研究动态、水平和发展前景等，并界定了本书所涉及概念的基本含义，从而确立了本书研究的内容。归纳和整理本书的研究方法和创新点，说明研究方法在书中的应用及创新之处。

第二部分为第二章。这一部分是本书研究理论基础的介绍和分析。梳理本书采用的相关理论——新制度经济学相关理论、创新理论、产业政策理论和金融发展理论的观点及演变过程，为本书的研究做好理论准备。

第三部分为第三章。这一部分主要介绍我国企业技术创新发展现状及相关政策。介绍目前企业技术创新的发展现状，梳理在国家层面和主要地区层面的补贴政策及金融政策，并总结政策的实施情况。

第四部分为本书研究的核心部分，包括第四至九章。该部分实证研究资本市场开放、信贷数量管制与利率市场化、政府补贴、连锁股东、跨行业套利、实体企业金融化对企业技术创新的影响，找出企业技术创新的驱动机制及路径，为提出政策优化建议奠定基础。

第五部分为本书的政策建议部分，包括第十章。根据以上的研究结论，该部分提出推动各地区市场化进程，营造良好的制度环境；发挥政府补贴的杠杆作用；深化国有企业改革，激发企业活力；推进金融市场化改革，提升资本市场开放水平；精准实施反垄断规制，以合理竞争推进创新策源等政策建议，促进企业技术创新。

第六部分为本书的政策实践部分，包括第十一章。根据上述研究结论，该部分提出构建系统协调的创新政策体系、优化科技创新政策的宏观政策环境、完善政府补贴政策体系、完善科技创新活动建设经费投入机制、强化优秀科技人才引进和激励等政策建议,提升河南省企业技术创新能力。

本书的分工如下:吕晓军博士主要负责本书的第一章至第七章、第十章、第十一章,主要内容包括引言,理论基础,我国企业技术创新发展现状及相关政策,资本市场开放与企业技术创新,信贷数量管制、利率市场化与企业技术创新,政府补贴与企业技术创新,竞争性政策、连锁股东与企业技术创新,政策建议,提升河南省企业技术创新能力的实践,这九章内容约 30 万字;王红建教授主要负责本书的第八章、第九章,主要内容为跨行业套利与企业技术创新、实体企业金融化与企业技术创新,这两章内容约 6 万字。

特别感谢广东外语外贸大学会计学院曹瑜强博士、浙江财经大学会计学院杨庆博士、武汉纺织大学管理学院杨筝博士、江西师范大学李茫茫博士、北京大学光华管理学院博士生汤泰劼、东北财经大学会计学院博士生陈松在数据和技术上给予的支持和帮助,此外,还要感谢南阳理工学院李东阳博士、李玉老师,以及河南工业职业技术学院陈婷婷博士的无私支持和帮助。

Contents

目 录

Contents

第一章　引言

第一节　选题背景和意义

一、选题背景

国务院《国家创新驱动发展战略纲要》和党的十九大报告相继提出了“发展引领产业变革的颠覆性技术”和“颠覆性技术创新”等战略命题，新时代背景下在位企业被赋予了牵引、整合颠覆性创新的使命。2018年爆发的中美贸易摩擦、中兴和晋华“之殇”等一系列事件，再次给中国科技界尤其是高新技术产业界敲响了警钟：中国企业在诸多科技创新重点领域依然存在短板，“卡脖子”的核心技术缺失问题严峻。在工业4.0背景下，企业技术创新不仅是中国企业获取和维持竞争优势的关键途径，也是实现要素市场化配置和高质量发展的基石。我国政府为了促进企业技术创新，在财政、金融等各方面先后出台了一系列政策，然而，在不断加大政策力度的同时，我国企业技术创新水平仍然较低。因此，仅依靠政府加大政策支持力度来促进企业技术创新是行不通的，必须充分发挥市场在资源配置中的决定性作用，形成政府与市场互动，激励企业发挥创新的主体地位，促进企业技术创新的格局。

（一）现实背景

现代经济增长理论表明，技术进步和知识积累是决定经济增长的重要因素（Romer，1990），而技术的进步必然来源于技术创新，技术创新的重要手段便是研究与开发活动。研究与开发活动必须依靠企业，发挥企业的创新主体地位，依靠市场力量来完成。然而，在依靠市场力量来推动企业技术创新的过程中，出现了信息不对称、个人理性与集体理性产生矛盾以及公共产品外部性等问题，造成了“市场失灵”，此时政府必须伸出“扶持之手”干预市场，优化市场资源的配置。纠正“市场失灵”，引导企业技术创新，财政和金融等政策成为各个国家普遍采用的手段。对于处于转型升级期的我国来说，由于市场经济还不成熟，产权保护制度还不健全，技术创新的体系仍然有待完善，单纯依靠市场的自发力量很难起到引导企业技术创新的作用。因此，如何有效发挥政策的引导和支持作用至关重要。

党的十九届五中全会明确提出，坚持创新在我国现代化建设全局中的核心地位，把科技自立自强作为国家发展的战略支撑。科技创新的重要性被推到了一个更加瞩目和意义深远的位置。近年来,国家不断加大对基础研究、应用研究和实验发展活动的支持力度,取得了较好的效果。根据《2019 年我国政府研究机构 R&D 活动统计分析》,政府资金一直是研究机构 R&D 经费的主要来源,而来源于企业的资金在研究机构 R&D 经费中的比重一直较低。2006 年以来,政府资金占研究机构 R&D 经费的比重虽然存在一定波动,但始终保持在 80%以上。2019 年,研究机构 R&D 经费中,来源于政府的资金为 2582.4 亿元,所占比重为 83.8%,企业资金增至 118.7 亿元,比上年增长 15.7%,但所占比重只有 3.9%。另外,根据世界知识产权组织(WIPO)的统计,2019 年中国国际专利申请数量接近 5.9 万件,首次超越美国(5.78 万件),成为申请量最多的国家。20 年间,中国提交的专利申请量增长了 200 倍。从数量上看,中国的科技创新取得了举世瞩目的成就。根据 WIPO 发布的《2020 年全球创新指数》,其中,最能衡量创新质量的两项指标,知识产权收入在贸易总额中的占比以及计算机软件开发在 GDP 中的占比,美国这两项指标均排名第一,中国分别排名第 44 位和第 23 位。就质量而言,中国与发达国家相比仍然存在较大的差距,中国企业存在较为严重的创新陷阱问题。所谓“创新陷阱”,是指企业创新行为长期陷入一个难以实现实质性增长的循环阶段,而“重数量、轻质量”的创新陷阱则是指我国企业专利数量虽然经历了一个高速增长的阶段,但是创新质量仍然处于低位循环,导致诸多“卡脖子”技术难以得到有效解决。因此,必须发挥政策的激励作用,并同时充分发挥市场的高效资源配置作用,吸引企业和民间资本对于技术创新的投入,以此来提高 R&D 投入强度,激发技术创新的活力,缩小与发达国家之间的差距。

(二) 理论背景

中国政府历来重视科技对经济的促进作用,党的十七大提出建设创新型国家,科技创新成为推动生产力发展的决定性因素。技术创新是科技创新的一种表现方式。培育企业技术创新能力,关乎建设创新型国家的成败。因此,驱动企业技术创新的因素及政策成为学者关注的焦点。部分学者从金融视角研究了驱动企业技术创新的政策,但仍未形成一致意见。如田轩(2019)从金融创新的视角,提出在宏观、微观和中观领域实施金融创新,驱动企业技术创新。吴非等(2021)认为利率市场化能够驱动企业技术创新。但夏清华和乐毅(2021)研究了风险投资对于企业技术创新的驱动作用,认为风险投资尚未成为中国企业技术创新的决定性因素。部分学者从政府补贴的视角研究企业技术创新的驱动政策,争议也比较大。储德银和刘文龙(2021)发现,政府创新补贴有利于提升企业创新绩效，国有企业文化对政府创新补贴与创新绩效关系的正向调节作用强于非国有企业。孙晓华等(2017)发现，关于研发补贴的激励效果，外资企业和私营企业比国有企业好。但袁军等(2022)认为研发补贴虽会显著促进企业创新，但研发补贴集中度会抑制企业创新，企业获得的研发补贴集中度越高，越不利于企业研发创新。章元等(2018)发现政府补贴显著提高了创新经费支出、新产品销售收入和专利申请数量，但被补贴企业的自主创新明显下降，而购买引进新技术显著增加。也有学者认为研发补贴对企业技术创新不存在线性关系，如吴伟伟和张天一(2021)研究了研发补贴与非研发补贴对企业技术创新的影响，发现研发补贴对企业技术创新存在倒“U”形影响。部分学者从税收优惠的视角研究企业技术创新的驱动路径，也尚未达成共识。王俊(2011)认为政府研发税收优惠对企业研发支出的激励效应显著。而江希和和王水娟(2015)认为研发费用税前扣除的新政策对企业研发投入具有显著的正面影响，但影响程度不大。韩凤芹和陈亚平(2021)认为税收优惠并没有明显提升企业开展突破性创新的意愿。随着对企业技术创新研究的不断深入，学者们开始关注混合政策对于企业技术创新的驱动效果。如张杰(2021)研究政府创新补贴、高新技术企业减税、研发加计扣除三种混合政策对企业技术创新的驱动机制，发现减税政策和研发加计扣除政策之间存在挤出效应。此外，随着中国特色现代企业制度的不断完善，股权特征对企业技术创新的影响越来越受到关注。学者们主要围绕股权集中度(刘振和刘博，2018)、股权结构(Honoré et al.，2015；杨风和李卿云，2016)等方面开展了研究，但仍然存在着较大的争议。因此，驱动企业技术创新的政策及作用机理需要进一步验证，此外，驱动企业技术创新的理论框架仍然缺失，亟待构建新的理论框架研究企业技术创新的驱动因素和路径，以此发挥政策的引导和支持作用，推动我国企业技术创新稳步发展。

二、选题意义

(一)有助于进一步验证金融、补贴、竞争性政策对企业技术创新的杠杆作用

现有研究关于金融、补贴、竞争性政策对企业技术创新的效果仍然存在较大的争议，存在抑制效应还是激励效应，还未取得一致的结论。另外，我国企业技术创新体系建设仍然不够完善，技术创新市场导向机制不够清晰，亟待对驱动企业技术创新的政策效果及路径展开进一步研究，明确金融、补贴、竞争性政策对企业技术创新的杠杆作用及作用机理。因此，本书具有重要的理论意义。

（二）有助于构建研究驱动企业技术创新政策的理论分析框架

政府补贴、金融以及竞争性政策对企业技术创新绩效的影响研究，为理解和认识企业技术创新的驱动机制做出了积极的贡献。然而，研究驱动企业技术创新政策的理论框架尚未构建，需要将现有的理论与经验方面的研究成果进行整合，构建其研究框架，同时要对驱动企业技术创新的政策及效果进行更加深入、系统和细致的分析，从而在理论上明晰各类政策对企业技术创新的理论机理，进一步整合和拓展影响企业技术创新绩效关键性因素的研究。

（三）有助于指导企业技术创新政策的调整

技术创新是提高企业经济效益和增强市场竞争力的内在源泉，是发展高新技术产业、实现产业转型升级的主要通道。因此，各国纷纷采用各类政策促进企业技术创新。政府补贴、金融政策和竞争性政策已成为我国支持政策中的重要组成部分，是产业结构转型升级的重要推力。但是，政府补贴、金融政策和竞争性政策影响企业技术创新的机理和路径仍然不够清晰。在创新政策的制定中，如何使各类政策协调、有效引导企业技术创新，成为亟待解决和研究的问题。本书将政府补贴、金融政策和竞争性政策等相关政策纳入同一框架下，研究驱动企业技术创新的关键性因素及路径，有助于更加深刻理解企业技术创新的作用机理，有助于指导企业技术创新政策的调整。

第二节 文献综述

一、企业技术创新

（一）技术创新

熊彼特于1912年第一次提出创新概念和理论后，技术创新得到了大量的系统性研究（张国珍，2021）。Rostow（1959）从人口、技术、企业家精神等方面研究经济的发展阶段，认为技术创新是经济增长的重要驱动因素。傅家骥和雷家啸（1994）指出，技术创新一般是指新的技术（新的产品和生产方法）在生产等领域的成功应用，也包括对现有技术要素进行新的组合，以形成新的生产能力。因此，技术创新主要包括新产品和新工艺的引入，以及企业产品和工艺方面显著的技术变化。换句话说，如果市场上出现了新产品，或者在生产中采用了创新工艺，那么就算创新完成了。因此，技术创新包含了科学、技术、组织、金融和商业上的一系列活动。技术创新可以分为突破性创新和渐进性创新（Dosi，1982）。技术创新具有三个特点，即周期长、不确定性高、失败率高（田轩，2019）。

科学技术是第一生产力，创新是引领发展的第一动力。党和国家的重大战略决策为我国科技创新提供了强大的动力。2015 年 5 月，国务院印发《中国制造 2025》，提出完善以企业为主体、市场为导向、政产学研用相结合的制造业创新体系。2016 年 5 月，中共中央、国务院发布《国家创新驱动发展战略纲要》，提出到 2030 年跻身创新型国家前列，创新型国家是以技术创新为经济社会发展核心驱动力的国家。2020 年 10 月，党的十九届五中全会提出坚持创新在我国现代化建设全局中的核心地位，把科技自立自强作为国家发展的战略支撑。2021 年 3 月，《中华人民共和国经济和社会发展第十四个五年规划和 2035 年远景目标纲要》提出，完善技术创新市场导向机制，强化企业创新主体地位，促进各类创新要素向企业集聚，形成以企业为主体、市场为导向、产学研用深度融合的技术创新体系。

综上所述，结合本书的研究内容，本书所研究的技术创新主要是指制造型企业的技术创新，不仅包括新产品和新工艺的引入，以及企业产品和工艺方面显著的技术变化，还包括适于工业应用的新设计。

（二）突破性创新

基于熊彼特的“创造性破坏”思想，Abernathy 和 Utterback（1978）最早提出了突破性创新概念并建立了相关理论，Dosi（1982）在其经典论文《技术范式与技术轨道》中，开创性地将突破性创新和渐进性创新纳入统一的理论研究框架。随着社会对创新效果和质量的关注，学者们对突破性创新的研究也逐步展开。依据本书的研究内容，笔者从以下几个方面对文献展开梳理。①突破性创新的内涵。主要基于技术、市场、组织维度，从微观和宏观两个层面定义突破性创新。从技术维度而言，突破性创新强调技术知识的新颖性、重大突破性、前沿性、不连续性和革命性（Dahlin and Behrens，2005；Govindarajan and Kopalle，2006）。从组织和市场维度而言，学者们通常将能够带来显著组织绩效和市场价值的技术改进归为突破性创新（Ritala and Sainio，2014；庄子银等，2020 ）。②突破性创新的测度。既有文献大多采用反映创新数量（Keupp and Gassmann，2013；García-Villaverde et al.，2017）、创新能力（Zhou and Li，2012）以及综合考虑创新数量和能力的定性和定量方法（Delgado-Verde et al.，2016）度量突破性创新。在此基础上,Guo 等(2019)基于突破性创新的多维属性本质,提出了多维突破性创新度量框架,综合考虑了技术特征、市场动态和外部环境三个方面特征。③突破性创新壁垒。突破性创新失败率极高,主要存在内部和外部的壁垒。Madrid 等(2009)认为内部壁垒主要与企业战略、组织文化、领导力、研发组织等密切相关,外部壁垒主要包括竞争对手行为、市场动态性等。④突破性创新的影响因素。主要从企业家和企业家精神(Färnstrand Damsgaard et al., 2017)、资源约束(蒋瑜洁等,2021;Hoegl et al., 2008; Bradley et al., 2011)、创新联盟(毕静煜等,2021)、核心能力(Prahalad and Hamel, 1994)、吸收能力(于飞等,2018)、动态能力(Kotabe et al., 2017)、开放性创新合作(Flor et al., 2018)及创新网络(施萧萧等,2021;Palmie et al., 2020)等视角进行了研究。

(三) 企业技术创新能力

企业是技术开发和创新收益分配的主体,必须成为技术创新的主体(傅家骥,1996)。企业自身有技术创新的需求,增大研发投入可优化产品和工艺流程,降低生产成本,提高产品质量。因而长期以来,技术创新一直是企业竞争力的重要决定因素,决定着企业的生存、比较优势、市场价值和投资回报(刘乾和陈林,2021)。企业技术创新是推动经济发展的重要动力,因此引起了国内外学者的广泛关注。部分学者关注企业技术创新的影响因素,认为这些影响因素既包括一国的知识产权保护水平(文豪,2009)、资本市场的开放程度(田轩,2020),也包括产品市场竞争(Aghion et al., 2005)、企业规模(易靖韬等,2015)、所有权性质(李卫忠等,2020)等,同时还包括公司股权特征(牛建波等,2013)。吴非等(2021)研究发现,利率市场化对企业技术创新具有显著的正向驱动作用,既能纾解企业融资约束、刺激研发投入增加,又能减轻"脱实向虚",从而为技术创新活动提供良好条件。

企业作为市场创新的主体,其创新能力直接决定国家的创新水平。国内外学者对企业创新能力的关注较早,Westphal 等(1981)研究影响韩国出口产业的国内外因素,提出了企业创新能力的构成要素。Burgelman(1996)研究了技术创新的战略管理,指出企业创新能力是包括资源的综合应用能力等各种能力的综合。魏江和许庆瑞(1995)认为,工艺和产品创新能力构成了企业创新能力,并提出了企业创新能力的结构、度量和评价。王一鸣和王君(2005)提出企业创新能力是国家创新能力的基础,并分析了企业创新能力的内外部影响因素。王胜兰等(2021)认为企业创新能力包括创新管理能力、创新投入能力、研究开发能力、创新产出能力、创新生产能力、创新营销能力和持续创新能力,并构建了以创新主体和创新支撑为主的评价指标体系。

（四）企业技术创新的测度

随着对技术创新的研究和认识不断加深，有关技术创新的实证研究不断开展，并逐步增多。然而，实证研究首先要解决的问题就是对技术创新的测度。测度工作主要包括技术创新指标体系的建立和指标所指数据的收集工作。目前的研究主要基于国家和地区层面、行业层面以及企业层面进行。如贺青和葛翔宇(2014)采用1985—2010年的国家层面数据作为研究样本，分析政府科研投入、技术创新与经济增长三者之间的关系。汪晓梦(2014)运用相关性分析和灰色关联度方法，分析了合肥市技术创新政策绩效。贾军和张卓(2013)建立技术创新和能源效率复合系统协同度模型，以我国高新技术产业为例，研究了其技术创新与能源效率的协同发展。程聪等(2013)采用民营企业的调查数据，构建了网络关系、内外部社会资本和技术创新理论模型，研究网络关系、内外部社会资本和技术创新之间的关系。

国内学者对于基于企业层面的技术创新指标的研究做了不少的尝试，但目前为止仍然没有形成统一的指标体系。针对企业层面的研究，学者们分别从投入和产出的角度、知识的产出和交流的视角、技术创新能力和效益等方面来测度技术创新，以此来构建反映技术创新的指标体系。如毕克新等(2005)基于模糊积分的区域中小企业技术创新测度与评价的综合评价方法，选用知识流动、中小企业技术创新能力、技术创新环境、创新经济绩效四个层面，构建技术创新的测度指标体系。孙伍琴和王培(2013)研究了中国金融发展如何促进技术创新，利用技术创新的R&D产出指标来反映技术创新。蔡地等(2014)利用第八次全国民营企业发展状况的抽样调查数据，考察政治关联对我国民营企业技术创新活动的影响，从R&D投入和产出两方面构建企业技术创新的指标体系。廖中举和程华(2014)采用浙江省379家企业的调查数据为样本，研究企业技术创新激励措施的影响因素及绩效，利用企业的R&D投入和新产品产值来反映企业技术创新。

通过以上的文献研究发现，基于企业层面，从R&D投入和产出的角度研究技术创新得到了较多学者的支持，因此，本文**采用技术创新投入、产出两个维度来测度企业技术创新**。

（五）企业技术创新的政策

企业创新能力决定了国家的创新地位，各个国家都在积极利用创新政策激励创新活动。Dodgson 和 Bessant(1996)认为，创新政策是政府为了推动创新主体创新而制定的政策综合体。樊春良(2017)从创新政策的主体、客体和体系出发，总结了创新政策的研究方法，提出了创新政策的研究类型，认为政策研究作为一个整体，必须保证不同研究类型的均衡发展。田志龙等(2019)研究了我国四级政府部门创新政策的内涵与作用机制，发现竞争性创新政策能够激发地方政府和企业对政策资源的竞争，推动企业技术创新和产业转型升级。

就已有文献来看，大量文献开始探讨不同的创新政策实施带来的效果及其作用边界，以及如何做到有针对性地实施等问题，总结起来主要集中在政府补贴政策和税收政策等方面。政府补贴政策方面，Fölster(1992)通过对瑞典 214 家企业数据的研究，认为政府补贴政策能够促进企业技术创新，且对小规模企业的激励效果更明显。Becker 和 Hall(2003)将产业分成高技术密集型产业和低技术密集型产业两组，发现只有在低技术密集型产业中，政府补贴才会显著促进企业技术创新，而在高技术密集型产业中，政府补贴的效果不显著。杨亭亭等(2018)认为政府补贴政策持续推动了专利的数量增加和专利质量的提升，国有企业中的政策效应更加显著。税收政策方面，Hall 和 Van Reenen(2000)通过研究经合组织不同国家的企业发现，税收政策对企业创新具有重要的推动作用。吴松彬等(2019)研究发现，15%税率式优惠和研发加计扣除政策均能促进企业技术创新，不同产业的政策实施效果不同，成熟度不同的企业实施效果也不同。另外，还有一批学者研究发现，政府补贴政策和税收政策对企业技术创新存在消极作用。Wallsten(2000)对美国 81 个样本进行分析，发现政府补贴政策并没有促进企业创新。Tassey(2007)研究认为，美国税收抵免政策对企业技术创新存在负面效应，并且其作用效果受行业、覆盖面和实施的便利性等因素影响。冯海波和刘胜(2017)研究发现，中国现阶段的所得税对企业创新存在显著的负面效应，企业所得税的负面效应小于个人所得税的负面效应，并且，作用效果取决于政府对创新风险的分担程度。

近年来，越来越多的国家出台各类创新政策培育企业创新能力，提升国家的创新地位。学者们也开始关注通过构建创新政策体系，激励创新主体的创新活力。如 Flanagan 等(2011)提出构建创新政策组合，关注不同创新政策的相互作用和相互依赖性，发挥创新政策组合的张力，更好地处理多层次的复杂现实问题。王博雅和蔡翼飞(2018)通过研究我国创新产业的支持政策体系，借鉴美国、日本等发达国家政策的制定经验，提出了完善创新产业支持政策体系的顶层设计、激励机制等调整方向。贺德方等(2019)分析了构建创新政策体系的必要性，并构建了包含要素、主体、关联、产业、区域、环境、开放和反馈的创新政策体系框架，对我国创新政策进行了梳理和分析。部分学者基于部分省和直辖市的创新政策，提出了政策体系建设的建议，如刘秀玲等(2018)从政策主体、政策工具、政策目标三方面构建了创新政策体系的分析框架，并基于该框架研究了北京市的创新政策。

二、政府与市场的互动

政府与市场的关系一直是经济领域研究的重要问题。古典经济学家认为，市场会通过“看不见的手”自发调节，市场机制是资源配置的最优方式，供给能够不断创造需求，政府无须对市场进行干预，市场会自动“纠偏”，回到平衡状态。1929—1933年的大萧条催生了凯恩斯主义的兴起。凯恩斯认为不能依靠市场的自发调节机制，而需要将政府干预与市场自发调节有机结合起来。之后新凯恩斯主义延续和拓展了凯恩斯主义，认为市场机制并不是完全有效的，需要政府积极调控，货币政策能够稳定就业与产出，扩张性的财政政策能够扩大总需求，刺激就业，促进经济持续增长(宗良和范若滢，2018)。中国尤为重视政府的宏观调控和引导作用，同时也充分尊重市场规律并善于利用市场机制处理经济问题(步丹璐和兰宗，2020)。2014年5月26日，习近平总书记在主持中央政治局第十五次集体学习时指出：“在市场作用和政府作用的问题上，要讲辩证法、两点论，‘看不见的手’和‘看得见的手’都要用好，努力形成市场作用和政府作用有机统一、相互补充、相互协调、相互促进的格局，推动经济社会持续健康发展。”正确处理政府和市场的关系已经成为我国经济体制改革的核心问题。如何使市场在资源配置中起决定性作用，更好发挥政府作用，促进经济高质量发展，已经成为学术界关注的重点问题。

(一) 政府与市场的作用和边界问题

从经济发展角度看，市场的作用在于通过价格引导资源配置，从而保证经济发展建立在较高效益的基础上。政府的作用在于促进新产业的协调投资和战略产业的加速形成，从而发挥出政府超越市场的一面(陈健和郭冠清，2021)。市场能够发挥资源配置作用，促进资源向效率高的部门转移，但市场具有盲目性、自发性、滞后性等缺陷。政府通过财政政策、金融政策等手段对经济实现间接调控，但政府存在掌握的信息不及时、不准确，决策和执行滞后等缺陷(刘康利，2017)。正确处理政府和市场的关系需要明确政府和市场的边界问题。Thomas (2021)认为市场的本质就是竞争，产业政策和政府隐性担保的“度”很难把握，同时，政府与市场的边界在许多领域不明确。孙祁祥(2014)认为政府与市场的边界就是要明确政府必须做什么，提出政府必须创造和维护公平竞争的市场环境、保护合法产权等。张向达和张超(2018)提出了"互联网＋"背景下政府和市场边界的再调整，认为必须重塑政府对"互联网＋"扩展市场的监管，形成互补共生的政府市场关系。

（二）政府与市场的关系

党的十八届三中全会指出"使市场在资源配置中起决定性作用"，政府与市场的关系问题日益成为关注的焦点。李卓和郑永君(2022)认为政府和市场存在协同关系，应有效发挥有为政府和有效市场作用，促进产业振兴。杜凯(2017)认为政府与市场的关系为相互补充、相互替代。近年来，随着政府与市场关系研究的不断深入，政府与市场如何互动以促进经济高质量发展成为研究的热点问题。何建华(2018)认为，随着经济社会发展，政府和市场的关系需要及时调整。政府运用市场机制，促进资源有效配置，适时转变职能，充分发挥市场在资源配置中的决定性作用，实现政府与市场的良性互动。黄新华和曾昭腾(2020)认为政府为市场提供完善的公共基础设施，实施有效的产权保护等；运用市场化手段可以弥补政府职能的不足，实现有效治理，形成政府与市场的良性互动关系，发挥经济发展的内生动力。步丹璐和兰宗(2020)进一步研究了政府与市场的互动关系和互动过程，发现政府采用财税、金融、资本等多种手段，充分运用市场机制配置资源，并根据市场的反作用适时调整，实现提升企业业绩绩效、产业转型升级等目标。鲜有学者从政府与市场互动视角研究企业技术创新的激励政策和驱动机制，亟待建立政府与市场互动视角下驱动企业技术创新的政策研究框架，指导企业技术创新政策的优化与完善。因此，本书将在**政府与市场互动视角下研究驱动企业技术创新的政策**，提出我国企业技术创新政策优化与完善的建议。

（三）政府与市场视角的企业技术创新

随着企业创新地位的进一步明确，如何促进企业技术创新成为学者研究的热点问题。部分学者从政府视角研究了促进企业技术创新的方法和路径。赵天宇和孙巍(2022)研究政府支持对工业企业技术创新的影响，发现政府支持能够缓解企业来自金融体系和创新环境的融资约束，助力企业技术创新。汪明月和李颖明(2022)发现政府价格规制能够促进企业绿色技术创新。张杰(2021)研究政府的创新混合政策对企业技术创新的激励效应，提出了根据企业竞争力实施差别性的创新政策组合策略。还有部分学者从市场视角关注企业技术创新的驱动因素。宋竞等(2021)认为,市场竞争有利于风险投资,促进企业技术创新。孔令文等(2022)认为,在市场集中度达到60%左右时,企业的技术创新强度达到最高,另外,市场需求规模稳定在高临界值附近,企业技术创新最活跃。近年来,越来越多的学者开始从政府和市场双重视角关注区域创新。徐鹏杰和黄少安(2020)认为政府和市场都显著促进了我国区域创新,中西部和北方地区相对南方和东部地区更依靠政府。吕雁琴和赵斌(2020)发现政府干预对区域创新存在单一的门限效应,而市场化对区域创新存在双重的门限效应。

三、资本市场开放与企业技术创新

(一)资本市场开放

1. 资本市场开放的含义

资本市场开放是一国金融发展与金融深化的重要内容之一。20世纪90年代以来,随着经济全球化的加速和贸易自由化深入发展,大部分国家都在持续推动着本国资本市场的对外开放(李学峰和文茜,2012)。因此,资本市场开放引起了国内外学者的关注。Errunza和Losq(1985)认为,资本市场开放就是允许风险在国内外投资者之间分担,降低该国资本市场股权融资成本的过程。王军(2002)认为,资本市场开放在形式上是以证券为媒介的资金在国际上进行自由流动,而实质则是以证券形态为表现的资本跨国界的自由流动,即流通的形式是证券,被分配的实质却是资本。何孝星和余军(2008)认为资本市场开放是指一国资本市场的完全开放,不仅允许境外投资者投资境内资本市场,而且允许境内投资者投资境外资本市场。李学峰和文茜(2012)指出,资本市场对外开放是指一国或地区放松或取消存在于资本市场对外经济活动中的对于市场参与者、资本市场工具和市场规则在市场准入、实现方式和途径方面限制的过程。本书采用该定义。

2. 资本市场开放的效果

随着各国资本市场开放的脚步逐步加大,学者们的研究也不断深入。早期学者们主要研究资本市场开放对经济的影响(沈坤荣和相文燕,2001;王军,2002;Bekaert et al.,2003)。近年来,学者们主要关注资本市场开放对资本市场(李沁洋和许年行,2019;纪彰波和臧日宏,2019;肖磊和张聪,2020)、公司治理(Aggarwal et al.,2011;马亚明等,2021;阮睿等,2021)、企业行为(Ferreira and Matos,2008;连立帅等,2019;邹洋等,2019)及公司绩效(Mitton,2006;于博和吴菡虹,2020)的影响。但学者们对于资本市场开放的效果并未形成一致意见。部分学者认为,资本市场开放能够拓宽企业融资渠道,降低企业融资成本(杨胜刚等,2020;谭小芬和邵涵,2021),改善企业的信息披露质量(阮睿等,2021),提高企业社会责任(曹瑜强等,2021),进一步优化公司治理(马亚明等,2021),提升企业投资行为(连立帅等,2019),提高公司绩效及企业价值(Ferreira and Matos, 2008),同时有利于提升资本市场的有效性(李学峰和文茜,2012),稳定资本市场(钟凯等,2018;李沁洋和许年行,2019),促进经济增长(Bekaert et al., 2003)。也有部分学者认为,资本市场开放带来金融市场的不稳定,对经济产生冲击(Stiglitz, 2000; Angkinand et al., 2010; 赵昆,2004),降低股票的定价效率(Chan et al., 2008),导致企业投资行为短期化(Demir, 2009),但大部分学者认为资本市场开放对公司治理、企业投资、经济发展等产生了积极的效果。

(二)资本市场开放对企业技术创新的影响

国内外研究普遍认为,资本市场开放对经济发展具有促进作用(Bekaer et al., 2005; Gupta and Yuan, 2009),但资本市场开放对经济发展的作用机理尚需进一步探究(田轩,2020)。近年来,科技创新正逐步成为一个国家的核心竞争力。国内外学者开始关注资本市场开放对创新的影响。Moshirian 等(2020)对全球 20 个经历资本市场开放的国家进行抽样研究,发现资本市场开放有利于提升国家的创新水平,对创新行业的影响尤为显著。

企业是科学技术转化成为生产力和创新的主体,但企业创新活动具有风险大、周期长以及投入大等特点,创新活动存在着较高的技术和市场风险。因此,资本市场开放如何影响企业创新备受关注。田轩(2019)认为,资本市场开放有利于创新企业缓解融资约束、分担投资风险、提升公司治理水平,从而促进企业创新水平。马妍妍等(2019)认为,资本市场开放有利于企业研发规模提升,通过降低信贷依赖、提升外部监督作用、提升全要素生产率水平,解决“生产率悖论”,提升研发水平。朱琳和伊志宏(2020)认为,资本市场开放有利于缓解经理人职业忧虑,抑制经理人短视行为,关注具有长期投资价值的创新项目,激励企业创新。也有少部分学者认为资本市场开放对企业技术创新具有负面影响。王萍和秦志宏(2020)认为资本市场开放通过公司治理和信息渠道发挥了抑制企业创新的作用。综上,学者们对资本市场开放对企业技术创新的作用机理仍然有待进一步探明,资本市场开放是否有助于提升企业创新质量有待进一步研究。

四、信贷数量管制、利率市场化与企业技术创新

（一）信贷数量管制

以贷款规模控制为代表的数量型管制是商业银行的一个硬约束。一般来讲，央行通过对商业银行的“窗口指导”，实现对贷款的总量和增速的控制。1998年我国取消了贷款规模限额控制，采用“窗口指导”、存款准备金、中央银行再贷款等手段，实现数量调控的目标。中国式货币政策工具的典型特征是“价”“量”并举。一方面，通过调整存款准备金率、控制信贷规模改变广义货币供给量，实施标准的“数量型”货币政策；另一方面，通过调整存贷款基准利率，实施“价格型”货币政策（徐建炜，2011）。我国目前主要采用数量型为主、价格型为辅的货币政策调控模式，以合意信贷规模为代表的数量型管制作为补充，亟待放弃贷款规模等数量管制手段，推动货币政策从数量型调控模式向价格型调控转变（于泽等，2017）。放松利率管制不仅显著抑制了企业过度负债，加快了资本结构调整速度，而且提高了企业债务期限结构，抑制了企业短贷长投行为，降低了企业现金与现金流敏感性（王红建等，2018）。

（二）利率市场化

长期以来，我国经济在信贷限额、利率管制等多个方面存在金融抑制，致使金融资源配置效率低下。为有效发挥市场在资源配置中的决定性作用，我国政府一直着力于推进金融体制改革特别是利率市场化改革。所谓利率市场化，是指以中央银行指定的基础利率为基础，由金融机构根据市场资金供求关系及资金松紧程度自主决定存贷款利率水平的利率定价机制（杨筝等，2017）。利率市场化对金融市场产生了深远的影响。申创等（2020）认为利率市场化对商业银行的净息差产生了显著的负向影响，其中地方性银行受到的冲击最大，股份制银行次之，国有银行受到的冲击最小。王博等（2019）从金融中介理论和金融组织结构的动态演化来分析民间借贷的利率市场化路径，认为货币政策的利率传导渠道是有效的，是民间借贷利率市场化的基础。蒋海等（2018）将利率市场化因素与经济周期纳入利率双轨制模型中，分析利率市场化不同阶段商业银行的资本缓冲行为，验证了资本缓冲水平与利率市场化之间的“U”形关系。此外，利率市场化对企业行为也产生了较大的影响。张伟华等（2018）发现随着利率市场化进程的推进，上市公司债务融资成本逐渐降低。褚剑和胡诗阳（2020）研究了利率市场化过程中的银企互动，发现企业向关系银行购买理财产品短期性地挤占了

实体投资,而随着银企关系的深入,信贷资源的保障自然地化解了投资不足问题。吴静桦等(2021)以贷款利率上下限放开为准自然实验,考察利率市场化如何影响企业全要素生产率,发现贷款利率市场化通过优化企业间的资本配置效率和提高企业技术创新能力,促进全要素生产率的提升。

在完全市场条件下以贷款利率下限放开为核心的利率市场化有助于完善信贷资本的市场定价机制,利率作为信贷资本的价格,其一方面通过调节信贷市场供求关系引导资金配置到最有效率的领域(王红建等,2020;沈勇涛等,2021),另一方面通过扩大公司对金融机构的选择范围加剧银行间的竞争(He and Wang,2012;张宗益等,2012;刘莉亚等,2017;刘莉亚和余晶晶,2018)。因此,"优质客户"议价能力将在"贷款利率下限"放开后更加凸显,表现为以更低成本获得更多银行信贷,即更多低利率的贷款资源向"优质客户"集中,实现信贷资源的优化配置。

(三)信贷数量管制、利率市场化对企业技术创新的影响

完善的金融体系能够更好地解决企业创新融资难问题,发挥融通创新资本和分散投资风险功能,优化企业技术创新资本配置(Knight, 2018)。金融创新和金融改革均有利于通过提高企业研发累计投入来提升企业自主创新能力(王淑娟等,2018)。近年来,随着利率市场化的进程不断推进,学者们重点关注利率市场化对于企业技术创新的影响。白俊红和刘宇英(2021)发现金融市场化通过缓解企业外部融资约束和增加企业内部研发支出,促进企业技术创新。吴非等(2021)认为在地方政府"为增长而竞争"的激励影响下,利率市场化仅能带来低质量创新"泡沫";在"为创新而竞争"的激励下,利率市场化能够驱动企业创新能力全面提升。但我国目前主要采用数量型为主、价格型为辅的货币政策调控模式,以合意信贷规模为代表的数量型管制作为补充,在该种模式下鲜有学者研究利率市场化对企业行为的影响,尤其是对企业技术创新行为的影响。

五、政府补贴与企业技术创新

(一)政府补贴

1. 政府补贴的含义

政府补贴是财政支出的一个重要组成部分,是政府根据一定时期的政治、经济方针和政策,按照特定目的,直接或间接向微观经济主体提供的无偿资金转移(孔东民等,2013)。政府补贴是政府扮演"扶持之手"最直接的手段,能够有效解

决“市场失灵”的问题，并且能够带来经济增长，促进产业结构的优化、引导社会投资。因此，政府补贴企业成为各个国家扶持企业发展的普遍做法。然而，补贴的实施效果引起了学者们激烈的争论。

2. 关于政府补贴作用的争议

部分学者认为**政府补贴起到了积极的促进作用**。如 Hitaj（2013）采用1998—2007 年美国风电产业的数据，研究发现政府补贴对风电产业的发展起到了非常重要的作用。唐清泉和罗党论（2007）认为，政府补贴有助于上市公司社会效益的发挥。邵敏和包群（2012）采用广义倾向评分匹配方法，研究企业获得补贴收入的不同是否会对企业生产率产生影响，认为政府补贴可以明显地提高企业生产率水平。也有学者认为**政府补贴产生了较大的负面效应**。如 Van Tongeren（1998）研究了 20 世纪 80 年代已在荷兰实施的政府补贴效应问题，发现政府补贴虽能提高企业的偿债能力，但并未带动社会和经济资源的有效流动，甚至使企业改变了投资初衷。Lemer（1999）认为，政府补贴容易产生扭曲性激励，导致政府选择错误的补贴项目，从而产生不良的政策效果。余明桂等（2010）以我国民营上市公司为样本研究政府补贴的有效性，发现政府补贴如果基于政治关联，将会使补贴无效，扭曲资源的配置效率。耿强等（2011）认为政府补贴扭曲了要素市场价格，压低投资成本，形成产能过剩，并成为中国经济波动的主要影响因素。

尽管学者们对于政府补贴的效果没有达成一致的意见，但对于政府补贴动机、影响政府补贴发挥作用的因素以及如何发挥政府补贴的杠杆效应等问题，学者们展开了研究。如肖兴志和王伊攀（2014）以寻租效应和信息效应为基础，从官员激励视角研究政府补贴动机，发现政府在选择补贴对象和补贴程度时兼有促进企业创新和协助企业粉饰业绩两种动机。曹建海和邓菁（2014）发现不同的补贴模式会改变企业预期，从而影响补贴的效果。吴剑峰和杨震宁（2014）认为，控股股东所有权和控制权的两权分离对政府补贴发挥作用具有重要影响。汪秋明等（2014）认为，提高政府对企业的规制效率、降低检查成本、提高政府对企业的惩罚力度等措施能够发挥政府补贴的杠杆效应。

政府补贴已经成为我国引导产业发展、帮助企业成长的重要手段，并且也发挥了积极的作用。因此，如何发挥政府补贴的杠杆效应将是研究的重点内容。目前我国正处于产业升级转型的重要历史时期，如何利用政府补贴政策引导产业发展成为当务之急。然而，现有研究仍然处于探索阶段，亟待系统深入地探究。

（二）政府补贴对企业技术创新的影响

Blank 和 Stigler(1957)最早开始探究政府补贴与企业技术创新的关系，发现政府补贴不仅可以激励企业技术创新，但是也产生了替代企业技术创新的负面作用，两者之间的关系并不确定。此后，越来越多的学者开始对政府补贴的实施效果进行研究，但政府补贴能否产生激励企业技术创新的效果仍然没有定论。

1. 国外对政府补贴实施效果影响因素的研究

一些学者认为，**政府补贴对企业技术创新具有激励作用**。Antonelli(1989)研究了意大利约 90 个样本数据，认为政府补贴与企业技术创新之间存在显著正向关系；Capron 等(1997)应用比利时制造业企业数据，发现政府补贴对企业技术创新有激励作用。Mamuneas 和 Nadiri(1996)对 1956—1988 年美国 15 个行业数据进行研究，得出了同样的结论。David(2000)对此问题做出的综述发现，14 篇文献除 2 篇外，其余均支持了政府补贴对企业技术创新有激励作用。还有一些学者则认为，**政府补贴与企业技术创新之间存在替代效应**。Palmberg 等(2000)以芬兰 1989 年、1991 年、1993 年 3 年企业数据为样本进行研究，结果发现在大企业中存在替代效应。Wallsten(2000)对美国 81 个样本进行分析，发现政府补贴并没有促进企业技术创新。

政府补贴与技术创新之间的关系虽然没有达成共识，但政府补贴对技术创新产生作用的影响因素已经得到了学界的关注。梳理相关文献，我们发现，目前关于政府补贴实施效果影响因素的研究，主要从企业规模、研发类型、行业特征、政策的滞后效应等方面展开。

(1) 企业规模对政府补贴实施效果的影响。如 Wallsten(2000)研究发现获得补贴的大企业激励效果优于小企业。而另一些文献发现资助小企业能更有效地发挥政府补贴的作用。Fölster(1992)通过对瑞典 214 家企业数据的研究，认为政府补贴能够促进企业技术创新，且对小规模企业的激励效果最明显。Lach(2002)研究了以色列政府的研发补贴对企业技术创新的影响，发现政府补贴激励小企业的技术创新，而对于大企业则存在替代效果。

(2) 研发类型对政府补贴实施效果的影响。一些文献认为技术创新活动并非具有同质性，技术创新项目可以分为基础性研究项目和实用技术的发展项目，政府补贴对技术创新活动因研发类型的差异而产生不同的影响。如 Clausen(2007)区分了针对不同研发项目的政府补贴政策，发现针对“研究”项目的补贴，会使得企业从事更多的“研究”活动，而针对“发展”项目进行的补贴则会减少企业从事“发展”项目。

(3) 行业特征对政府补贴实施效果的影响。 不同的行业分类对研究的结果会有影响，但目前学者对于行业特征的研究多依据各个国家的行业分类标准。如 Hamberg(1966)认为，政府在电子及设备制造业、工业化学、其他电子设备及办公设备 4 个产业实施补贴，可以促进企业技术创新。Becker 和 Hall(2003)将产业分成高技术密集型产业和低技术密集型产业两组，发现只有在低技术密集型产业中，政府补贴才会显著促进企业技术创新，而在高技术密集型产业中，政府补贴的效果不显著。

(4) 政策的滞后效应对政府补贴实施效果的影响。 因为技术创新活动需要很长的时间周期，政府补贴对企业技术创新活动的影响可能是多期的。Levy 和 Terleckyj(1983)发现政府补贴对企业技术创新活动的激励作用平均发生在补贴后的第三年。Klette 和 Moen(2012)也认为政府补贴能够激励企业技术创新，但实施的效果一般发生在政策实施后的两年内。

2. 我国对政府补贴与技术创新的相关研究

随着对企业技术创新活动研究的不断加深，目前我国对政府补贴与技术创新的相关研究也越来越多。虽然仍有部分文献认为政府补贴对企业技术创新存在替代效应，如邢斐和张建华(2009)运用我国地区大中型工业企业数据，考察了不同的创新支持政策产生的效果，认为政府补贴对企业技术创新活动产生了替代效应。但大多文献支持政府补贴能够激励企业技术创新的判断，如游达明和朱桂菊(2014)构建政府和企业间"补贴—研发—生产"的三阶段动态博弈模型，研究认为政府补贴有利于提高企业技术创新的积极性，不会产生"排挤效应"。

(1) 政府补贴实施效果的影响因素。 国内学者也从不同的视角研究政府补贴实施效果的影响因素。在公司治理方面，吴剑峰和杨震宁(2014)结合资源基础理论和委托代理理论，采用 2008—2011 年电子、制药和信息企业上市公司数据展开研究，认为企业 CEO 两职合一、控股股东所有权和控制权的两权分离对政府补贴和技术创新之间的关系起到负向的调节作用。在市场需求方面，邹彩芬等(2014)以 2007—2012 年中医药上市公司为样本进行研究，发现外部市场需求在政府补贴与企业创新技术创新之间的中介效应并不显著；而内部需求在政府补贴与企业技术创新之间具有完全中介效应的作用。在金融环境和企业规模方面，王维等(2014)认为，金融环境对技术创新的作用因企业所处地区和规模不同而有差异。王昀和孙晓华(2017)发现政府补贴有利于提高企业研发投资，但在依靠优化市场结构实现规模化和集约化生产的升级路径上，政府补贴没有起到明显效果。杨晓辉和游达明(2021)认为，政府对绿色产品的补贴可以促进企业绿色技术创新。

(2) 政府补贴的作用机理。国内一些学者尝试探讨了政府补贴的作用机理。如周绍东(2008)通过对企业与政策制定者之间不对称信息博弈的分析,认为当政策制定者和企业之间存在不对称信息,且用于技术创新的要素价格足够低廉时,政府补贴的提高将刺激企业加大模仿创新强度。高艳慧等(2012)从信号发送的角度探讨政府补贴的实施效果,认为政府补贴可以为企业带来较多的银行贷款,有效缓解企业技术创新活动中的融资压力,但这种促进作用仅在非国有企业以及市场化程度较低的地区显著。杨亭亭等(2018)认为政府补贴不仅促进了专利数量的增加,还提升了企业的专利质量,国有企业和创新型企业中政府补贴的技术创新效应更加显著。严荔和谢正娟(2021)发现,政府补贴显著提升了企业创新效率,国有企业比非国有企业促进作用更明显。

(三) 市场化进程、政府补贴与企业技术创新

1. 市场化进程的含义

要正确理解市场化进程,首先要界定市场化,然而对于市场化的理解仍然存在分歧。陈宗胜和陈胜(1999)认为,市场化就是市场机制在一个经济中对资源配置发挥的作用持续地增大,经济对市场机制的依赖程度不断加深,市场机制从逐步产生、发展到成熟的演变过程。而张曙光和赵农(2000)认为上述定义忽视了市场化过程中很多广泛而深刻的变化,特别是制度和政策上的变化,认为市场化其实就是经济自由化。本书认为陈宗胜和陈胜(1999)对于市场化的定义基本可以反映其内涵,因此,市场化进程就是确立市场机制的过程。对于市场化进程的测度一直以来也是学术界关心的问题。1995 年美国《华尔街》杂志联合传统基金会首次公开发布了该年度的经济自由化指数,随后该指数得到了不断的更新和丰富,1998 年该指数已经可以反映约 160 个国家和地区的发展情况。借鉴国外的研究成果,樊纲和王小鲁(2004)发布了中国不同区域的市场化进程指数来量化各地区的市场化情况,发现我国各地区的市场化进程差异较大,其学术成果受到了学术界的广泛关注,推动了市场化进程的实证研究。孙铮等(2005)、纪晓丽(2011)、吴晓晖和叶瑛(2009)、程新生等(2011)均采用该指数代理市场化进程。本书也采用该指数来刻画各地区市场化进程的差异。

2. 市场化进程与企业技术创新

国内外学者对于市场化进程与企业技术创新之间的关系研究得较多,普遍认为市场化进程可以激励企业增加技术创新的各项投入,从而促进企业技术创

新。如 Almeida 和 Campello(2007)研究认为,市场化进程越高的地区,市场可以通过竞争机制向企业传递信用承诺,从而规避企业倾向于从事简单的技术模仿,激励企业技术创新。Kim 等(2008)研究发现,在市场化程度、融资宽裕程度的共同作用下,市场化程度对企业技术创新具有正向的影响作用,且较为显著。唐清泉等(2011)以政治关系和市场化进程为纽带,研究了实现企业转型升级的外部环境,也认为市场化进程对企业技术创新有激励效应。

然而,国内外学者对于**在不同市场化进程的地区,政府补贴影响企业技术创新是否存在差异缺少系统的研究**。现有研究主要集中于市场化进程如何影响政府补贴。如余明桂等(2010)考察了市场化进程对补贴的影响,认为市场化进程越低的地区,企业获得补贴越容易,但企业的经营效益和对社会的贡献却越小。孔东民等(2013)认为我国各地区市场化进程差异较大,政府补贴很可能存在显著的差异。以上文献均未检验不同市场化进程的地区,政府补贴如何发挥促进企业技术创新的杠杆作用,因此本书的研究也是对其进行的拓展和补充。仅有顾元媛和沈坤荣(2012)认为,随着市场化进程的不断推进,地方政府减少了对企业的干预,企业出于长期发展的考虑,补贴能够促进技术创新。可见非常有必要从市场化进程视角探究其对政府补贴影响企业技术创新的杠杆作用。

(四)产品市场竞争、政府补贴与企业技术创新

1. 产品市场竞争的含义

产品市场竞争是产业组织理论和公司治理理论关注的重要问题。产业组织理论认为产品市场竞争可以表示企业进入和退出市场的难易状况以及现有市场的集中程度。公司治理理论认为产品市场竞争是公司治理重要的外部环境,能绑定股东和经理人的利益,对公司治理有着重要的影响。但对于产品市场竞争的含义尚未有统一的定论,本书依据市场竞争的含义,认为产品市场竞争就是在同一空间内,竞争对手的集聚程度和竞争状况。目前学术界对于市场竞争程度的界定仍然存在困惑,如何准确反映产品市场竞争仍然是一个难题。梳理目前产业组织理论的相关文献发现,行业的市场集中度比率、赫芬达尔-赫希曼指数(Herfindahl-Hirschman Index,HHI)以及交叉价格弹性等指标常用来反映市场竞争程度。市场集中度比率很难反映企业与企业之间的影响程度,在衡量企业之间的竞争程度时不够准确;全体企业的定价资料很难获取,交叉价格弹性的度量也很困难。为此,本书根据已有相关研究和实践的做法(姜付秀等,2009),采用赫芬达尔-赫希曼指数测度产品市场竞争程度,即一个行业中各市场竞争主体所占行业总资产百分比的平方和。

2. 国外关于产品市场竞争与技术创新的争论

产品市场竞争与技术创新的关系一直是国内外学者争论的焦点问题。熊彼特认为垄断与企业技术创新活动存在着密切的联系，市场集中度的提高将有利于企业从事技术创新活动，垄断是创新孕育和产生的基础。因为技术创新活动风险很大，并且存在外溢效应，必须要有强大的实力才能承担创新风险，否则创新对企业而言就失去了吸引力。只有大企业才有实力为企业家提供担保并承担风险，因此，创新必须建立在垄断的基础之上。正是由于垄断利润的存在，企业才有动力去创新，从而使竞争不断发展为垄断。熊彼特关于垄断与技术创新的理论观点，称为熊彼特假说。熊彼特假说引起了学术界广泛的争论。如 Arrow (1970)通过研究提出了与熊彼特假说相反的观点，发现竞争相比垄断能够更好地激励创新，垄断容易造成企业停滞不前，从而造成静态福利的损失。Nickell (1996)也认为市场竞争与企业技术创新之间存在正向关系。随后一些学者也试图调和熊彼特假说与不同观点的分歧，如 Aghion 等(1997)进一步发展并丰富了熊彼特假说，认为当行业的竞争程度不高时，随着竞争程度的不断提高，企业将会被迫进行更多的技术创新，通过技术创新保持在竞争市场中的地位，因此市场竞争程度与企业技术创新之间存在正向关系；当竞争程度达到一定的高度后，垄断利润开始逐步降低，随之企业技术创新的积极性也将下降，企业因技术创新而获取的利润也将减少，因此市场竞争程度与技术创新之间存在负向关系。所以，市场竞争和技术创新之间并非是线性关系，而是一种倒“U”形的关系。

3. 国内关于产品市场竞争与技术创新的争论

国内的研究以理论的引进和综述为主，多数国内学者认为完全垄断和完全竞争的市场结构对技术创新都是不利的，最有利的是中等程度的竞争。骆品亮(1998)利用我国 1992 年各行业横截面数据研究认为，企业市场份额与技术机会存在正向的相关关系。刘国新和万君康(1997)也认为，高集中度行业比低集中度行业的技术创新更多。陈羽等(2007)研究认为，市场竞争与技术创新呈倒“U”形关系。国内外的研究主要集中在产品市场竞争与技术创新的关系上，而对于不同产品市场竞争的行业，有关政府补贴如何影响企业技术创新活动的研究并不多。国外的研究主要集中于政府对于研发人员的补贴上，如 Kilponen 和 Santavirta(2007)研究认为虽然在不同的竞争环境下，对研发人员的工资补贴都能够促进技术创新，但这种促进效应会随着竞争程度的不断加强而逐渐减弱。国内关于这方面的研究更少，文献也不多，樊琦和韩明春(2011)对我国政府科技投入、市场竞争与自主创新关系进行了研究,发现市场竞争与自主创新之间存在着倒“U”形的关系,当市场竞争水平超过倒“U”形顶部的临界值时,政府科技投入在促进企业技术创新活动中的激励作用将不断降低,但该研究仅利用行业数据,样本量相对较小,研究结论的稳健性和可信度值得商榷。孔东民等(2013)研究认为,在市场竞争程度较弱的行业,国企可能获得更多的政府补贴。可见,已有研究要么只关注产品市场竞争如何影响企业技术创新,要么关注产品市场竞争如何影响政府补贴的经济后果,而**对于不同产品市场竞争的行业,政府补贴如何影响企业技术创新缺乏系统性研究**。

(五) 股权集中度、政府补贴与企业技术创新

1. 股权集中度的含义

学术界普遍认为股权集中度是衡量公司股权分布状态的一个重要指标,具体指公司全部股东持股比例的多少,以反映公司的股权是集中还是分散的数量关系。股权集中度能够较好地反映公司的股权结构,是衡量公司治理水平的重要指标。学术界对于股权集中度的度量主要采用以下三个方面指标:一是第一大股东的持股比例;二是第一大股东和第二大股东持股比例之比;三是前十大或前五大股东持股比例之和。

2. 股权集中度与企业技术创新

目前国内外学者围绕股权集中度与企业技术创新活动的关系已做过大量的研究,但分歧比较大,主要有如下四种观点。

股权集中度与企业技术创新之间存在正向关系。Hill 和 Snell(1988)研究认为,企业的股权集中度与技术创新之间具有显著的正向关系,大股东关注企业的长期盈利能力,更加趋向于增加技术创新的投入,以获取高额的回报。Shleifer 和 Vishny(1997)发现,如果大股东的持股比例较高,股权就会相对集中,这将使股东具有较高的监控和管理能力,有利于管理者更倾向于关注企业的长期发展,从而保证企业在技术创新活动中的投入水平。任海云等(2010)基于A股制造业上市公司的数据进行了检验,认为股权集中度的提高将有利于企业技术创新活动。

股权集中度与企业技术创新具有负向关系。Lee 和 O'neill(2003)通过利用美国和日本的企业数据,对比研究了股权集中度对企业技术创新的影响,发现日本企业的股权集中度相比美国企业对技术创新具有明显负的影响。杨建君和盛锁(2007)通过问卷调查数据的实证分析发现,股权越集中,大股东承担技术创新

的风险也就越大，容易产生风险规避心理，参与技术创新活动的意愿就会减弱，企业技术创新活动的投入将会随之减少。

股权集中度与企业技术创新具有曲线型关系。陈隆等(2005)以上海证券交易所和深圳证券交易所制造业上市公司2003年横截面样本为研究对象，发现股权的适度分散和绝对集中都有利于企业的技术创新，即企业技术创新与股权的集中度呈现出“U”形关系。文芳(2008)检验了控股股东持股比例与企业技术创新之间的关系，认为存在“N”形关系。冯根福和温军(2008)发现股权集中度与企业技术创新存在倒“U”形关系。

股权集中度与企业技术创新无显著相关性。Baysinger 和 Kosnik(1991)通过实证研究认为持股比例对企业技术创新的影响具有不确定性。Czarnitzki 和 Kraft(2009)的研究也表明股权集中度与企业技术创新投入并没有必然的相关性。

国内外研究目前主要集中在股权集中度与企业技术创新的关系，通过文献检索发现，学者开始关注怎样的公司治理机制有利于政府补贴发挥杠杆作用。如彭中文等(2015)认为，股权集中度越高，政府补贴对企业绩效的负向作用越显著。综上所述，以股权集中度为代表的公司治理会影响政府补贴对经营绩效的作用机理，但**不同股权集中度的企业，政府补贴如何影响企业技术创新仍然没有引起学者的关注**。因此，股权集中度如何影响政府补贴发挥促进技术创新的杠杆作用，是非常值得研究的问题。

六、竞争性政策、连锁股东与企业技术创新

(一) 竞争性政策与企业技术创新

产品市场竞争指的是企业之间为了争取各自的经济利益所采取的相互抗衡、较量、各尽所能的行为和过程。产品市场竞争包括竞争程度和竞争策略等方面，而在实证研究中产品市场竞争主要指的是产品市场竞争程度，即产品市场上的竞争情况。熊彼特关于垄断与企业技术创新活动之间关系的研究结果引起了国内外的广泛关注。一种观点认为，垄断有利于企业获取垄断利润，维持企业创新投入，促进企业技术创新(Gross，2020；余明桂等，2021)。宋清和刘奕惠(2021)认为市场竞争程度会抑制中小企业的创新产出，影响企业技术创新。还有学者认为，在竞争环境下，企业为了立于不败之地必须不断研发创新，形成技术优势，提升企业绩效(郭晓玲等，2021)。周雪峰和韩永飞(2021)发现竞争对企业高质量和低质量创新都存在促进作用。任希丽(2021)认为在企业间技术差距

越小的行业，市场竞争越激烈，越有利于企业技术创新，但在企业间技术差距较大的行业，市场竞争越激烈，反而抑制企业技术创新。随着争论的不断深入，也有学者发现完全垄断和完全竞争的市场结构对技术创新都是不利的，最有利的是中等程度的竞争。眭纪刚和刘影（2018）认为，创新发展政策不仅要激励创新的产生，还要促进创新的扩散和应用。因此，创新发展政策需要权衡竞争与垄断的关系，实施知识产权保护和反垄断政策时须把握好"度"。

（二）连锁股东

1. 连锁股东的含义

当今时代，全球竞争格局发生了深刻的变化，新一轮科技革命和产业变革正在重构全球创新版图、重塑全球经济结构。新兴产业不断冲击和改造传统产业，产业内部之间的竞争尤为激烈，各企业对资金、技术等资源的需求日益高涨。社会网络成为企业获取资源的重要渠道（王飞绒等，2014）。股东关系网络能够更加有效地衡量社会网络（黄灿和李善民，2019）。因此，近年来，学者们对于股东关系网络展开了研究，尤其是连锁股东。对于连锁股东的含义，学者们并没有形成一致的意见。王江娜等（2020）认为，连锁股东是指同时投资于多个（两个以上）企业并成为所投资公司十大股东之一的股东。潘越等（2020）认为，同时持有多家企业股权的股东即为连锁股东。Liang（2016）认为，在同行业拥有多家公司大量股份的投资者称为连锁股东。结合研究内容，本书认为，连锁股东即在同行业同时持有多家企业股权的股东。

2. 连锁股东的影响

随着资本市场的不断发展完善，一些具有前瞻性和资金实力的投资者会同时投资多家上市企业，形成连锁股东现象。连锁股东拥有更为丰富的经验、信息和资源，可以在公司治理等方面展现更多的协同优势（潘越等，2020）。然而，连锁股东也会产生垄断效应，降低市场竞争（Azar et al.，2018），产生"竞争合谋"的效果，扭曲了市场的运行机制（潘越等，2020），不利于企业的长远发展。连锁股东的潜在影响涵盖了涉及企业行为的所有经济学领域，包括公司治理、战略、产业组织和金融经济学等，成为近年来理论研究的热点问题（Schmalz，2018）。国内外学者围绕连锁股东对企业发展的影响展开了激烈的争论。从已有的文献来看，相关学者主要关注连锁股东的公司治理效应和信息效应。

从连锁股东的公司治理效应来看，连锁股东在参与不同企业经营过程中积累的投资经验、行业专长和管理经验，能够对公司治理形成积极的影响（潘越等，

2020)。首先,连锁股东的投资经验、行业专长、管理经验等,有助于优化公司的战略和决策过程(Brooks et al., 2018)。其次,连锁股东能够监督管理层,积极发挥监督作用,缓解治理外部性导致的低效率(He et al., 2019),并通过提升投资者的监督动机与管理层的工作动机(Edmans et al., 2019)、对 CEO 表达反对意见(He et al., 2019)、罢免不称职 CEO(Kang et al., 2018)、抑制 CEO 操纵财务信息的行为(He et al., 2020)等途径实现监督职能。另外,高管的薪酬激励制度在公司治理中发挥了重要作用。连锁股东可以通过影响高管薪酬制度来缓解竞争,提升企业业绩绩效(Liang, 2016;Antón et al., 2016)。

从连锁股东的信息效应来看,连锁股东通过股东连接而形成网络关系(李善民等 2015;王江娜等,2020),为同行业企业之间信息交换提供通道,共享信息资源,缓解信息不对称。连锁股东起到"桥"的作用,能为企业带来丰富和多元化的异质性信息,刺激企业扩展,提升经营效率(黄灿和李善民,2019)。企业与客户间共享信息,形成稳定的供应链关系,实现企业间的创新及财务合作(Freeman, 2019)。连锁股东通过信息共享来实现投资组合的利益最大化(Hansen and Lott, 1996),提升并购绩效(李善民等 2015;Brooks et al., 2018),提高企业的投资效益(王江娜等,2020),减少逆向选择,降低企业的融资成本(Chen et al., 2018)。

(三)连锁股东对企业技术创新的影响

创新是企业构建核心竞争力的关键,也是企业保持市场地位最有效的手段。影响企业创新的因素很多,既包括一国的知识产权保护水平(文豪,2009)、资本市场的开放程度(田轩,2020),也包括产品市场竞争(Aghion et al., 2005)、企业规模(易靖韬等,2015)、所有权性质(李卫忠等,2020)等,同时还包括公司股权特征(牛建波等,2013)。随着资本市场的不断发展与完善,股权特征对于创新的影响越来越受到关注。学者们主要围绕股权集中度(刘振和刘博,2018)、股权结构(Honoré et al., 2013;杨风和李卿云,2016)等方面开展了研究。公司的股权结构是公司治理结构的核心部分,深刻地影响公司的创新决策,而连锁股东属于股权结构的重要构成维度,作为当前资本市场一种重要的经济现象,其能否促进企业创新值得深入地研究。

梳理相关的文献,国内外学者的研究主要集在机构投资者对于企业创新的作用机制。机构投资者可以促进民营企业的创新活动(温军和冯根福,2012)。机构投资者持股与产品市场竞争之间存在互补性,可以通过降低职业风险,增加创新激励(Aghion et al., 2013)。对于连锁股东理论方面的研究尚未形成完善的理论体系，对于连锁股东与企业创新的实证研究方兴未艾。国外学者主要围绕连锁股东的性质、作用渠道和条件等方面展开了讨论。López 和 Vives(2019)通过古诺模型研究发现，连锁股东能够内化竞争对手的创新行为，在不同的市场集中度水平下对 R&D 产生不同的溢出效应。Anton 等(2018)发现连锁股东能够缓解企业的创新障碍，当技术溢出效应大于产品市场溢出效应时，促进企业研发，避免了窃取行为的发生。Borochin 等(2020)发现连锁股东通过企业价值和融资约束两个渠道来影响创新，连锁股东的性质对创新产生了不同的影响，专注、长期的投资者促进创新产出，多元化、短期的投资者抑制创新产出。Kostovetsky 和 Manconi(2020)认为连锁股东的企业间专利引用强度更高，并促进了创新在企业间的扩散。

可见，连锁股东对企业创新行为的影响主要依赖连锁股东产生的市场集中度衍生的风险承担能力以及连锁股东对创新溢出效应的影响。此外，上述研究结论主要来源于西方高度分散的股权资本市场的证据，其研究结论对股权高度集中的中国资本市场的适用性值得探究。

连锁股东在参与不同企业经营过程中积累的投资经验、行业专长和管理经验，能够对公司治理形成积极的影响(潘越等，2020)，进而影响企业创新。首先，连锁股东在参与不同企业经营和创新过程中积累了投资经验、行业专长、管理经验和创新知识。连锁股东对企业技术的发展趋势把握得更加准确，具有较为全面的创新知识和信息储备，对新产品开发的市场信息掌握得更加及时、准确。因此，连锁股东凭借以上优势，可以及时指导管理层开展创新活动，帮助管理层做出正确的创新决策。其次，连锁股东能够对企业创新实施有效的监督。由于股东和管理层之间存在信息不对称和代理问题。管理层可能排斥风险较大，但有利于公司长远发展的创新项目。连锁股东将发挥创新知识和信息储备较为全面的优势，缓解经理人职业忧虑，抑制经理人短视行为，并通过对 CEO 表达反对意见(He et al.，2019)、罢免不称职 CEO(Kang et al.，2018)、抑制 CEO 操纵财务信息的行为(He et al.，2020)等途径实现监督职能，提升管理层的工作动机(Edmans et al.，2019)，提升企业创新绩效。另外，连锁股东还可以通过委派董事或独立董事，形成董事网络，拓宽研发资金的来源渠道，发挥专利知识的获取作用，提升企业创新产量和质量(王营和张光利，2018)。

连锁股东通过股东连接而形成网络关系(李善民等 2015；王江娜等，2020)，为同行业企业之间信息交换提供通道，共享信息资源。技术创新不仅要求企业能够有效整合人才、资金等资源，更加需要企业从不同渠道获取各类创新知识和信息。创新的基础是知识和信息，企业创新来源于对新知识和信息的持续创造和运用。基于内部知识积累的有限性和技术变迁速度的加快，越来越多的企业倾向于借助外部关系网络寻求知识和信息，与内部知识整合提升企业创新能力（段海艳，2012）。这种信息和知识的交流一般以非市场化、非正式交易实现，节省了企业的交易成本，增进了企业间的互信，并有助于企业间协作关系的形成。企业的创新能力关键就看企业如何利用网络关系将多种信息转化为知识，并促进多种知识的融合（王霄和胡军，2005）。连锁股东长期参与同行业企业创新项目的选择、研发的方向与投入等重大创新决策，掌握了同行业企业的创新知识与信息，不仅为管理层提供丰富和多元化的异质性信息，而且加速了内外部知识与信息的融合速度，实现外部资源内部化，促进创新企业人力资本的不断积累，提升企业创新水平。基于此，连锁股东能够发挥信息效应，起到"桥"的作用，为企业带来丰富和多元化的异质性信息（黄灿和李善民，2019），帮助企业获取创新知识和信息，识别创新项目，把握技术创新进程，实现创新的预期成果。

企业研发创新特别是突破式创新具有显著的知识溢出效应（Jaffe，1986），这种溢出效应主要发生在同行业企业之间（Raut，1995），主要表现为竞争对手模仿企业创新行为，且企业很难阻止竞争对手对知识产权的模仿行为（Arrow，1962），这使得企业创新收益低于创新成本，从而削弱了企业进行研发创新的动机。为解决同行业研发创新溢出效应，经济学家提出应加强知识产权保护（Hausman et al.，1984）。然而，处于转型阶段的中国，知识产权保护制度仍然不够完善，特别是在网络时代，知识产权保护难度进一步加大。但如果在同一行业内同时持有多家企业股份，投资组合内企业的创新知识相互溢出，会降低股东溢出成本，从而也弱化了这种溢出效应对企业研发创新的不利影响，有助于促进连锁股东的创新意愿。

七、实体企业金融化与企业技术创新

（一）实体企业金融化

1. 实体企业金融化的含义

随着市场需求日益饱和，实体企业利润逐渐下滑，在资本的逐利驱使下，大量产业资本开始不断涌入利润丰厚的金融与房地产行业，其中在资产负债表中配置金融资产成为一种非常重要的形式，致使实体企业越来越偏离其主营业务，逐渐形成了制造业趋于空心化的现象，这种现象也被称为"实体企业金融化"（宋军和陆旸，2015；谢家智等，2014）。"金融化"最早可以从马克思主义政治经济学中找到相关阐述，马克思不认为金融化会对经济造成过多的危害，认为产业资本将使金融资本从属于自己的需要（徐云松和王怡媛，2021）。蔡明荣和任世驰（2014）认为企业金融化是企业采取的一种偏重资本运作的资源配置方式，企业利润更多地来源于非生产经营业务的投资和资本运作，追求单纯的资本增值而非经营利润。本书认为实体企业金融化是指企业资产负债中配置金融资产或对金融资产投资比例越来越高的一种现象，这使得实体企业经营利润越来越多地来源于金融渠道而非生产制造领域。

2. 实体企业金融化的动因

随着实体企业金融化的现象不断涌现，学者们开始探究其驱动因素。制度及外部环境影响企业金融化的进程。蔡海静等（2021）发现环境规制对企业金融化具有强化效应，高区域环境规制压力企业和强污染企业中表现得更为明显。周梓洵等（2021）认为地方政府官员的任期构成了企业重要的外部环境，发现官员任期和企业金融化程度呈“U”形关系。谭德凯和田利辉（2021）发现民间金融发展会促进企业金融化，尤其是民营企业。民间金融提供投资渠道，并以高回报吸引企业参与金融活动。较多的学者从“蓄水池”和“投资替代”的动机进行了研究。“蓄水池”动机认为企业金融化是出于谨慎储蓄动机，“投资替代”动机认为企业配置金融资产的主要动机是追逐金融投资的高回报率（许莉和王欢，2021）。宋军和陆旸（2015）发现高业绩和低业绩公司都趋向于持有更多的金融资产，高业绩公司表现为富余效应，低业绩公司表现为替代效应。张成思和郑宁（2020）发现，货币扩张、资本逐利和风险规避均是企业金融化的关键影响因素，但货币扩张表现为直接抑制和间接促进两种效应。张成思和郑宁（2019）研究不同所有权性质和不同行业企业的金融化驱动机制的异质性，发现风险规避是中国非国有企业金融化的显著驱动因素，而国有企业不存在此特征，风险规避也是制造业企业金融化的驱动因素，非制造业企业亦不存在此特征。此外，有学者从公司治理角度探究企业金融化的驱动因素。杜勇等（2019）发现 CEO 金融背景对企业金融化具有显著的正向影响，主要通过提高 CEO 自信程度和缓解融资约束来促进企业金融化。余怒涛等（2021）认为非控股大股东能有效抑制企业过度金融化投资，且对长期金融资产投资的抑制作用更为显著。

3. 实体企业金融化的度量

有关实体企业金融化的实证研究方兴未艾，主要围绕资产的角度度量实体企业金融化。张成思和郑宁（2019）用金融资产占企业总投资资本的比重来度量实体企业金融化，利用企业资产负债表中的总资产科目来代理企业的总投资资本，而金融资产的计量则根据中国企业会计准则，将货币资金、持有至到期投资、交易性金融资产、可供出售金融资产、投资性房地产、应收股利、应收利息七项进行加总。蔡海静等(2021)采用企业金融资产占总资产的比值和企业金融资产总规模的自然对数值两项指标来度量。金融资产主要包括交易性金融资产、衍生金融资产、发放贷款及垫款净额、可供出售金融资产、持有至到期投资和投资性房地产六个项目。谭德凯和田利辉(2021)以企业持有金融资产占总资产的比重定义企业金融化。金融资产包括交易性金融资产、买入返售金融资产、发放贷款及垫款、可供出售金融资产、持有至到期投资以及投资性房地产。也有部分学者结合资产和利润来度量，宋军和陆旸(2015)采用持有金融资产的比例和金融资产产生的收益来度量。

4. 实体企业金融化的影响

以往研究主要从宏观层面与微观层面讨论金融化的影响因素及其对经济行为的影响。在宏观层面研究方面，大多研究认为过度金融化将使得产业重心从实体经济部门转向虚拟经济部门，形成产业空心化进而削弱制造业技术创新基础。王芳(2004)认为，现代金融体系有助于管理经济结构优化与调整过程中产生的各种风险，从而进一步推动经济结构的调整。Palley(2013)认为过度金融化反而会降低经济增长速度，经济自动稳定性功能下降。Dore(2008)认为过度金融化会误导人力资源错配、侵吞社会信用等。Freeman(2010)认为过度金融化会导致企业减少公共物品供给。Bhaduri(2011)使用理论模型研究发现，金融化会导致经济系统脆弱性增加，加剧发生金融危机的可能性。刘小玄和周晓艳(2011)研究发现，金融发展滞后产生信贷资源的结构性歧视，将直接导致经济结构的失衡。张军和金煜(2005)通过考察金融自由化对我国全要素生产率的影响发现，金融深化显著提升了地区的生产率。González 和 Sala(2014)使用宏观劳动模型研究金融化对失业率的影响，发现金融化大约会提高 2% 的失业率。Ortiz 和 Pablo(2014)认为金融化类似 AIDS 病毒，通过占据经济内部资源实现自我复制和强化，从而限制了其他部门的发展空间。由此可见，宏观层面的多数研究对金融化提出了质疑，特别是过度金融化将限制实体经济的发展，可能会带来产业空心化的问题。

与宏观层面研究质疑金融化的研究结论有所不同，基于微观层面研究金融化的文献则认为实体企业金融化发挥的不完全是负面作用。如张军等(2008)利用 1992—2005 年 547 家上市公司研究样本，检验金融自由化对于企业投资行为的影响，发现金融化改革缓解了企业的外部融资约束，促进了企业投资(本书对金融自由化度量使用的是宏观维度度量指标）。Orhangazi(2008)研究发现，非金融类企业对金融资产和金融机构的投资获得更多利益，从而对企业实体投资产生“挤出效应”。谢家智等(2014)研究认为，制造业的过度金融化将加剧“去工业化”，削弱制造业发展基础，从而抑制企业创新能力。宋军和陆旸(2015)认为，非金融企业非货币金融资产与其经营收益率呈现“U”形关系，对于低业绩的公司表现为“替代效应”，而对于高业绩的公司表现为“富余效应”。可见，微观层面对金融化的研究并没有取得一致性结论。

（二）跨行业套利

套利交易是指利用相关市场或相关电子合同之间的价差变化，在相关市场或相关电子合同上进行交易方向相反的交易，以期望价差发生变化而获利的交易行为。套利交易已成为金融市场主要的交易手段。由于市场机制的不成熟及地区与行业间发展的不平衡，企业可以通过跨行业、跨地区乃至跨时间等套利形式获取超额利润。跨行业套利是指通过利用资源价格在时间与空间的不均等性，将资源进行时空转移而获利的一种市场行为。实体企业跨行业套利本质上可以归结为一种微观金融化现象，然而学者对于跨行业套利关注得较少。蔡庆丰和田霖(2019)发现，部分企业跨行业并购后主营收入占比不降反增，其并购后并未将资源转移至新行业，可能仅是一种套取政府补贴的“政策套利”行为。宋军和陆旸(2015)研究发现，经营业绩高低不同的实体企业，其金融化的动机存在差异，低业绩的公司表现为“替代效应”，而高业绩的公司表现为“富余效应”。这是因为低业绩的公司可支配资金有限，其跨行业套利行为更多地是为了改善其经营业绩，而高业绩的公司资金充足，其跨行业套利行为则更多地是一种富余资金的合理使用，同样有助于进一步改善经营业绩。曾海舰和林灵(2015)研究发现上市公司持股非上市银行等金融机构会获取融资便利，显著缓解了融资约束。考虑金融行业特殊的资金供给能力以及房地产行业强大的资产抵押能力，实体企业进入这些行业可能还存在获取融资便利的动机，如果是这样，那么无疑融资约束程度越高的企业，其进入金融与房地产行业的概率与程度会更高。

（三）实体企业金融化对企业技术创新的影响

金融化作为金融发展的一个重要维度，对企业创新活动具有非常重要的影响，然而实体企业金融化是促进了企业创新还是挤出了企业创新，目前并未形成一致的意见。较多学者认为实体企业金融化对企业技术创新存在“挤出效应”。

万良勇等(2020)发现企业金融化通过“挤出”研发投入,进而抑制了创新产出,相较于国有企业,非国有企业金融化对研发投入的挤出作用更加显著。潘海英和王春风(2020)发现金融化显著抑制了企业的创新投资和创新效率,客户集中度高缓解了金融化对创新效率的负面影响,而财务柔性削弱了金融化对创新投资的负面效应。徐珊和刘笃池(2019)发现,无论从创新投入角度,还是创新绩效角度,金融化对中国非金融企业技术创新都主要表现为“拉动效应”,金融投资和实体经营的利润率差异是影响企业创新投入的重要因素。赵芮和曹廷贵(2021)认为,金融化会显著抑制企业不同类型技术创新,且对突破式创新的抑制作用较大。也有部分学者认为实体企业金融化对企业技术创新产生了积极的效果。杨松令等(2019)发现实体企业金融化与研发投入在当期呈负向关系,但在滞后期呈显著正相关。实体企业金融化与研发投入的交互作用弥补研发过程中的资金短缺,平衡创新知识转化过程中的调整和失败风险,缓解管理者面对的短期业绩考核和股价波动压力,进而显著提升企业的研发投入持续性和研发投入转化率。

八、简要述评

综合以上文献,学者主要研究了财税、金融以及竞争性等政策对企业技术创新的作用机理及路径,为探寻影响企业技术创新的关键性因素,理解和认识企业技术创新的驱动机制做出了积极的贡献。此外,随着政府与市场关系的不断深化,学者对于政府与市场互动促进企业绩效提升及产业转型升级进行了深入研究,为本书的研究提供了丰富的经验借鉴。

(1) 现有研究关于驱动企业技术创新的政策效果仍然没有形成一致的观点。现有研究关于金融、补贴、竞争性政策对企业技术创新的效果仍然存在较大的争议,存在抑制效应还是激励效应,还未取得一致的结论,有待我们进一步丰富其研究成果。党的十七大提出建设创新型国家,科技创新成为推动生产力发展的决定性因素。技术创新是科技创新的一种表现方式。培育企业技术创新能力,关乎建成乃至长期维系创新型国家的成败。因此,必须进一步研究驱动企业技术创新的政策效果,探明作用机理及路径,优化和完善驱动企业技术创新的关键性政策。

(2) 政府与市场互动视角下驱动企业技术创新的政策研究缺失。梳理相关的文献发现,学者主要从政府和市场视角关注区域创新。徐鹏杰和黄少安(2020)认为,政府和市场都显著促进了我国区域创新,中西部和北方地区相对南方和东部地区更依靠政府。吕雁琴和赵斌(2020)发现政府干预对区域创新存在单一的门限效应，而市场化对区域创新存在双重的门限效应。随着对政府与市场关系认识的进一步深化，较多学者认为政府采用财税、金融、资本等多种手段，充分运用市场机制配置资源，并根据市场的反作用适时调整，实现政府与市场互动，有助于提升企业业绩绩效、实现产业转型升级等目标。然而，鲜有学者从政府与市场互动视角研究企业技术创新的激励政策和驱动机制。

(3) 驱动企业技术创新关键性政策的理论框架尚未构建。国内外学者主要从财税政策、金融政策和竞争性政策等方面研究了驱动企业技术创新的作用机理及路径，但这些研究成果仅从某一方面研究驱动企业技术创新的政策。少部分学者开始尝试研究政府创新补贴、高新技术企业减税、研发加计扣除三种混合政策对企业技术创新的驱动机制，为本书的研究提供了有价值的借鉴。然而企业技术创新周期长、风险大，驱动政策复杂，必须从驱动企业技术创新的关键性因素入手，建立研究驱动企业技术创新关键性政策的理论框架。

综上所述，本书拟从政府和市场互动视角，构建驱动企业技术创新关键性政策的理论框架，进一步明确驱动企业技术创新的政策效果，有助于进一步验证金融、补贴、竞争性政策对企业技术创新的杠杆作用，更加深刻理解驱动企业技术创新的作用机理及路径，有助于指导企业技术创新政策的调整。

第三节　研究目标、主要研究内容及创新点

一、研究目标

本书基于微观数据，从政府与市场互动视角研究驱动企业技术创新的政策，构建研究驱动企业技术创新政策的理论框架，如图 1-1 所示，较全面地反映影响企业技术创新的关键性因素。具体来说，本书紧紧围绕上述研究目标，拟就以下具体问题做出回答。

(1) 资本市场开放如何影响企业技术创新，竞争性政策、境外机构持股发挥了怎样的调节作用？

(2) 信贷数量管制、利率市场化如何影响企业技术创新，市场化进程、政府融资发挥了怎样的调节作用？

(3) 政府补贴如何影响企业技术创新，市场化进程、产品市场竞争、股权集中度发挥了怎样的调节作用？

(4) 连锁股东如何影响企业技术创新，竞争性政策、知识产权保护发挥了怎

样的调节作用？

(5) 跨行业套利如何影响企业技术创新，行业间利润率差距、市场化进程发挥了怎样的调节作用？

(6) 实体企业金融化如何影响企业技术创新？

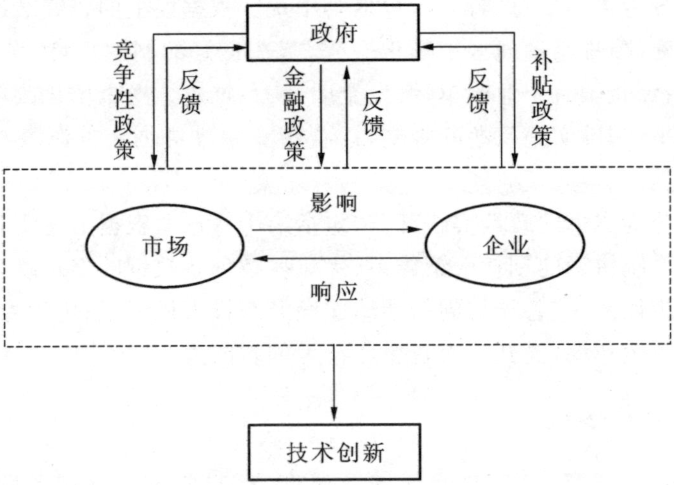

图 1-1　研究框架

二、研究内容及技术路线

（一）研究内容

第一部分为第一章。这是本书研究内容的基础部分，主要阐述选题背景、研究目标及意义、国内外的研究现状和主要研究内容等，总结出研究方法及主要创新点。通过阐述选题背景，提出本书所要研究的主要问题和研究意义。对选题所涉及领域的文献进行梳理，分析该领域的研究动态、水平和发展前景等，并界定了本书所涉及概念的基本含义，从而确立了本书研究的内容。归纳和整理本书的研究方法和创新点，说明研究方法在书中的应用及创新之处。

第二部分为第二章。这一部分是本书理论研究基础的介绍和分析。该部分梳理本书采用的相关理论——新制度经济学相关理论、创新理论、产业政策理论和金融发展理论的观点及演变过程，为本书的研究做好理论准备。

第三部分为第三章。这一部分主要介绍我国企业技术创新发展现状及相关政策。该部分介绍目前企业技术创新的发展现状，梳理在国家层面和主要地区层面的补贴政策及金融政策，并总结政策的实施情况。

第四部分为本书研究的核心部分，包括第四章至第九章。该部分实证研究资本市场开放、信贷数量管制与利率市场化、政府补贴、连锁股东、跨行业套利、实体企业金融化对企业技术创新的影响，找出企业技术创新的驱动机制及路径，为提出政策优化建议奠定基础。

第五部分为本书的总结部分，包括第十章。根据以上的研究结论，该部分提出如下政策建议：推动各地区市场化进程，营造良好的制度环境；发挥政府补贴的杠杆作用；深化国有企业改革，激发企业活力；推进金融市场化改革，提升资本市场开放水平；精准实施反垄断规制，以合理竞争推进创新策源等政策建议，促进企业技术创新。

第六部分为本书的政策实践部分，包括第十一章。根据上述研究结论，该部分提出构建系统协调的创新政策体系、优化科技创新政策的宏观政策环境、完善政府补贴政策体系、完善科技创新活动建设经费投入机制、强化优秀科技人才引进和激励等政策建议，提升河南省企业技术创新能力。

（二）技术路线

根据本书的研究内容、核心问题及研究方法，所采取的技术路线如图 1-2 所示。

三、研究方法

本书将采用定性研究和定量研究相结合的研究方法，遵循“问题提出→理论分析和研究假设→实证分析→系统的结论”的体系安排本书的结构和逻辑框架。

通过广泛阅读技术创新、资本市场开放、政府补贴、信贷数量管制与利率市场化、连锁股东、跨行业套利、实体企业金融化、产业生命周期理论、熊彼特假说、代理理论等领域相关的国内外文献，本书比较全面地梳理了现有研究现状及前沿问题，同时结合目前我国企业技术创新发展的现实情况，提出本研究的构想、研究框架以及相应的研究假设。本研究采用数据库资料、手工收集整理的数据对研究假设做定量分析，利用 Stata17 统计分析软件，通过多元回归的方法展开实证研究，以验证研究假设，得出研究结论。

四、创新点

本书基于微观企业数据，从政府与市场互动的视角研究驱动企业技术创新的政策效应，通过构建研究驱动企业技术创新政策的理论框架，较全面地反映影响企业技术创新的关键性因素，有助于进一步验证金融、补贴以及竞争性政策促

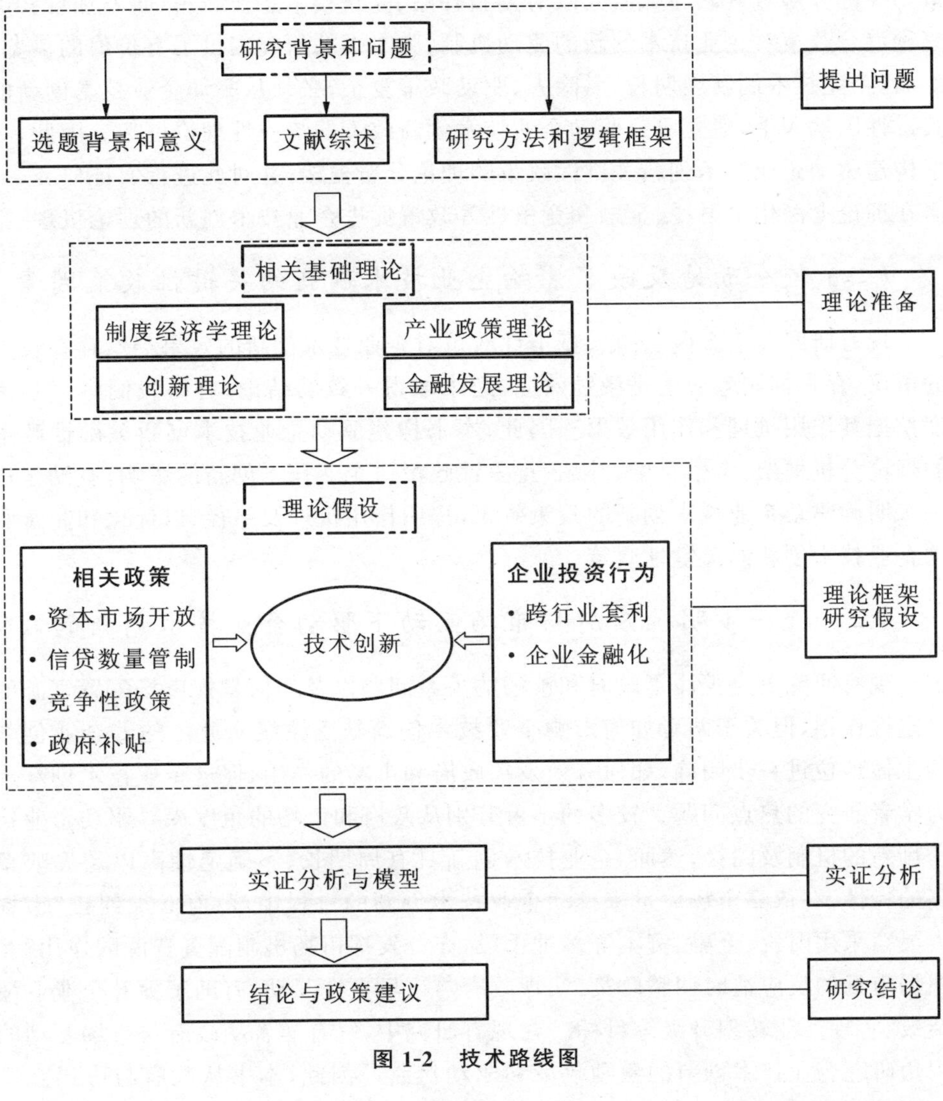

图 1-2 技术路线图

进企业技术创新的杠杆作用,更加深刻理解驱动企业技术创新的作用机理及路径,有助于指导技术创新政策的调整。在已有文献的基础之上,本书至少在以下三个方面具有一定的贡献。

(一) 构建驱动企业技术创新关键性政策的理论分析框架

国内外学者主要从财税政策、金融政策和竞争性政策等方面研究了驱动企业技术创新的作用机理及路径,但主要从单一方面研究驱动企业技术创新的政策。少部分学者开始尝试研究政府创新补贴、高新技术企业减税、研发加计扣除三种混合政策对企业技术创新的驱动机制，为本书的研究提供了有价值的借鉴。然而，企业技术创新周期长、风险大、驱动政策复杂，必须从驱动企业技术创新的关键性因素入手，建立研究驱动企业技术创新政策的统一性理论框架。因此，本书构建驱动企业技术创新关键性政策的理论分析框架，并对此进行实证研究，从而在理论上深化了财税、金融和竞争性等政策促进企业技术创新的理论机理。

（二）较全面地反映了影响企业技术创新的关键性政策因素

现有研究关于金融、补贴、竞争性政策对企业技术创新的效果仍然存在较大的争议，存在抑制效应还是激励效应，还未取得一致的结论，有待我们进一步深度挖掘其作用机理和作用效果。因此，本书构建驱动企业技术创新关键性政策的理论分析框架，考察金融、补贴、竞争性政策对企业技术创新的影响，有助于进一步明确驱动企业技术创新的政策效果，探明作用机理及路径，以优化和完善驱动企业技术创新的关键性政策。

（三）进一步明确政府与市场互动下驱动企业技术创新的政策

现有研究重点关注了政府和市场的关系问题以及如何发挥市场配置资源的决定性作用，但关于两者如何影响企业技术创新缺乏系统研究。随着企业创新的主体地位进一步明确，如何有效发挥政府和市场的作用，促进企业技术创新成为学者研究的热点问题。较多的学者分别从政府和市场的角度探寻驱动企业技术创新的机制及路径，然而，企业技术创新具有周期长、不确定性高以及失败率高的特性，在依靠市场力量来推动企业技术创新的过程中，政府必须纠正“市场失灵”，采用财税、金融、资本等多种手段，充分发挥市场机制配置资源的作用，并根据市场的反应适时调整政策，实现政府与市场良性互动，有助于提升企业业绩绩效、实现产业转型升级等目标。在现有研究中，鲜有学者从政府与市场互动的视角研究企业技术创新的激励政策和驱动机制。因此，本书从政府与市场互动视角，构建驱动企业技术创新关键性政策的理论分析框架，并进行实证研究，有助于进一步探明政府与市场的边界，理清政府与市场良性互动关系构建的机理及途径，进一步明确政府与市场互动下驱动企业技术创新的政策。

第二章　理论基础

纵观已有的研究文献，涉及技术创新、制度环境、公司治理、市场结构等方面的理论较多。考虑到本书的研究对象和研究内容，笔者选择新制度经济学的制度变迁理论和公司治理理论、创新理论、产业政策理论和金融发展理论作为研究基础。结合本书的研究内容，本章提炼了这些理论的核心思想，并将其作为命题研究的理论支撑。新古典学派的创新理论和产业政策理论为政府利用各类政策调控市场、解决技术创新活动中的市场失灵问题提供了理论基础。制度变迁理论、公司治理理论、熊彼特假说和金融发展理论为构建理论框架提供了理论指导。

第一节　新制度经济学相关理论

20 世纪 60 年代以来，新制度经济学在现代理论经济学中占据了重要的地位，它的两大发现“交易费用”和“产权”，为后续的理论研究打下了坚实的基础。随着后人的不断丰富和完善，形成了产权理论、交易成本理论、企业理论、制度变迁理论等经典理论，为分析和研究经济现象提供了理论基础。新制度经济学强调制度因素的重要性，认为制度决定着一个国家的经济增长和社会发展。本章结合研究的视角和内容，选择以制度变迁理论和公司治理理论作为研究的依据。

一、制度变迁理论

（一）制度变迁理论的含义

美国著名经济学家诺斯在 1971 年出版的《制度变迁与美国经济增长》中提出，通过制度创新可以带动经济增长。他认为追求个人利益最大化是制度创新的动力，能使创新者获得更多利益；现存制度的变革，其实质是创新者利用制度的变革和创新，找到并抓住新的盈利模式和机会，从而实现收益的增长；创新的最终结果将带来制度的均衡。因此，制度变迁的过程是技术制度由均衡到创新，再由创新到均衡交替反复的过程。1990 年出版的《制度、制度变迁与经济绩效》系统分析了制度变迁与经济增长的内在关系。诺斯以此获得了 1993 年的诺贝尔经济学奖，创立了制度变迁理论，开创性地引发了制度变迁理论的系统研究。

诺斯认为,制度是一系列被制定出来的规则、守法程序和行为的道德伦理规范,它旨在约束主体追求福利或效用最大化的个人行为。变迁是指"制度创立、变更及随着时间变化而被打破的方式"。制度变迁是制度的替代、转换与变换的过程。作为替代过程,制度变迁是一种效益更高的制度替代原有制度;作为转换过程,制度变迁是一种更有效益的制度的生产过程;作为交换过程,制度变迁是制度的交易过程。制度变迁是新制度经济学研究的重点。

(二)产权结构是新制度经济学的重要内容

在诺斯看来,有效率的经济组织是经济增长的关键,而合理安排制度、明确产权关系才能产生有效率的组织。只有如此,才能产生一种激励效应,即有效率的产权能够促进经济的增长,然而,要想产生有效率的产权必须使其具有排他性。因此,界定明确的产权关系,有利于充分调动产权所有者参与经济活动的积极性。不明确的产权关系容易使产权所有者产生短期行为,抱有侥幸心理,对经济增长产生不利影响。产权对于经济增长的激励作用具体体现为:通过降低和减少交易费用,形成具有竞争性和高效率的市场;尽量降低市场信息的不对称性,并消除其所产生的不确定性,保证产权所有者能够获得稳定的预期收益,增加其参与市场经济活动的积极性;技术的变革和知识的创新给产权所有者带来极大的风险,必须想办法降低这种风险,使投资收益接近或高于社会的平均收益。因此,诺斯认为通过明确界定产权,可以减少不确定性,同时还需要根据现实情况进行适时的调整与变革,才能带来经济的增长。

诺斯指出,国家通过制定制度,随之塑造与其对应的产权结构,将决定这个国家经济的增长、衰退或停滞。国家理论解释了无效率产权结构产生的原因,并说明了国家兴衰的成因。在国家模型中,具备三个基本的特征才能成为效用最大化的国家统治:国家以被称为"保护"或"公正"的服务作为交换来获取收入;为了使国家收入得到最大化,将选民划分为不同的利益集团,针对每个集团的特点来设计产权;国家不仅面临内部潜在的竞争者,而且还要面对外部其他国家的竞争。同时,他还认为国家的目的有两个:为了使统治者获得最大化的租金,界定产权结构中相关的基本规则;通过降低交易费用使社会产出得到最大化,国家也就可以获得最大化的税收。但根据实践来看,这两种产权之间存在着持久的冲突。这种冲突成为经济不能持续增长的根源。国家可以通过制度设计来影响经济的增长,政府成为国家制度的设计和制定者,因此,必须发挥政府在制度变迁中的重要作用。

（三）制度变迁理论在我国的实践

我国学者对制度变迁理论进行了系统的学习和研究。邹薇和庄子银(1995)以制度变迁的需求和供给为主线，对制度变迁理论进行了批判和发展。孙良(2002)发现了我国研究制度变迁理论存在的问题，并试图解决我国制度变迁理论研究的内容和方向。随着对制度变迁理论的深入研究，学者们开始利用我国制度变迁理论来研究中国的现实问题，如赖婉英(2011)通过对制度变迁理论的分析，提出了我国改革过程中应注意的问题。

根据对制度变迁理论的分析，本章认为，实现我国的经济增长，急需建立和培育出一个完备的市场经济体系，必须推动市场化进程，建立良好的制度环境。在市场化进程中必须明确产权主体，保护创新主体的利益，充分发挥政府在制度变迁中的作用。制度变迁理论一直强调，制度环境的优劣是决定一个产业能否快速发展的关键因素。在产业的发展中，适宜的制度能够支撑企业的技术创新，资金和技术的作用远不及良好的制度环境。相应的制度条件一定程度上决定了该国或地区的技术创新水平。不同的制度环境对技术创新的促进作用明显存在差异。良好的制度环境能够保障产权明晰，可以充分调动企业的创新积极性，提高企业的创新意识，促进企业技术创新。

二、公司治理理论

公司治理通过一套包括正式的或非正式的、内部的或外部的制度(或机制)来协调公司与所有利益相关者之间的利益关系，以保证公司决策的科学化，从而最终维护公司各方面的利益。公司治理理论主要研究的是优化公司治理结构、解决公司治理中出现的问题等内容，系统性的研究开始于20世纪80年代。公司治理的研究主要从股权结构、公司内部治理和公司间治理三个层面展开。对股权结构的研究主要集中于股权的分散或集中对公司绩效的影响；对公司内部治理的研究主要集中于股东与管理层的权利冲突以及公司管理层之间的协调问题；对公司间治理的研究主要集中于社会上利益相关者与公司绩效关系的研究。根据对公司治理的研究产生了代理理论、管家理论、利益相关者理论等理论，其中，代理理论在公司的形成机制的研究中居于主导地位，相关利益者理论近年来得到广泛认可，成为代理理论的重要补充。

（一）代理理论

1. 代理理论的含义

20 世纪 60 年代末 70 年代初，经济学家们试图深入研究关于企业内部的风险分摊问题(Arrow，1971；Wilson，1968)。这些文献将风险分摊问题描述为合作各方对风险分摊的不同态度。代理理论的引入扩大了这一支文献的研究，并将这一类问题归结为代理问题。代理问题主要存在于合作各方具有不同的目标和分工的情况。更为一般的情况下，委托人将工作放权给代理人，代理人负责保障工作业绩。代理理论试图以合同的方式刻画这种关系。

代理理论致力于解决在代理关系中的两类问题。第一类代理问题是，当委托人的目标和代理人不同，或者委托人监督纠正代理人的行为成本很高时，如何保证两方的行为达到一致性，即所谓的逆向选择问题。第二类代理问题即风险分摊问题，由于委托人和代理人具有不同的风险偏好，那么他们的行为必然很难达到一致，即所谓的道德风险问题。代理理论的概述详见表 2-1。

表 2-1 代理理论概述

关键思想	委托代理关系应能高效地组织信息并降低风险承担成本
分析单元	委托人和代理人之间的合约
人性假设	自利人；有限理性；风险规避
组织假设	参与人目标冲突；效率优先；委托人与代理人之间的信息不对称
信息假设	信息成为一种交易商品
合约问题	道德风险；逆向选择；风险承担
主要的问题	委托人与代理人之间风险偏好差异和目标的不一致

资料来源：本表来自 EISENHARDT K M. Agency Theory：An Assessment and Review[J]. Academy of Management Review，1989，14(1)：57-74.

2. 代理理论的应用及分类

尽管代理理论的应用极为广泛，但其最为主要的舞台仍然是对组织层次行为的解释。例如薪酬设计、并购和多元化战略、董事会关系、所有权和财务结构、纵向整合和创新等组织活动。总体而言，代理理论反映了在一个简单的合约中具有不同行动目标和风险偏好的代理双方的契约关系。

与此同时，自发源于信息经济学后，代理理论形成了两条主要的分支：实证代理理论和委托代理理论(Jensen，1983)。两条分支仍然以代理合约作为基本的分析单元。当然，二者也共享对合约参与人、组织和信息的假设。不过，两种理论具有不同的数学严谨度，不同的因变量以及研究范式。

3. 实证代理理论

实证代理理论主要关注识别委托人和代理人可能存在目标冲突的情形以及提供最小化代理人自利行为的管理机制。相较于委托代理学派，实证代理学派更少地应用数学模型。同时，绝大多数情况下，实证代理学派主要关注大型上市企业中所有者与经理人的委托代理关系的研究。

Jensen 和 Meckling (1976)刻画了企业的所有权结构，包括如何将经理人利益与企业所有者的利益协调一致。之后，Fama 和 Jensen (1983)将大型公司的董事会视为一个信息系统，股东利用董事会对高管的机会主义行为进行监督和规避，他们强调了董事长在其中的重要作用。

从理论视角来看，实证代理理论主要关注对管理机制的刻画，以求解决代理问题。这其中，有两种方式的合约被实证代理学派视为能够有效缓解代理问题的管理机制。一是基于产出水平的合约能够有效地抑制代理人的机会主义行为。这种合约能够合理协调委托人和代理人的目标冲突，从而使其达到行为一致的目的。因此，委托人和代理人之间的自利行为将会得到有效缓解。例如，Jensen 和 Meckling (1976) 就发现，增加管理者的企业所有权将有效制约管理者的机会主义行为。第二种合约方式就是加入信息共享以减少代理人的机会主义行为。这一观点认为，一旦信息系统能够使得委托人清楚地知道代理人的行为，就会减少代理人的机会主义行为。因为代理人此刻已经意识到，他不可能欺骗委托人。例如，Fama (1980) 刻画了有效的资本和劳动市场上抑制代理人机会主义行为的信息效应。

4. 委托代理理论

委托代理理论扩大了代理理论的适用范围。这一理论可以应用于雇主和工人、律师与客户、买者与卖者以及其他许多代理关系中。这一理论的一个特点是，其分析框架中引入了许多特定的前提假设，以方便进行逻辑推理和数学证明。

相较于实证代理理论，委托代理理论更加精简和数学化，因此，对于组织研究者而言可能更为复杂和不易入手。确实，绝大多数对代理理论的评论都聚焦于更为熟知的实证代理理论。然而，委托代理理论的应用更为广泛，其启示也更为有趣。相较之下，实证代理理论往往限定在大型企业所有者和管理者关系的探讨中，而委托代理理论研究的结论往往更具有包容性。

对于组织研究者而言，两个流派的差异为其深入理解对这一理论的批判提供了背景。然而,这并不是问题的重点,重点在于两个流派是相互补充的。实证代理理论识别不同的代理合约,委托代理理论确认在不同情境下(如不同的产出不确定性、不同的风险偏好、不同的信息水平等)合约的最优性。

实际上,委托代理理论关注的焦点就是如何设计最优的合约,确定是行为导向还是结果导向。最为简单的委托代理模型往往包含了双方相互冲突的目标,较易测量的产出,以及一个较委托人更规避风险的代理人。当然,这种模型还可能存在更多的情形假设。例如,委托代理双方具有完全的信息,即双方都知道对方的行动;或委托人并不完全知晓代理人的行为,此时代理人可能并不会按照事先达成的协议行事,即可能产生道德风险。

综上,技术创新活动是企业核心竞争力的源泉,是企业取得市场竞争地位的法宝。但技术创新活动具有风险大、周期长、投入大等特点,使得技术创新活动存在着较高的技术和市场等风险。技术创新的企业有可能存在资金短缺或技术的无法预知性导致创新不能成功的风险,还可能存在创新的成果不被市场接受,或者难以满足消费者的要求,或者创新的成果被同行或竞争者盗取和模仿等风险。这些风险的存在使得不同的决策者所持有的风险偏好不同,对企业技术创新活动的态度也不同。股东是公司的所有者,经理人是公司的经营者,他们的风险偏好的差异直接导致代理问题非常突出。经理人对技术创新活动的参与意愿不强,不愿承担过多的风险,更容易导致在技术创新活动中股东与经理人之间的信息不对称性,即使获得了一定的政府补贴,为了短期利益也容易出现“挪作他用”的现象。代理问题的出现,成为干扰政府补贴发挥作用的重要因素。股权结构是公司治理中的关键决定因素,优化的股权结构能够较好地解决代理问题的出现。通过制度的优化,股东也能够更好地掌握全面的行业和公司等信息,规避经理人的风险偏好问题,做出较为正确的研发决策,从而促进企业的技术创新。

(二) 利益相关者理论

1. 利益相关者理论的含义

1963 年斯坦福研究院首次提出了利益相关者的定义,成为学术界广泛关注的问题。Freeman(1984)较完整地提出了利益相关者的概念,成为利益相关者理论最早的倡导者之一,他认为一个组织目标的实现将受到实施过程中所有相关的个体和群体的影响,包括所有者、顾客、雇员、供应商、政府、竞争者、消费者利益鼓吹者、环保主义者、特殊利益团体等。Darkson (1995)则将利益相关者划分为主要和次要的利益相关者两类。主要利益相关者包括股东、雇员、顾客、供应商和提供基础设施及市场的政府和社会组织，他们将对企业生存和发展产生关键性的影响。次要利益相关者包括环保主义者、特殊利益集团等，他们不直接参与企业的经营活动，因此他们对企业的生存和发展不能产生根本性的影响。Donaldson 和 Preston (1995)认为，利益相关者理论明确地或隐含地包括了三种类型的理论，即描述性(经验性)、工具性和规范性理论。其中，描述性(经验性)理论倾向于描述或解释企业或管理者的实际行为方式；工具性理论倾向于描述企业或管理者以特定方式行事而可能产生的结果；而规范性理论则关注于企业和管理层行为的道德适当与否。

2. 利益相关者理论与企业技术创新

随着对利益相关者理论的进一步认识，学术界开始基于利益相关理论研究企业的技术创新，并取得了初步的成效。Elias 等 (2002)等首次利用利益相关者方法研究企业技术创新，通过对某研究项目的案例研究，发现了该项目的利益相关者，并对其发挥的作用进行了详细的描述；Wong (2005)对软件开发项目进行案例研究，详细梳理软件开发质量评价中的利益相关者，并分析了其发挥的作用及利益的冲突，对构建软件开发的评价框架具有重要的价值。整体来说，这些研究以个案为基础，存在系统性及研究方法等方面的不足。在这些研究的基础之上，盛亚首次较为系统、全面地研究了技术创新过程中的利益相关者，提出了技术创新活动中的十大利益相关者。盛亚和陶锐(2006)以利益相关者理论为解释依据，探讨了企业技术创新的产权主体。盛亚等(2007)基于利益相关者理论，以杭州新中大软件股份有限公司为例，提出了企业创新管理的分类管理模式。盛亚和单航英(2008)利用调查问卷的数据，实证检验了利益相关者与企业技术创新的绩效关系，提出了建立创新网络、加强创新的分类管理等政策建议。随着研究的深入，学者们在创新政策的制定中也逐步引入利益相关者的概念，如陈剑平和盛亚(2014)采用演绎和归纳的方式，尝试性地利用利益相关者理论来论证"创新政策中为什么考虑利益相关者"，"如何描述创新政策中利益相关者的主体与异质性"以及"创新政策如何通过利益相关者发挥政策激励作用"，丰富了创新政策设计的理论与方法。

综上，利益相关者理论的发展已逐渐成为公司治理理论的重要内容，并已逐步成为指导企业技术创新政策的理论基础，尤其为政府引导企业技术创新提供了理论支持。政府作为企业技术创新的利益相关者，可以通过项目支持、评奖、补贴等方式，激励企业的技术创新，促进经济的增长。

第二节 创新理论

创新对于经济增长具有至关重要的作用,因此,创新成为研究的焦点问题。创新理论主要研究政府如何根据社会、经济和技术发展的情况来制定创新政策,以此促进创新和经济增长。随着经济社会的发展,创新理论不断地发展和完善,创新理论可以划分为新古典学派的创新理论、熊彼特学派、国家创新体系学派和制度创新学派。根据各学派的理论观点,结合本书的研究视角,本书选取熊彼特假说和新古典学派的创新理论作为理论支撑。

一、熊彼特假说

(一) 熊彼特假说的提出

著名的经济学家熊彼特于1942年就市场结构、企业规模和企业创新能力之间的关系提出了相关的假设,即所谓的熊彼特假说。实质上,这一假说包含着两个子假说,分别是:熊彼特假说一,即相对于那些小规模企业来说,规模较大的企业在研发创新上更有优势;熊彼特假说二,即在那些市场集中度越大的行业中,企业的创新效率越高。熊彼特认为,由于创新活动需要投入很多前期成本,且其产出具有高度的不确定性,因此,只有大规模的企业才能够承担这些沉没成本。同时,也只有在那些市场集中度大的行业中,少数的领头企业才具有较强的市场势力,能够有效地保护企业的创新产出。因此,在极端的情况下,熊彼特认为完全垄断市场中的企业为不断地攫取高额的垄断利润,有动力和能力加大创新投入。

不过,在此之后Arrow提出了不同的观点,他认为,竞争行业会比垄断行业具有更强的创新激励因素。由此,他断定垄断除了造成静态福利损失外,还可能延缓技术进步。实质上,至少可以从竞争所带来的知识溢出效应来证明竞争行业比垄断行业具有更大的创新动力。一般而言,竞争性的行业中企业的数量更多,企业之间的创新活动会很容易为其他企业所模仿,这也进一步降低了行业进入的壁垒,使得大多数企业的模仿创新活动更为活跃(Lee, 2005)。

(二) 企业创新的度量

在验证熊彼特假说时,学者们并未得到一致的结论。更为棘手的问题是,人们对创新的测量也莫衷一是。由于创新活动的周期较长，投入方式多种多样，且不同创新产出的经济价值并不一致，如何找到创新的有效度量成为研究中遇到的一大难题。

1. 企业规模与创新

对企业规模和创新能力关系的实证研究主要是利用一个或多个行业的企业数据来探究创新活动和企业规模两个代理变量之间的关系。在这种关系的探讨中，其一个前提假设就是企业的规模是外生给定的。然而，很明显，创新活动影响企业的成长，那也就必然影响企业的规模。因此，企业第 T 年的创新活动必然受到其第 T－1 年规模的影响(Scherer，1992)。因此，如果创新活动受到一些难以观察的共线因素的影响，而企业规模也同时受到这些因素的影响的话，那么直接利用企业规模对其创新能力进行线性回归时，必然会导致估计结果产生偏差。不过，对此批判的一个回应是，由于创新活动对企业规模的影响可能在滞后许多年后才可能产生，因此，这一内生问题可能并不严重。即企业规模对其创新能力和企业创新能力对其规模的影响的时间效应是不对称的。

在考察两者关系的计量研究中的另一个问题是，需要控制行业效应(Cohen and Levin，1989)。因为企业规模可能与行业层面的因素高度相关，例如技术的可获得性，这会正向影响企业的创新活动。因此，在探索企业规模与其创新能力关系的过程中，对行业效应的控制能够有效地减少估计结果的偏误。然而，在现实中，这又往往很难做到。因此，对于大企业而言，它们往往实行多元化的发展战略，其业务往往横跨多个产业。

Scherer (1965)在其两个较有影响的研究中，利用美国 500 家最大工业企业中的 448 家企业样本，将企业的研发人员密度和专利数量作为对企业创新的测量，分别在全样本、不考察行业效应和不同子样本中对企业的销售收入进行回归。结果表明，研发人员密度和销售收入(企业规模)在全样本和大多数子样本中(化工行业除外)呈现倒“U”形的关系。在此之后，众多的研究者对两者的关系进行了检验，所得的结论也不尽一致。

2. 市场结构与创新

我们再来转向有关创新和市场结构关系的文献。在这一领域的研究中，许多学者均利用单方程模型来将一些创新投入或产出的变量与市场集中度的变量联系起来。这种方法的一个严重问题就是市场集中度可能存在明显的内生性问题。长期以来，许多学者都认为市场结构和创新并不存在单一方向的因果关系，市场结构也会受到创新活动的影响。不失一般性，两者都内生取决于一个复杂系统中许多其他变量。为解决这一问题，一些学者在回归方程中引入工具变量，而也有学者则采用联立方程模型来同时考察两个方向的影响。

计量检验中的另一个问题亦与产业特征有关，即对市场结构和创新活动关系的简单检验会导致偏误的产生。因为直接影响市场结构的行业特征也会对创新活动产生影响。大量的研究中都控制行业的技术特征。然而，当把技术可得性视为外生给定时，技术产出的回报条件又可能难以保证其外生性。例如，当我们认为市场势力较大的企业可能有更多的创新活动时，可能是由于大企业能够更加容易地占有创新活动的回报。

最后，熊彼特假说认为市场势力与创新存在着显著的正相关关系，这使得绝大多数的文献也在侧面证实了另一个命题，即创新应该在市场集中度更高的行业中更为活跃。这意味着，市场势力（如边际利润或市场份额）在高度集中的行业中更大。但是，在市场结构被视为内生变量的框架中，这并不是显然存在的。例如，有证据表明，更为激烈的竞争可能导致更高的市场集中度（Sutton，1991；Symeonidis，1995）。

因此，市场集中度是影响企业技术创新的重要因素，市场集中度越高，少数的领头企业就具有较强的市场势力，能够有效地保护企业的创新产出，更加容易地占有创新活动的回报，才能更好地促进技术创新。

二、新古典学派的创新理论

新古典学派的创新理论研究主要围绕“市场失灵”这一经济现象展开，认为创新也是影响经济增长的一种重要生产要素。技术创新和其他生产要素，如资本和劳动力等，在影响经济的发展过程中发挥了同等重要的作用。技术创新作为一种变量可以被纳入经济增长模型中，是可以被测度的，对经济的增长具有较大的推进作用。在研究技术创新对经济的增长作用的过程中，新古典学派对于政府在技术创新过程中的作用也进行了深入研究，认为政府的干预不但能够促进技术创新，也可以带动经济增长。新古典学派的创新理论不仅在经济增长模型中添加了技术创新的变量，认为技术创新对经济增长发挥着重要作用，而且提出了政府在技术创新中的作用。

新古典学派以索洛为代表，将技术创新这一生产要素作为经济增长的内生变量，建立了著名的索洛技术进步模型，专门研究技术进步能否促进经济增长，产生了怎样的贡献率。1957 年，索洛对美国 1909—1949 年非农业部门的劳动生产率发展情况进行了实证研究，发现技术进步对劳动生产率的提高发挥了重要作用。在研究过程中，索洛发现技术创新由于过程复杂、时间较长、风险较大，创新的收益容易出现非独占性，产生了市场的失灵。因此，适当的政府干预才能纠正市场的失灵，激励企业参与技术创新活动的积极性，从而带动经济增长。新古典学派研究了技术进步对经济增长的作用，并发现了政府在技术创新中的重要作用，并将此进行了更加深入的研究，发现技术创新存在天然的不确定性，市场对技术创新的调节极易出现失效，造成资源配置的效率低下，出现市场失灵的问题，这时政府必须适时采用金融、税收、政府采购等手段，利用扶持之手、干预之手对技术创新活动进行调控，只有这样，技术创新才能具有活力，才能更好地发挥对经济的带动作用。

第三节　产业政策理论

一、产业生命周期理论

（一）产品、企业和行业的生命周期

生命周期的概念来自组织生态学，而将生命周期的概念应用于产品、企业或行业时，亦是一种仿生学的应用。一般而言，无论是产品、企业还是行业，我们均认为，其从产生、发展到消失的有规律性的阶段性现象就是其生命周期的表现。正是在对产品和企业生命周期大量研究的基础上，人们才开始对产业的生产周期的规律有所了解。因此，产业生命周期理论是在实证基础上对其进行研究的现代产业组织学的重要内容之一。

众所周知，一种新的产品投入市场后，可能面对不同的消费需求。那些需求较小的新产品可能由于企业无法承受成本压力就直接退出市场，这样的产品夭折是很正常的现象。不过，企业新产品的推出毕竟是其经过大量的市场调研后的行为，因此，大部分新产品还是能够不断获得更多消费者的青睐，使其销量不断增加。当然，这种销量的增加会随着大量竞争企业的进入而减缓。竞争企业的出现会导致又有新产品出现，企业自身也有动力来更新自己的产品。因此，企业的新产品会在一段时间后逐渐被竞争对手或自身的新产品所替代，最后退出市场。这个过程即是典型的产品生命周期。大多数研究表明，如果以时间为横坐标，以销售额或销售利润额为纵坐标，企业的产品生命周期将呈现为一条近似“S”形的曲线。

当然，产品生命周期的完结并不代表着企业运营的结束。现代企业往往具

有不同的产品线,或多元化的发展战略。这使得其一款产品在竞争市场上的失败并不会影响其长期的存续。然而,随着市场竞争的不断加剧,企业的主营业务会受到越来越多压力。如果将企业看作不同类型产品的生产机器,在技术不断更新换代的过程中,企业在对技术更新速度的掌控过程中,可能会做出滞后于技术的决策和判断,这会导致其逐步落后于竞争对手,从而退出产业的竞争,这也即为企业生命周期的完结。

行业即为大量生产同类产品企业的集合。最初,行业的领导企业由于一项技术的变革催生了该行业。之后会有大量其他企业开始生产同类型的产品,从而使得该行业开始成熟,随后竞争开始加剧,出现所谓的行业振荡,少量具有竞争力的企业留存下来。不过,这样的"太平盛世"往往并不会维持太久,因为技术的革新会打破这种制衡关系,使得少数大企业转型,开始进入新的行业,旧行业逐渐被淘汰或升级。

总体而言,技术进步是推动产品、企业和行业生命周期的原始动力。正如熊彼特的破坏性创新所言,产品、企业和行业的生命周期都是在这种破坏性创新的推动下开始一个个新的生命周期,三者的层次不同,但三者的生命周期又紧密地联系在一起,互相推动。

(二) 产业生命周期的内涵与特征

产业生命周期指产业从产生到衰亡具有阶段性和共同规律性的企业行为(特别是进入和退出行为)的改变过程,是从产业出现到完全退出社会经济活动所经历的时间。一般人们将这个过程分为四个阶段:形成期、成长期、成熟期和衰退期,如图 2-1 所示。

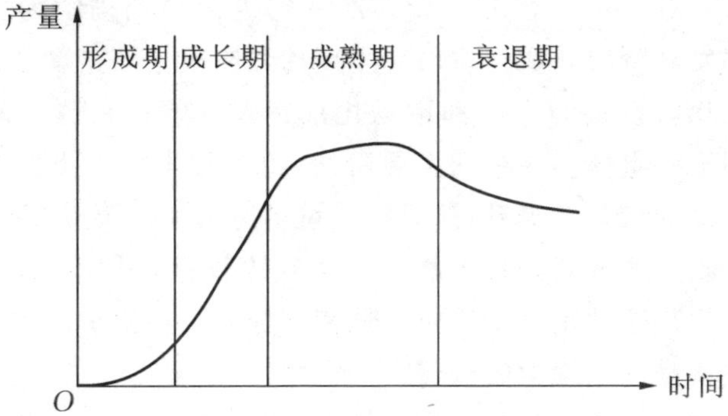

图 2-1　产业生命周期曲线

产业生命周期的不同阶段存在不同的演进特点和机制，如表 2-2 所示。在产业生命周期的形成期，率先进入的企业数量较少，产品的研发费用较高，产品技术不成熟、性能不稳定；产业进入的壁垒较低，竞争程度较弱，但面临的风险极大；企业依靠广告、改进产品等策略取得竞争地位。进入成长期，随着消费者对产品的认可，需求量逐步增加，企业数量逐渐增多；产品技术提高，企业生产成本降低，价格大幅下降；产业进入的壁垒仍然较低，企业依靠增加研发投入、提高生产技术取得竞争地位。到了成熟期，少数大企业垄断了整个市场，产业集中程度提高，企业数量逐渐减少；产品技术已经成熟，价格趋于稳定；产业进入的壁垒较高，企业依靠低成本等策略取得竞争优势。衰退期的市场需求饱和，产业利润大幅度下降，原产业内的企业逐渐退出，转投其他具有良好前景的产业，产业规模降低。

表 2-2　产业生命周期的特征

特征	形成期	成长期	成熟期	衰退期
价格	高	大幅下降	趋于稳定	价格战
企业数量	稀少	增多	减少	减少
进入障碍	核心技术	品牌忠诚度	策略性行为	无
竞争	广告、改进产品	强度减弱	低成本、品牌忠诚度	强度增加

（三）产业生命周期与创新的关系

正如 Klepper (1996)所强调的那样，产业生命周期的构成可能存在着不同的解读。例如，Williamson (1975)就将产业的生命周期描绘为三个阶段：早期探索阶段、中间发展阶段和成熟阶段。早期探索阶段主要是新产品相关的供给，包括初始设计、相容设备的生产和市场化推行技术等。在这一阶段，产量会很小，具有高度的不确定性。在中间发展阶段，生产技术变得更加先进，市场也被进一步打开，产品的认知度提升，这导致产量迅速增加。第三个阶段则是产业的成熟阶段。管理、生产和营销技术都已经达到比较稳定和成熟的水平。市场可能在继续增长，但是这种增速变得可以预测和稳定。在这一阶段中，重大的创新将很少出现，主要是一些细微的改进。

之后，Gort 和 Klepper (1982)、Klepper 和 Graddy (1990)考察了 46 个在 19 世纪末至 20 世纪 80 年代推出的新产品，他们发现，产业内部的企业数量在最开始的大量增加之后出现了一个迅速的回降，他们将其称为产业重组(Shakeout)。

Klepper 和 Graddy (1990)还发现,产业内企业的数量会在产业重组过程中减少超过一半。这些研究均发现,在产业形成的初期,新企业的进入数量达到最大值,之后这种增速停止并开始减少,甚至在产业成熟之前,企业数量的减少已经开始。Klepper 和 Miller (1995)所描绘的产业重组阶段主要发生在产业内部新进入的企业开始减少之后。新进入企业数量的急剧减少和大量的已进入企业退出产业,导致产业内部只剩下少量的一些企业。这就进入了产业的成熟衰退时期。

Cohen 和 Klepper (1992)也强调,在产业生命周期中,创新活动也遵循着同企业数量类似的规律,并结合产品的生命周期定义了三个阶段的创新活动模式。在生命周期的早期阶段,创新活动非常活跃。在成长阶段,大量新进入的企业各自引入不同的创新产品。最后,随着生命周期进入成熟阶段,创新活动将会出现一个显著的拐点,主要的创新活动将会由已进入的企业完成。

因此,Cohen 和 Klepper(1992)的一个重要结论就是,产业生命周期由一系列不同的产业现象所构成,包括创新活动的本质。特别是在产业生命周期的早期阶段,有着大量的创新活动和新建的小规模企业。而在成熟阶段,产品的创新活动则倾向于减少,而已经建成的大企业将主要完成创新活动。因此,产业生命周期的早期阶段与 Winter (1984)的创业技术导向相对应。所谓的创业技术导向,是指有利于新进入者创新而非有利于已进入的大企业创新。类似地,产业生命周期的成熟阶段则对应于 Winter (1984)所提出的常规技术导向,这种情形下,在位的大企业往往具有创新优势,而新进入者则往往不具有这种优势。

国内对于产业生命周期与创新的研究开始于 20 世纪 80 年代。魏世红和谭开明(2009)分析了高技术产业生命周期的特点,研究了技术效率促进高技术产业循环发展的机理,认为技术效率在高技术产业的成长期和成熟期发挥着重大作用,促进了高技术产业的发展,延长了产业生命周期,而在形成期和衰退期发挥了较小的作用。之后王敏等(2013)以半导体产业为例,研究了处于不同产业生命周期阶段中,不同共性技术的供给模式,认为在产业发展的形成阶段,政府专项计划和非营利性研发机构成为关键性共性技术的提供者;在产业成长阶段,科研机构成为基础性共性技术的提供者;在产业成熟阶段,产学研合作成为一般共性技术的供给方式。花磊和王文平(2013)采用仿真的方法研究了不同的产业生命周期阶段,哪种类型的集体创新网络结构能够最有效地产生创新行为,认为不同的产业和在产业发展的不同阶段都需要制定不同的创新政策。

二、市场失灵理论

市场失灵理论认为,完全竞争的市场结构是资源配置的最佳方式,但在现实经济中,完全竞争的市场结构只是一种理论上的假设,理论上的假设前提条件苛刻,现实中是不可能全部满足的。由于垄断、外部性、信息不完全等因素存在,在公共物品领域,仅仅依靠价格机制来配置资源无法实现帕累托最优,出现了市场失灵。美国哈佛大学 Bator 首次系统性地提出了市场失灵理论。从分配理论来说,市场失灵是指市场价格制度体系难以支撑“最优”经济活动或阻止“最差”经济活动。一项经济活动的“优”“差”采用明确或隐含的最大福利问题进行评估(Bator, 1958)。后来经过庇古、马歇尔、萨缪尔森、斯蒂格利茨等经济学家的不断补充和深化,政府对市场进行财政干预的政策行为更加具有理性主义色彩。市场失灵理论从此取代凯恩斯主义理论成为当代主流财政理论(李俊生和姚东旻,2018)。

(一)市场失灵的争论

国外学者围绕市场失灵的原因、后果及纠正市场失灵的方法等问题展开了激烈的讨论。Stiglitz(1989)从资本市场和产品市场等角度探究了市场失灵产生的原因和后果,并提出政府干预可能产生的作用,同时要充分认识到政府在纠正市场失灵时,采取措施的局限性和优势。Tirole(2015)认为市场失灵会限制产品、服务或技术向下游企业和最终用户的扩散,政府需要更好地理解市场力量和政策干预的效果,帮助企业制定战略,促成产业长期发展。也有学者提出,虽然经济理论认为政府可以提供最佳的公共政策来纠正市场失灵,但政府采用公共政策难以有效解决市场失灵问题(Winston, 2007)。

国内学者对于市场失灵理论进行了引进和吸收,但也存在较大的争论。市场失灵主要表现为来源于市场机制不完善的配置效率不足、人性缺陷的非配置低效率等,为政府功能的持续存在和不断壮大夯实了基础(朱富强,2021)。然而,政府干预市场会导致市场失灵,产业难以实现优胜劣汰,影响产业提升集中度(伍开群,2018)。依据市场失灵理论无法准确界定政府与市场的关系(李俊生和姚东旻,2018)。市场失灵理论难以成为产业政策理论的基石(贾诗玥和李晓峰,2018)。也有学者结合中国实践提出了纠正市场失灵的途径和方法。张健等(2017)提出战略性新兴产业共性技术产生了市场失灵问题,亟待政府发挥主导作用,采用规划指导、资金支持、组织协调等手段纠正市场失灵问题,培育和发展战略性新兴产业。张新宁(2021)认为市场失灵是市场经济相伴而生的痼疾,推动有为政府和有效市场结合，破解市场失灵问题。

（二）市场失灵与创新

国外学者从市场失灵对创新的影响以及采取的措施等方面进行了探讨。Barbaroux（2014）研究了创新管理中的信息不对称问题，发现信息不对称是市场失灵的根源，影响了创新产品的质量，扰乱了市场的资源配置过程。Jaffe 等（2005）认为市场失灵为一系列公共政策提供了强有力的理由，这些政策促进了节能减排以及绿色技术的开发和使用。Martin 和 Scott（1998）认为创新领域普遍存在市场失灵和投资不足问题，需要建立长期的体制框架支持基础研究、通用研究及其商业化，缓解市场失灵，并构建投标机制，解决在支持创新的金融市场中出现的市场失灵。国家在促进创新方面起到至关重要的作用，创新政策能够纠正市场失灵，帮助创新企业了解开放式创新的作用，增进与合作伙伴的互信，扩展合作范围，提升创新绩效（Hewitt-Dundas and Roper，2018）。政府通过投资具有公共产品特征的领域来干预"修复"市场（如基础研究或市场潜力不大的药物）以及通过设计市场内部化外部成本（如污染）或外部收益的机制来纠正市场失灵（Mazzucato，2015）。

国内学者主要从创新导致市场失灵的原因及政策等方面进行了研究。代明等（2014）指出，科技创新市场失灵指风险投资对创新主体投入不足，导致风险资本流入量低于市场中最优创新投资数量的现象；技术创新活动的负外部效应和不确定性是引起市场失灵的主要因素，并提出了不同创新模式下的市场失灵治理路径。研发创新的不确定性与风险、活动的碎片化、利益外溢导致 R&D 市场失灵，须以政府政策为推手，以企业为主体，以市场为导向，建立技术创新体系，提升研发水平和能力（刘佳和代明，2014）。史世伟（2014）从创新网络视角研究德国集群政策，发现优化创新集群的内部网络、限定资助阶段等方式，可以纠正创新合作中的市场失灵问题。

第四节　金融发展理论

一、金融抑制理论

金融抑制是指政府对金融活动和金融体系的过多干预抑制了金融体系的发展，而金融体系的发展滞后又阻碍了经济的发展，从而造成了金融抑制和经济落后的恶性循环。美国经济学家 McKinnon 和 Shaw(1973)首次提出了金融抑制理论。发展中国家采用名义利率限制、高准备金要求、限制外源融资以及设立特别的信贷机构等方式对金融活动强制干预,导致资本市场效率降低,限制了银行体系适应经济增长需要,加剧了经济上的分化,从而使经济增长难以达到最佳水平。因此,适当减少政府干预,有利于充分发挥金融市场的自我调节功能,实现金融资源的市场化配置。

国外学者对于金融抑制的含义及效果开展了较为深入的研究。Giovannini 和 Melo(1991)认为发展中国家对国际资本流动实行管制,以及对国内金融中介机构干预的现象即为金融抑制,并通过对金融控制和税收政策相互作用的研究,全面评估了金融自由化和金融抑制的优势,提出结合政府的规模和性质,推行金融自由化政策,通过税收和预算改革来发挥公共财政的作用。Roubini 和 Salai(1992)认为金融抑制对经济增长产生了负面影响,在拉丁美洲国家尤为突出。Chari 等(2016)发现银行持有政府承诺性债务,将对银行其他生产性资产产生挤出效应,金融抑制难以达到最优效果。Becker 和 Ivashina(2018)认为各国针对欧洲主权债务危机采用的金融抑制政策,限制了银行贷款和企业融资,产生负面影响,难以发挥有效作用。然而,Bai 等(1999)认为中国对国际资本流动控制与利率政策相结合的金融抑制政策,激励了企业活力,推动了经济的快速增长。

中国改革开放以来,各项改革措施持续推进,企业经营活力被有效激发,金融政策发挥了重要的作用,但金融抑制现象也长期存在。为了更好地服务经济发展,中国金融体系不断深化改革,破除金融抑制、逐步走向金融市场化(易纲,2009)。国内学者们紧跟金融市场化改革的步伐,围绕金融抑制的手段和影响等方面开展了一系列的研究。金融抑制的主要手段是利率和汇率管制(黄桂田和何石军,2011),尤其是存贷款利率限制(陈斌开等,2014),还包括降低支持产业的生产成本(陈斌开和林毅夫,2012)。从产业层面来讲,金融抑制显著阻碍了产业结构转型(王勋和 Anders,2013),使产业结构偏向于工业部门,造成产业结构扭曲,不利于长期经济增长(赵秋运和林志帆,2015)。金融抑制是产业结构失衡的重要因素。从投资和发展外向型经济层面来讲,金融抑制不仅降低了持币成本,而且增加了货币需求,导致投资和对外经济结构扭曲(黄桂田和何石军,2011)。吕冰洋和毛捷(2013)认为金融抑制是形成政府投资依赖的重要成因。陈琳和陈敏(2017)以金融业的市场化程度、信贷资金分配的偏向程度和工业企业利息支出的差异程度作为金融抑制的代理变量,发现随着金融抑制程度的降低,加工贸易和来料加工贸易占总出口额的比重也随之降低。张杰(2015)发现金融抑制导致不同所有制类型企业的融资约束存在显著的扭曲性差异,从而导致融资约束与企业出口产品质量存在显著的倒“U”形关系。从微观企业层面来讲，金融抑制不仅影响了企业融资渠道、价值等，而且影响了企业行为。王春超和赖艳（2017）认为金融抑制对制造业企业融资渠道选择具有显著影响，其中极大地提高了企业运营资本中非正规金融融资比例，降低了正规金融融资比例，并且金融抑制具有“所有制歧视”和“规模歧视”的特征。鄢萍等（2021）认为金融抑制造成了民营企业“融资难、融资贵”，但也可看作一种次优的制度安排，提出推动国企改革，降低其市场势力，采用适时的财政政策减少其对经济的长期影响。沈永建等（2018）发现金融抑制背景下银企之间存在以留存贷款为表现的隐性契约，对企业价值产生负面影响。杨继生等（2015）认为不同通胀机制下，金融抑制（实际利率）对企业存货调整的影响具有显著的异质性。低通胀背景下，实际利率变化对企业存货调整的影响具有无效性。此外，学者们还从居民消费、就业、分配、财政政策等领域开展了研究。陈斌开等（2014）认为金融抑制政策的实施导致了居民消费萎靡不振，提出推动利率市场化提振居民消费。葛晶等（2018）发现金融抑制导致中国高学历人才创业意愿低下。陈斌开和林毅夫（2012）认为违背本国比较优势，实施长期发展战略是造成金融抑制的根本原因。金融抑制造成金融市场的“机会不平等”，容易使穷人陷入贫困陷阱。陈宇峰和贵斌威（2015）认为金融抑制是政府重要的资金来源，能够维持政府的财政平衡和正常运行。政府财政是否平衡决定了金融市场化改革的推进速度。

二、金融深化理论

美国经济学家 Shaw（1973）首次提出了金融深化理论，认为政府部门放松对金融体系的管制，尤其是利率的管制，可以使实际利率提高，高利率鼓励人们储蓄，从而为投资提供资金，即以金融自由化的方式实现金融深化、促进经济增长。金融深化理论突出强调了金融体系和金融政策在经济发展中的核心地位，也为发展中国家制定货币金融政策、推行货币金融改革提供了理论依据（仇娟东等，2011）。

国外学者最早开始关注金融深化与经济发展之间的关系。部分学者认为金融深化促进了经济增长。Nzotta 和 Okereke（2009）研究了尼日利亚的金融深化和经济发展的关系，发现贷款利率、金融储蓄率、支票/GDP 比率和银行存款/GDP 比率与金融深化存在显著关系，认为高水平的金融深化是加速经济增长的必要条件。Sahay 等（2015）认为金融深化促进了经济增长，并减少了宏观经济波动，但政府必须完善金融监管的各项制度，并确保有足够的储备，降低发生金融危机的风险。Hasan 等（2009）认为中国的金融深化措施对经济增长产生了重大影响。但也有学者认为金融深化对经济增长产生了负面影响。Boyreau-Debray(2003)研究了金融中介与地方经济发展，发现中国的金融深化并没有促进地方经济发展。Rousseau 和 Wachtel(2011)发现金融危机的发生率与抑制金融深化对经济增长的影响密切相关，金融过度深化和信贷的快速增长将导致通货膨胀，并且削弱银行体系的功能。此外，学者也重点关注了金融深化对投资、企业绩效等方面产生的影响。Kiyotaki 和 Moore(2005)发现金融深化对投资和产出、中介和利率、不同货币工具的长期流通速度以及流通货币的使用具有长期的影响。Galindo 等(2007)认为金融深化有助于引导资金流向边际回报率较高的公司，提升资金的投资效率。Levine(1996)发现金融深化提升金融中介的发展水平和能力，更好地分散了风险，提升了企业的抗风险能力。

我国是典型的投资推动的外延型经济增长，资本要素是经济增长的主要动力之一(瞿凌云，2016)。为了充分调动资本要素，发挥市场在资源配置中的决定性作用，我国在金融领域不断推行市场化改革，因此，金融深化成为了学者重点关注的问题，主要包括如下话题。**①金融深化与经济增长。**部分学者认为金融深化是经济发展的“发动机”(仇娟东等，2011)，对经济增长均存在正向的区域内溢出效应、区域间溢出效应和空间溢出效应(刘华军和杨骞，2014)。毛盛志和张一林(2020)认为不同经济发展阶段对金融深化程度的“最低要求”不同。实体经济对金融深化程度的要求将会随着产业结构的变化而发生动态调整，呈现出先加速上升、后缓慢递减的非单调特征。也有学者认为金融深化对经济增长存在负面效应。瞿凌云(2016)认为我国呈现“金融深化过度”特征，宽松的货币政策与财政政策使得银行贷款与政府消费具有“逆经济周期性”，由此呈现出银行信贷与经济增长之间的负相关关系。余静文(2013)认为金融自由化改革也增加了经济的脆弱性，金融自由化改革对经济发展的影响取决于一国最优金融条件，金融自由化程度与一国最优金融条件的背离对经济发展水平有负面的影响。**②金融深化与资源配置。**金融深化有助于打破国内资本市场分割的局面，实现资源的优化配置(余静文，2013)。张前程和龚刚(2016)认为金融深化能显著提高行业投资配置效率，但政府干预则削弱了金融深化对行业投资配置效率的改善作用。褚敏和踪家峰(2018)认为金融深化能够有效发挥资源配置功能，可以抑制工业的“粗放式”增长，有利于经济结构转型。陆桂贤等(2016)发现地区金融深化程度的差异导致地区资本配置效率的不同，金融深化同时促进了地区第二、第三产业资本配置效率的提高。**③金融深化与产业结构转型。**金融深化加快了金融体系发展，有助于产业结构转型，并存在与产业结构相匹配的最优金融结构(易信和刘凤良，2015)。**④金融深化与跨境资本流动、对外出口。**金融深化程度已成为影响跨境资本流动的重要因素。金融发展程度较低时，资本账户开放将导致对外直接投资和对内证券投资下降，而当金融发展程度较高时，外商直接投资、对外直接投资、对内证券投资和对外证券投资四类跨境资本流动均显著增加（杨子晖和陈创练，2015）。外部融资依赖度较高的行业在金融深化程度较高的地区，其出口的比较优势更大（方显仓和曹政，2018）。**⑤金融深化与商业银行特许权价值。**金融深化改革影响了商业银行特许权价值，利率市场化使银行净息差对特许权价值的影响变小，存款保险制度的实施对于特许权价值存在正向影响（项后军等，2020）。此外，还有学者从绿色发展（刘耀彬等，2017；聂雷等，2021）、个体行为及其福利（韩其恒和李俊青，2010）、公司治理（陈德球等，2013）、企业研发活动（刘文琦等，2018）等方面进行了研究。

三、金融约束理论

Hellmann 等（1997）针对发展中国家的国情首次提出了金融约束理论，认为金融市场的稳定和增长是在金融化程度较低的状态下不断发展完善而来。政府通过存贷款利率控制、银行业的准入限制等约束性金融政策，能够在私营部门创造租金机会，减少存款市场中金融中介的道德风险，降低贷款市场中的代理成本，从而实现相对于自由放任政策和金融抑制政策下更有效率的信贷配置。这种租金机会一方面对动员储蓄具有积极作用，另一方面通过减少微观主体（银行和企业）的道德风险、逆向选择以及委托代理成本等信息不对称问题，提高经济效益并促进经济发展（黄燕辉，2014）。

国外学者首先从经济周期的视角研究金融约束产生的影响。金融约束促进了经济周期的产生（Pintus and Wen，2013），提高了企业经营成本（Bernanke，1983；Bemanke and Gertler，1989），加剧了经济波动。Kocherlakota（2020）认为在小国开放经济体中，信贷约束会放大对经济的冲击。Bernanke 等（1997）发现金融约束放大了石油价格冲击对经济的影响，即存在乘数效应。同时，金融约束对金融发展也存在负面影响（Love，2003），因此必须推动金融发展，减少融资约束，缓解信息不对称，优化资本配置，提升企业投资能力和水平。此外，金融约束还影响创业精神（Kerr and Nanda，2009）和企业成长和生存（Ayyagari et al.，2008；Clementi and Hopenhayn，2006），限制企业投资（Fazzari，1987）和企业技术创新（Brown，2012）。

我国的融资模式以银行为主导，金融约束政策被广泛使用。随着金融市场化的不断推进，金融约束政策被不断调整和放松。金融约束政策作为我国一项重要的金融制度安排，对货币政策传导机制、金融发展特别是股票市场发展、资金配置效率以及经济增长等方面都产生重大影响(黄燕辉,2014)。首先,金融约束降低货币政策传导机制(史恩义,2009),导致产业发展存在异质性,金融约束越强的行业,从整合的市场中获益越小(刘冲等,2019)。金融约束只是一个暂时的政策工具,从长期讲,金融约束并不能促进金融深化(仇娟东等,2011)。在金融约束政策下,金融规模的扩张虽然维持了经济的粗放式增长,但是难以提升经济效率(江曙霞和陈玉婵,2011)。金融约束可以人为降低国内融资成本,增加隐蔽性税收收入(李伟,2002)。其次,金融约束是导致我国对外贸易失衡的重要因素(顾国达和麻晔,2015)。赵仲匡等(2016)认为金融约束导致企业出口汇率弹性中位数上升,并增大了企业的外部融资成本。黄静波和黄小兵(2012)认为金融约束会提高企业出口的"临界"生产率,导致对一部分企业的出口产生阻碍效应。此外,金融约束还对家庭创业(甘宇等,2015;张龙耀和张海宁,2013)、居民资产配置效率(周弘等,2018)、居民消费水平、经济低碳转型等方面产生影响。邱恒恺和刘郁葱(2012)以银行融资市场和股票市场为基础,构建了中国金融约束指数,发现其对居民消费水平产生负向影响。潘冬阳等(2021)发现金融约束会推迟经济低碳转型过程,导致环境恶化,绿色金融政策能够缓解清洁部门的金融约束。然而,金融约束也为金融部门和生产部门创造租金机会(Hellmann,1997),因此,要创造稳定的宏观金融环境,将通货膨胀控制在较低的水平且使其具有可预测性,不断改革优化金融约束政策,推动金融业的发展(史恩义,2009),促进经济持续增长。

第三章　我国企业技术创新发展现状及相关政策

第一节 企业技术创新的发展现状

一、企业技术创新投入不足

据国家统计局、科学技术部联合发布的《全国科技经费投入统计公报》，2013—2020年全国R&D经费投入、企业R&D经费投入持续增长，如表3-1所示。2016年以来年均增长率持续稳定在10%以上，2019年全国R&D经费投入首次突破2万亿元，达到了22143.6亿元。企业R&D经费投入在2017年、全国R&D经费投入在2019年分别都达到了最大增速12.5%。此外，企业R&D经费投入占全国R&D经费投入比重基本维持在77%左右，基础研究经费投入占全国R&D经费投入比重基本在6%以下。可以看出，我国R&D经费投入规模稳步提升，企业经费投入的主体地位稳固，但R&D经费投入强度仍低于日本(3.24%)、德国(3.18%)、美国(3.07%)等科技强国，基础研究经费投入占全国R&D经费投入比重远低于发达国家15%以上的水平。

表3-1 2013—2020年R&D经费投入情况

年度	全国R&D经费投入(亿元)	R&D经费投入强度(%)	基础研究经费投入(亿元)	企业R&D经费投入(亿元)	企业R&D经费投入占全国R&D经费投入比重(%)
2013年	11846.6	2.08	555.0	9075.8	76.60
2014年	13015.6	2.05	613.5	10060.6	77.30
2015年	14169.9	2.07	716.1	10881.3	76.80
2016年	15676.7	2.11	822.9	12144.0	77.50
2017年	17606.1	2.13	975.5	13660.2	77.60
2018年	19677.9	2.19	1090.4	15233.7	77.40
2019年	22143.6	2.23	1335.6	16921.8	76.40
2020年	24393.1	2.40	1467.0	18673.8	76.60

另外，国家知识产权局发布的《2020年中国专利调查报告》显示：企业研发经费支出在100万元以下的企业占比为48.6%，1000万元以上的企业占比为13.3%；从企业登记注册类型来看，外商投资企业研发经费支出在1000万元以

上的比例(20.5%)明显高于内资企业;从企业规模来看,大型企业研发经费支出在300万以下的占比为47.5%,1000万元以上的企业占比为26.2%,5000万元以上的企业占比仅为8%。另外,世界知识产权组织发布的《2020年全球创新指数》显示,中国研发总支出在GDP中的占比、每百万人口的全职研究人员、研究人才在企业中的占比分别位列全球第13、48和12名。因此,企业技术创新投入需要进一步拓宽来源渠道,优化投资结构,推动企业技术创新。

二、专利数持续增长,专利集中度较高

国家知识产权局统计年报显示,2015—2020年专利总量持续增长,如表3-2所示。2020年专利申请总量达到了约519万件,其中发明专利申请量约150万件,占专利申请总量的29%;专利授权量达到了约364万件,其中发明专利授权量约53万件,占专利授权总量的15%。科学技术部发布的《2019年我国专利统计分析》显示:2019年我国专利申请量和授权量增速有所放缓,发明专利申请量比上年减少9.2%,占专利申请总量的32.0%;我国每万人口发明专利拥有量已达13.3件;我国PCT国际专利申请量达到5.9万件,首次超越美国,成为申请量最多的国家;国内企业发明专利申请量为80.8万件,比上年下降9.9%,占国内发明专利申请量的65.0%;国内企业发明专利授权量为22.2万件,比上年增长了0.1%,占国内发明专利授权总量的61.6%,表明企业的专利创造主体地位较为巩固。

表3-2　2015—2020年专利申请量及授权量

年度	类别	发明(件)	实用新型(件)	外观设计(件)	专利总量(件)	发明占比(%)
2015年	申请量	1101864	1127577	569059	2798500	39
	授权量	359316	876217	482659	1718192	21
2016年	申请量	1338503	1475977	650344	3464824	39
	授权量	404208	903420	446135	1753763	23
2017年	申请量	1381594	1687593	628658	3697845	37
	授权量	420144	973294	442996	1836434	23
2018年	申请量	1542002	2072311	708799	4323112	36
	授权量	432147	1479062	536251	2447460	18

续表

年度	类别	发明(件)	实用新型(件)	外观设计(件)	专利总量(件)	发明占比(%)
2019 年	申请量	1400661	2268190	711617	4380468	32
	授权量	452804	1582274	556529	2591607	17
2020 年	申请量	1497159	2926633	770362	5194154	29
	授权量	530127	2377223	731918	3639268	15

2020 年 12 月，中国人民大学企业创新课题组发布的《中国企业创新能力百千万排行榜(2020)》指出，中国高新技术企业前 1000 强的专利数量继续保持高增长态势，专利申请总数高达 165.3 万件，前 100 强企业的专利申请总数为 79.2 万件，占前 1000 强企业的比重高达 47.9%。2019 年，国内发明专利授权量排名前 10 企业的授权量为 2.2 万件，其中华为技术有限公司授权量为 4510 件，表明绝大多数专利集中在少数企业，专利集中度偏高。

三、专利质量仍然偏低

2020 年 9 月 2 日，WIPO 发布了《2020 年全球创新指数》，其中，最能衡量创新质量的两项指标为知识产权收入在贸易总额中的占比以及计算机软件开发在 GDP 中的占比，美国这两项指标均排名第一，中国分别排名 44 和 23。就质量而言，中国与发达国家相比仍然存在较大的差距。

《中国企业创新能力百千万排行榜(2020)》显示，前 1000 强企业申请的发明专利占申请专利总数的比重为 62.9%，分别比 2019 年和 2018 年提高了 2.9 个和 3.3 个百分点，前 100 强企业申请的发明专利占申请专利总数的比重为 66.8%，表明这三年中，头部企业发明专利的质量有所提升。另外，根据表 3-2 所示，2015—2020 年，中国发明专利申请量占专利申请量的 29%～39%，发明专利授权量占专利授权量的 15%～23%。数据显示，2014 年和 2015 年美国授权的发明专利占全部授权专利的比重分别高达 92.2%和91.5%，日本授权的发明专利占全部授权专利也分别达到了 87.9%和 85.6%。中国与美国、日本等发达经济体相比仍然存在一定差距，专利质量仍然偏低。

四、地区和产业间差距仍然较大

各地区产业基础、资源禀赋存在明显差异，因此，各地区的企业技术创新水平也存在明显差异。如表3-3所示，2020年R&D经费投入超过1000亿元的地区有8个，分别为广东、江苏、北京、浙江、山东、上海、四川、湖北，其中超过3000亿元的地区有2个，分别是广东、江苏。R&D经费投入在2000～3000亿元的只有北京，其余5个地区均在2000亿元以下。另外，R&D经费投入在100亿元以下的地区有5个，分别为新疆、宁夏、海南、青海、西藏，其中西藏R&D经费投入仅有4.4亿元。此外，R&D经费投入强度也存在明显的差异，R&D经费投入强度在3%以上的地区有4个，分别为北京、上海、天津、广东；R&D经费投入强度在1%以下的地区有7个，分别为内蒙古、贵州、广西、青海、海南、新疆、西藏。从专利申请量来看，发明专利申请量超过10万件的地区有4个，分别为广东、江苏、北京、浙江，2000件以下的地区有2个，分别是青海、西藏。此外，《中国企业创新能力百千万排行榜(2020)》显示，中国高新技术企业前100强主要集中在广东、江苏、北京、浙江、山东、上海、湖北，共占据了84%，其中北京和广东占据了50%，且有15个地区没有企业入围。因此，从企业创新投入、产出以及创新企业分布来看，各地区的企业技术创新水平差距较大，创新企业的区域聚集特征明显。

表3-3　2020年各地区R&D经费投入及专利申请量

地　区	R&D经费投入(亿元)	R&D经费投入强度(%)	发明申请量(件)	实用新型申请量(件)	外观设计申请量(件)
北　京	2326.6	6.44	145035	84579	24551
天　津	485.0	3.44	22057	83825	5632
河　北	634.4	1.75	22131	85163	18314
山　西	211.1	1.20	9472	28030	2800
内蒙古	161.1	0.93	5381	18747	2096
辽　宁	549.0	2.19	21830	58230	6467
吉　林	159.5	1.30	11113	20552	2773
黑龙江	173.2	1.26	13163	26058	4031
上　海	1615.7	4.17	81042	104791	24460
江　苏	3005.9	2.93	177995	489165	52292
浙　江	1859.9	2.88	129708	267768	109574

续表

地　区	R&D经费投入(亿元)	R&D经费投入强度(%)	发明申请量(件)	实用新型申请量(件)	外观设计申请量(件)
安　徽	883.2	2.28	69663	117727	14908
福　建	842.4	1.92	32929	105867	36071
江　西	430.7	1.68	20285	64034	25419
山　东	1681.9	2.30	74420	233626	29234
河　南	901.3	1.64	32609	126789	19187
湖　北	1005.3	2.31	47767	102936	12910
湖　南	898.7	2.15	48530	60879	19164
广　东	3479.9	3.14	215926	470055	281223
广　西	173.2	0.78	12854	30786	8072
海　南	36.6	0.66	2618	10704	1038
重　庆	526.8	2.11	22273	53616	7937
四　川	1055.3	2.17	41417	97251	21368
贵　州	161.7	0.91	10693	33180	5327
云　南	246.0	1.00	9753	31684	3716
西　藏	4.4	0.23	477	1366	453
陕　西	632.3	2.42	38262	54902	6072
甘　肃	109.6	1.22	5684	22490	2558
青　海	21.3	0.71	1417	4970	349
宁　夏	59.6	1.52	2574	9006	592
新　疆	61.6	0.45	3776	13968	1099

2010年10月，国务院发布了《关于加快培育和发展战略性新兴产业的决定》，确定节能环保、新一代信息技术、生物、高端装备制造、新能源、新材料、新能源汽车七大产业作为战略性新兴产业进行重点培育和扶持。经过十余年的培育和发展，各产业技术创新取得了较大的发展，产业之间发展不平衡的问题凸显。

如表 3-4 所示，2020 年 R&D 经费投入超过 1000 亿元的行业有计算机、通信和其他电子设备制造业，汽车制造业等。家具制造业、印刷和记录媒介复制业、废弃资源综合利用业 R&D 经费投入不足 100 亿元。R&D 经费投入强度超过 3%的行业有仪器仪表制造业、医药制造业和铁路、船舶、航空航天和其他运输设备制造业。废弃资源综合利用业、有色金属冶炼和压延加工业等 R&D 经费投入强度不足 1%。此外，《中国企业创新能力百千万排行榜（2020）》显示，前 100 强中新一代信息技术产业占据了三分之一，华为技术有限公司、中兴通讯股份有限公司、OPPO 广东移动通信有限公司等排名靠前。随着新能源企业技术的不断发展完善，中国传统车企加快转型，前 100 强创新企业中汽车企业超过 10 家。可以看出，各产业间发展存在较大差异，不利于产业间的协同发展，企业技术创新水平难以实现快速提升。

表 3-4　2020 年部分制造业规模以上工业企业 R&D 经费投入情况

行业	R&D 经费投入（亿元）	R&D 经费投入强度（%）
农副食品加工业	276.6	0.57
食品制造业	157.3	0.81
纺织业	231.4	0.99
纺织服装、服饰业	105.8	0.76
家具制造业	90.7	1.28
造纸和纸制品业	136.6	1.04
印刷和记录媒介复制业	93.6	1.41
文教、工美、体育和娱乐用品制造业	101.5	0.83
石油、煤炭及其他燃料加工业	189.6	0.45
化学原料和化学制品制造业	797.2	1.25
医药制造业	784.6	3.13
化学纤维制造业	132.4	1.66
橡胶和塑料制品业	444.8	1.74
非金属矿物制品业	513.1	0.88

续表

行业	R&D 经费投入（亿元）	R&D 经费投入强度（%）
黑色金属冶炼和压延加工业	799.3	1.09
有色金属冶炼和压延加工业	418.8	0.77
金属制品业	561.9	1.44
通用设备制造业	977.9	2.38
专用设备制造业	966.0	2.85
汽车制造业	1363.4	1.67
铁路、船舶、航空航天和其他运输设备制造业	485.2	3.13
电气机械和器材制造业	1567.1	2.26
计算机、通信和其他电子设备制造业	2915.2	2.35
仪器仪表制造业	293.7	3.59
废弃资源综合利用业	38.4	0.65

第二节　企业技术创新的补贴政策

一、政府主要部门发布的相关补贴政策

近年来，为提升企业技术创新能力，培育和扶持企业创新项目，政府各级部门出台了一系列政策引导各类创新资源积聚，提升企业创新水平，如表 3-5 所示。为了进一步加快推进战略性新兴产业发展，相关部门先后出台了《关于加快培育和发展战略性新兴产业的决定》《基本建设贷款中央财政贴息资金管理办法》《战略性新兴产业发展专项资金管理暂行办法》等政策，明确了资金扶持的方式和重点，为战略性新兴产业发展发挥了重要作用。随着创新型国家建设的不断推进，《关于进一步推动科技型中小企业创新发展的若干意见》《关于深化体制机制改革加快实施创新驱动发展战略的若干意见》《国家创新驱动发展战略纲要》《关于加强国家重点实验室建设发展的若干意见》等一系列政策文件陆续出台，鼓励和引导中央和地方各级财政围绕企业技术创新的关键领域，采用

事后补贴、间接投入等方式，激励企业发挥技术创新的主体地位，提升企业的技术创新水平。

表 3-5　部分政府补贴政策及相关要点

发布单位	政策名称	相关政策要点	发布时间
国务院	《关于加快培育和发展战略性新兴产业的决定》	设立战略性新兴产业发展专项资金，建立稳定的财政投入增长机制，增加中央财政投入，创新支持方式，着力支持重大关键技术研发、重大产业创新发展工程、重大创新成果产业化、重大应用示范工程、创新能力建设等	2010.10
财政部	《基本建设贷款中央财政贴息资金管理办法》	对于西部地区国家级高新技术开发区、战略性新兴产业集聚和自主创新能力强的国家级高新技术开发区，给予重点贴息支持	2012.03
财政部 发改委	《战略性新兴产业发展专项资金管理暂行办法》	围绕战略性新兴产业规划明确的重大工程、重点发展方向，选择战略性新兴产业的重点领域和关键环节，集中资金，综合扶持，促进重大关键技术突破和产业化	2012.12
国务院	《关于加快科技服务业发展的若干意见》	创新财政支持方式，积极探索以政府购买服务、“后补助”等方式支持公共科技服务发展	2014.10
科技部	《关于进一步推动科技型中小企业创新发展的若干意见》	鼓励地方财政加大对科技型中小企业技术创新的支持，对于研发投入占企业总收入达到一定比例的科技型中小企业给予补贴	2015.01
国务院	《关于深化体制机制改革加快实施创新驱动发展战略的若干意见》	更多运用财政后补助、间接投入等方式，支持企业自主决策、先行投入，开展重大产业关键共性技术、装备和标准的研发攻关	2015.03

续表

发布单位	政策名称	相关政策要点	发布时间
国务院	《中国制造 2025》	充分利用现有渠道，加强财政资金对制造业的支持，重点投向智能制造、“四基”发展、高端装备等制造业转型升级的关键领域	2015.05
国务院	《国家创新驱动发展战略纲要》	改革中央财政科技计划和资金管理，提高资金使用效益。完善激励企业研发的普惠性政策，引导企业成为技术创新投入主体	2016.05
科技部 财政部	《关于加强国家重点实验室建设发展的若干意见》	中央财政稳定支持国家研究中心和学科等国家重点实验室的运行和能力建设；通过政府引导、税收杠杆方式，激励企业和社会力量加大基础研究投入	2018.06
科技部 财政部	《国家技术创新中心建设运行管理办法(暂行)》	财政部根据创新驱动发展和区域科技创新需求，结合绩效评估结果安排创新中心后补助经费	2021.02

二、政府补贴成为推动企业技术创新的主要手段

我国政府不断加大对科技创新的投入力度，2013 年至 2020 年国家财政科技支出持续增长(2020 年受疫情影响，首次出现负增长)，2019 年国家财政科技支出首次突破一万亿元大关，如表 3-6 所示。另外，国家财政科技支出占国家财政支出的比重基本维持在 4%左右，稳步推进科技成果的开发与应用，其中，地方财政科技支出高于中央财政科技支出，2020 年地方财政科技支出是中央财政科技支出的 1.69 倍，各级地方财政在推动科技创新方面发挥了重要作用。

2019 年，我国 PCT 国际专利申请量达到 5.9 万件，首次超越美国，成为申请量最多的国家，政府补贴在引导和扶持科技创新方面发挥了重要作用。2010 年 10 月国务院发布《关于加快培育和发展战略性新兴产业的决定》后，中央专项的

首批资金于 2012 年 5 月启动，主要针对新能源汽车、新材料和高端装备制造产业进行补贴，补贴比例原则上按项目固定资产投资的 15%，单个项目补贴资金不超过 4000 万元，随后政府有针对性地对重点行业、关键技术、终端市场等精准实施了补贴政策。截至 2019 年，中央针对新能源汽车累计财政补贴已达 662 亿元。目前，中国新能源汽车产业规模全球领先，产销量连年位居世界首位。政府补贴已经成为推动我国战略性新兴产业发展的主要手段。随着政府扶持资金的不断投入，企业也获得了较多的补贴资金支持，推动企业技术创新。新能源汽车产业龙头企业比亚迪 2018 年和 2020 年获得的政府补贴资金分别为 20.73 亿元和 23 亿元。新一代信息技术产业龙头企业中兴通讯 2019 年获得政府补贴资金 12.5 亿元，占净利润的 24%。

表 3-6　2013—2020 年财政科技支出情况

年度	财政科技支出（亿元）	比上年增长（%）	占当年国家财政支出的比重（%）	中央财政科技支出（亿元）	地方财政科技支出（亿元）
2013 年	6184.9	10.40	4.41	2728.5	3456.4
2014 年	6454.5	4.40	4.25	2899.2	3555.4
2015 年	7005.8	8.50	3.98	3012.1	3993.7
2016 年	7760.7	10.80	4.13	3269.3	4491.4
2017 年	8383.6	8.00	4.13	3421.5	4962.1
2018 年	9518.2	13.50	4.31	3738.5	5779.7
2019 年	10717.4	12.60	4.49	4173.2	6544.2
2020 年	10095.0	－5.80	4.11	3758.2	6336.8

第三节　企业技术创新的金融政策

一、政府主要部门发布的相关金融政策

利用金融政策推动企业技术创新已经成为各国普遍采用的重要手段。金融政策更加直接有效地集聚创新资源，引导企业重视新产品开发、新技术研究，进而提升企业创新能力和创新水平。近年来，我国出台的一系列产业政策和创新

政策,都将金融政策作为重要的保障措施,充分发挥金融对企业技术创新的助推作用,如表 3-7 所示。2013 年,国务院发布了《关于强化企业技术创新主体地位全面提升企业创新能力的意见》,提出鼓励商业银行开发针对企业技术创新的贷款模式,推动科技与金融的融合;建立重大技术装备保险制度,降低企业研发风险;支持创新型企业上市融资和上市的创新型企业再融资,拓宽和优化企业融资渠道。2015 年,国务院发布《关于深化体制机制改革加快实施创新驱动发展战略的若干意见》,更加系统地指明了金融政策的支持方向,从壮大创业投资规模、强化资本市场对技术创新的支持、拓宽技术创新的间接融资渠道等方面进行系统扶持,利用各类金融工具协同支持企业技术创新。2020 年,国务院发布了《关于促进国家高新技术产业开发区高质量发展的若干意见》,指出鼓励金融机构创新投贷联动模式,积极探索开展多样化的科技金融服务;创新国有资本创投管理机制,允许园区内符合条件的国有创投企业建立跟投机制。随着金融政策的不断出台,企业技术创新的支持力度不断加大,政策针对性和有效性更强,充分发挥了政府、企业、中介机构、个人等主体在创新活动中的作用,实现了科技与金融较好的融合。

表 3-7　部分政府金融政策及相关要点

发布单位	政策名称	相关政策要点	发布时间
国务院	《关于加快培育和发展战略性新兴产业的决定》	引导金融机构建立适应战略性新兴产业特点的信贷管理和贷款评审制度。积极推进知识产权质押融资、产业链融资等金融产品创新	2010.10
国务院	《关于强化企业技术创新主体地位全面提升企业创新能力的意见》	加大政策性银行对企业转化科技成果和进出口关键技术设备的支持力度,鼓励商业银行开发支持企业技术创新的贷款模式、产品和服务,加大对企业技术创新的融资支持	2013.01
国务院	《关于加快科技服务业发展的若干意见》	引导银行信贷、创业投资、资本市场等加大对科技服务企业的支持,支持科技服务企业上市融资和再融资以及到全国中小企业股份转让系统挂牌,鼓励外资投入科技服务业	2014.10

续表

发布单位	政策名称	相关政策要点	发布时间
科技部	《关于进一步推动科技型中小企业创新发展的若干意见》	支持利用各类产权交易市场开展科技型中小企业股权流转和融资服务；引导商业银行积极向科技型中小企业提供系统化金融服务，支持发展多种形式的抵质押类信贷业务及产品	2015.01
国务院	《关于深化体制机制改革加快实施创新驱动发展战略的若干意见》	发挥沪深交易所股权质押融资机制作用，支持符合条件的创新创业企业发行公司债券。支持符合条件的企业发行项目收益债，募集资金用于加大创新投入。拓宽技术创新的间接融资渠道	2015.03
国务院	《中国制造 2025》	积极发挥政策性金融、开发性金融和商业金融的优势，加大对新一代信息技术、高端装备、新材料等重点领域的支持力度。支持重点领域大型制造业企业集团开展产融结合试点	2015.05
国务院	《国家创新驱动发展战略纲要》	鼓励银行业金融机构创新金融产品，拓展多层次资本市场支持创新的功能，积极发展天使投资，壮大创业投资规模，运用互联网金融支持创新	2016.05
国务院	《新时期促进集成电路产业和软件产业高质量发展的若干政策》	加大对集成电路产业和软件产业的中长期贷款支持力度，积极创新适合集成电路产业和软件产业发展的信贷产品	2020.07
国务院	《关于促进国家高新技术产业开发区高质量发展的若干意见》	引导创业投资、私募股权、并购基金等社会资本支持高成长企业发展。鼓励金融机构创新投贷联动模式，积极探索开展多样化的科技金融服务	2020.07

二、金融政策成为推动企业技术创新的重要手段

为了强化企业技术创新的主体地位，充分发挥财政资金的引导作用，1999年，国务院批准设立科技型中小企业技术创新基金，采用无偿拨款和贷款贴息两种支持方式，围绕电子信息、生物医药等高新技术领域，支持企业科技创新，当年支持资金 8.16 亿元。随着国家对科技型中小企业技术创新基金投入力度的不断增大，有效地增强了高新技术企业的技术创新能力，持续优化了科技创新的创业环境。2009 年，银监会和科技部联合发布了《关于进一步加大对科技型中小企业信贷支持的指导意见》，旨在推进科技资源与金融资源的结合，解决科技型中小企业融资困难问题。各商业银行针对科技企业不断创新金融产品、提升金融服务水平。中国工商银行对科技型中小企业推行了“定制＋全生命周期”的金融服务，2016—2017 年，对科技企业本外币贷款累计投放额超 1400 亿元，涉及的融资客户超过 1000 户，缓解了科技型中小企业融资难的问题。此外，工行通过“贷、股、债、投”等多种方式，为已上市科创企业和后备企业提供融资服务和产品支持，仅上海分行就为 900 余家科创企业提供了信贷融资支持，并建立了 100 亿元的专项额度支持科创板上市后备企业。

科技部分别于 2011 年和 2015 年，围绕科技型中小企业创新发展持续发力，进一步明确了科技型中小企业的金融扶持政策，并鼓励各地方实施金融创新，支持企业技术创新。上海市为建设具有全球影响力的科技创新中心，相继颁布实施了《关于进一步深化科技体制机制改革 增强科技创新中心策源能力的意见》《上海市科技计划专项经费后补助管理办法》《新时期促进上海市集成电路产业和软件产业高质量发展的若干政策》《上海市科技型中小企业技术创新资金计划管理办法》等政策。2021 年，上海市的科技信贷授信规模达 1583 亿元，服务科技企业已达 4793 家，科技保险累计承保项目 679 项，承保风险规模达 24.25 亿元，科创企业上市培育库新增入库企业 275 家，累计入库 1557 家。

第四章　资本市场开放与企业技术创新

根据世界知识产权组织(WIPO)统计,2019 年中国国际专利申请数量接近5.9 万件,首次超越美国(5.78 万件),成为申请量最多的国家。20 年间,中国提交的专利申请量增长了 200 倍。从数量看,中国的科技创新取得了举世瞩目的成就。就质量而言,中国与发达国家相比仍然存在较大的差距,中国企业存在较为严重的创新陷阱问题。所谓"创新陷阱",是指企业创新行为长期陷入一个难以实现实质性增长的循环阶段,而"重数量、轻质量"的创新陷阱则是指我国企业专利数量虽然经历了一个高速增长的阶段,但是创新质量仍然处于低位循环,导致诸多"卡脖子"技术难以得到有效解决。

企业创新活动具有风险大、周期长以及投入大等特点,使得创新活动存在着较高的技术和市场风险。1992 年,B 股的发行上市,正式开启了我国资本市场的开放历程。近年来,随着我国改革开放的进一步深化,资本市场进一步开放的需求日益增加。2014 年、2016 年、2019 年沪港通、深港通、沪伦通相继开通,实现了中国资本市场的双向开放,优化了中国资本市场的投资者结构,在全面推进资本市场对外开放的道路上迈出了坚实的一步。但资本市场开放的一系列政策能否在微观层面实现政策预期效果呢?围绕这个问题,学者们进行了积极的探索,但尚未形成统一的观点。

党的十九届五中全会要求"推进金融双向开放""构建金融有效支持实体经济的体制机制",增加研发投入,提高创新能力成为新时代背景下实体经济运行的核心诉求。作为金融开放的重要举措之一,我国资本市场开放能否促进企业研发投入以提高创新能力,特别是对于如何破解中国"创新陷阱"具有重要的学术价值与政策启示意义。鉴于此,本章选取 2010—2019 年沪深 A 股上市公司为研究样本,通过沪深港通构建多时点双重差分模型,从中国"创新陷阱"视角检验资本市场开放与企业创新之间的因果关系。

第一节　文献回顾与研究假设

一、资本市场开放与企业创新

国外研究普遍认为,资本市场开放对经济发展具有促进作用(Bekaer et al., 2004; Gupta et al., 2009),但资本市场开放对经济发展的作用机理尚需进一步探究(田轩,2020)。近年来,科技创新正逐步成为一个国家的核心竞争力。国内外学者开始关注资本市场开放对创新的影响。Moshirian 等(2020)对全球 20

个经历资本市场开放的国家进行抽样研究，发现资本市场开放有利于提升国家的创新水平，对创新行业的影响尤为显著。企业是科学技术转化成为生产力和创新的主体。学者们更多地关注了资本市场开放对企业创新的影响，然而对于资本市场开放是促进还是抑制了企业创新，并未形成统一的观点。国内外较多学者认为，资本市场开放能够促进企业创新(田轩，2019；马妍妍等，2019；罗宏和陈小运，2020；齐荻，2020)。少部分学者认为资本市场开放通过公司治理和信息渠道发挥了抑制企业创新的作用。

创新投资具有风险大、周期长、投入大等特点，同时创新项目的专业性很强，不易被投资者识别。创新企业往往面临更强的融资困难(田轩，2020)。资本市场开放有利于在全球范围内引入投资者，缓解创新企业融资约束问题；国内外投资者共担投资风险，有利于提升投资者对创新投资失败的容忍度，促使资金流向创新项目；引入国外投资者，有利于改善公司治理和公司管理环境，帮助企业提升公司治理水平，在一定程度上抑制委托代理问题产生的不适当投资，激励管理者选择真正有利于公司长远发展的投资项目，促进企业创新。因此，本章提出如下研究假设：

研究假设 4-1(a)：资本市场开放有助于促进企业创新。

创新是企业构建核心竞争力的关键，也是企业保持市场地位最有效的手段。企业创新可以进一步细分为突破式创新和渐进式创新。突破式创新是指通过研发活动生产出具有实质性新功能的产品或工艺流程，如发明专利；渐进式创新是根据以前经验在原来产品或技术基础上加以改进，如实用新型专利与外观设计专利(胥朝阳等，2020)。突破式创新的难度及风险远大于渐进式创新，代表着企业的创新质量，带来的颠覆性产品将会为企业带来超额收益，形成或保持企业的市场竞争地位，有助于突破中国“创新陷阱”，对企业及社会具有重要意义。

突破式创新具有投资大、风险高、不确定性强、对企业知识和资源储备要求高等特点，能够重构企业领导地位并重塑产业布局，从而促进企业及社会经济增长(庄子银等，2020)。现有文献主要从企业家精神(Färnstrand Damsgaard et al.，2017)、资源与能力约束(Gibbert & Scranton，2009；Kotabe et al.，2017)、开放性(Bahemia et al.，2018；陈漫，2018)、创新的网络(Birkinshaw et al.，2007；朱云鹃等，2020)、创新的市场和环境(宋伟等，2020)等方面研究突破式创新的驱动因素，鲜有文献从资本市场开放的视角研究突破式创新。

本章认为，资本市场开放能为创新企业实现突破式创新，解决资源和融资约束问题，并能为创新企业创造良好的孕育环境。资本市场开放有利于创新企业获取创新知识，扩展企业的基础知识，促进突破式创新知识组合的形成；有利于创新企业提高组织学习能力，从而提高突破式创新的技能和能力（庄子银等，2020）。相较于渐进式创新，创新企业从事突破式创新面临的融资困难更加明显。资本市场开放有利于创新企业识别突破式创新项目，扩大融资渠道，帮助企业解决融资约束问题，帮助创新企业实现突破式创新目标，提升创新质量。另外，资本市场开放，通过引入境外机构投资者，有助于抑制金融创新中存在的投机行为，并引导创新资源向创新企业集聚，帮助企业取得高质量创新成果。因此，本章提出如下研究假设：

研究假设 4-1(b)：资本市场开放有助于提高创新质量。

二、竞争性政策、资本市场开放与企业创新

根据熊彼特的创新理论，行业竞争性会分别从创新能力和创新意愿两个方面影响企业创新行为。对于竞争性越强的行业，企业为了逃避竞争压力会有更强的创新动力，但较弱的盈利能力导致其创新能力不足；相反，对于垄断性较强的行业，企业凭借垄断地位可以获得高额利润从而具备更强的创新能力，但创新动力不足。无数实证研究论文在这两个方面展开了检验，其研究结论也不完全一致。行业竞争如何影响资本市场开放与企业创新之间的关系，我们也可以从企业创新意愿和创新能力两个维度进行分析。

根据前文分析，资本市场开放一方面通过缓解融资约束增强企业创新的能力，从而促进企业创新，另一方面通过风险分担机制增进了企业创新意愿，行业竞争性的增强则进一步促进了企业创新意愿。综上分析，当资本市场开放进一步增强企业创新能力和创新意愿时，行业竞争增加可以进一步强化企业创新行为。我们据此提出以下研究假设：

研究假设 4-2：行业竞争越激烈，资本市场开放对企业创新的促进作用越强。

三、境外机构持股、资本市场开放与企业创新

有效的公司治理结构能够优化资源配置，有效缓解各利益关系的冲突，使企业不仅追求短期目标，也追求长期目标，有利于企业建立起技术创新的长效投入机制（鲁桐和党印，2014），促进企业创新。公司的股权结构是公司治理结构的重要组成部分，深刻地影响公司的创新决策。公司股权结构对企业创新的影响引起了学者的关注，但争议较大。温军和冯根福（2012）研究发现，民营企业中机构

投资者持股促进了企业的创新活动，国有企业中机构投资者持股与企业创新呈显著的负相关关系。李文贵和余明桂(2015)研究认为，个人持股比例和法人持股比例更高的民营企业更具创新性，但外资持股比例和集体持股比例对民营企业的创新不具有显著影响。

沪深港通的实施，实现了境外投资者与内地上市公司的互联互通，吸引了境外成熟的投资者，尤其是境外机构投资者。境外投资者的引入可以降低股权融资成本(Henry, 2000; Bekaert and Harvey, 2000)，提高信息效率(Rejeb and Boughrara, 2013)，缓解融资约束(Angkinand et al., 2010)，提高公司治理水平(Aggarwal et al., 2010)。

沪港通交易制度实施为分析资本市场对外开放的经济后果提供了一个有利的契机(钟凯等，2018)。境外机构投资者通过持股，参与公司治理，缓解经理人职业忧虑，抑制经理人短视行为，促进企业创新(朱琳和伊志宏，2020)。境外机构投资者也可以降低信贷依赖，提高外部监督水平(马妍妍等，2019)，帮助企业发现创新机遇，优化投资决策，强化企业社会网络，搭建资源平台，助力企业创新人才的引进和创新成果转化，促进企业创新。

根据以上研究，本章认为，资本市场开放将吸引更多的境外机构投资者。境外机构投资者通过持股，参与公司治理、监督公司经营，有助于优化企业分配激励制度、提升企业风险承受能力，并促使管理者看重企业长远发展，帮助企业发现创新机遇、优选创新项目，增加创新投入，促进企业创新。另外，境外机构投资者有助于企业获取创新资源，帮助企业引进先进技术、高端设备、高素质人才以及创新项目资金，并帮助企业强化社会网络，助力企业创新成果转化。因此，本章提出如下研究假设：

研究假设 4-3：资本市场开放对境外机构持股比例更高的企业创新激励作用更明显。

第二节 样本选择与研究设计

一、样本选择与数据来源

我国自 2014 年开始实施沪港通，2016 年实施深港通，为保持研究样本的对称性以及沪深港通事件的事前对照，本章选取 2010—2019 年沪深 A 股上市公司作为研究样本。在具体样本的选择过程中，进行如下处理：①剔除金融行业上市公司和 ST、*ST 等特别处理公司；②剔除研究数据不完整的公司。为排除处理组和对照组之间的系统性差异，我们根据沪深港通新增标的使用1∶1最临近匹配法进行不放回的匹配，之所以选择分年度匹配，是因为沪深港通自 2014(2016)年首次实施以来，以后每年都有部分新增标的，最终得到了 17274 个年度公司样本观测值。同时，为了排除异常值对研究结论的影响，对连续变量在前后 1%进行缩尾(Winsorize)处理。本章财务数据主要来源于 CSMAR 数据库，专利数据主要来源于 CNRDS 数据库。

二、模型构建与变量设计

本章借鉴 Chen 等(2012)、罗宏和陈小运(2020)、朱琳和伊志宏(2020)等的研究设计，建立双向固定效应的多时点双重差分模型进行回归分析。

$$\text{INNOV}=\beta_0+\beta_1\times\text{CMO}+\alpha\boldsymbol{X}+\varepsilon \tag{4-1}$$

$$\text{INNOV}=\beta_0+\beta_1\times\text{CMO}+\beta_2\times\text{HHI}+\beta_3\times\text{CMO}\times\text{HHI}+\alpha\boldsymbol{X}+\varepsilon \tag{4-2}$$

$$\text{INNOV}=\beta_0+\beta_1\times\text{CMO}+\beta_2\times\text{QF}+\beta_3\times\text{CMO}\times\text{QF}+\alpha\boldsymbol{X}+\varepsilon \tag{4-3}$$

在上述模型中：INNOV 为因变量，表示企业创新水平；CMO 为自变量，使用沪深港通来表示资本市场开放；HHI 是表示市场竞争程度的赫芬达尔-赫希曼指数；QF 表示境外机构投资持股占比；$\boldsymbol{X}$ 表示系列的控制变量。变量的具体定义见表 4-1。

表 4-1　主要变量的定义

变量类型	变量名称	变量定义
因变量	专利申请量(LnPatent)	等于当年专利申请量加 1 后取自然对数
	是否申请专利(Patent_dum)	当年有申请专利取值为 1，否则取值为 0
	发明专利申请量(LnInvention)	等于当年发明专利申请量加 1 后取自然对数
	实用新型专利申请量(LnUtility)	等于当年实用新型专利申请量加 1 后取自然对数
	外观设计专利申请量(LnDesign)	等于外观设计专利申请量加 1 后取自然对数
	专利授权量(Lnpatent)	等于当年专利授权量加 1 后取自然对数
	研发支出占总收入的比重(RD)	等于企业当年研发支出除以营业收入

续表

变量类型	变量名称	变量定义
自变量	资本市场开放(CMO)	当沪深港通交易制度实施且被列为沪股通或深股通标的时取值为1,否则为0
调节变量	行业竞争程度(HHI)	等于基于营业收入计算的赫芬达尔-赫希曼指数
	境外机构投资持股占比(QF)	等于当年合格境外机构投资者持股所占比例
控制变量	公司规模(LnSize)	等于期末总资产的自然对数
	资产负债率(Lev)	等于期末总负债除以期末总资产
	存续年限(LnAge)	公司自成立年份起的年数,取自然对数
	经营净现金流(CFO)	等于经营净现金流除以期末总资产
	第一大股东持股比例(First)	等于期末第一大股东持股比例
	资产净利润率(Roa)	等于净利润除以期末总资产
	资产结构(PPE)	等于固定资产净额除以总资产

(1) 因变量。参考孙伍琴和王培(2013)、蔡地等(2014)等的做法,主要采用创新产出来测度企业创新水平,即分别使用专利申请量、是否申请专利来表示。为了进一步区分企业创新质量,参考胥朝阳等(2020)的做法,使用发明专利申请量测度企业高质量创新,使用实用新型专利申请量、外观设计专利申请量来测度低质量创新。此外,我们还使用专利授权量和企业研发支出占总收入的比重来进行稳健性测试。

(2) 自变量。资本市场开放(CMO)为沪深港通标的公司的哑变量,当沪深港通交易制度实施且被列为沪股通或深股通标的时取值为1,否则为0。

(3) 调节变量。行业竞争程度使用基于营业收入计算的赫芬达尔-赫希曼指数(HHI)来表示,该值越大表示行业竞争程度越低,越小表示行业竞争程度越激烈。境外机构投资持股占比(QF)则采用当年合格境外机构投资者持股所占比例。

(4) 控制变量。参考朱琳和伊志宏(2020)、诸竹君等(2020)、黎文靖和郑曼妮(2016)等的做法,主要控制变量包括公司规模(LnSize)、资产负债率(Lev)、存续年限(LnAge)、经营净现金流(CFO)、第一大股东持股比例(First)、资产净利润率(Roa)、资产结构(PPE)。

第三节 实证分析

一、描述性统计

表4-2所示为本章主要变量的描述性统计。经对数化处理后的当年专利申请量(LnPatent)的均值为0.708,中位数为0,最大值为5.429,表明样本内年均约有2个专利申请,其中最多为228个专利;而是否获得专利(Patent_dum)的均值为0.341,表明样本中约有34.1%的公司申请专利。总体来说,样本内公司之间的专利申请具有较大差异,为我们识别资本市场开放与企业创新之间的关系提供了空间。发明专利申请量(LnInvention)的均值为0.528,表明样本内年均约有1.7个发明专利申请;实用新型专利(LnUtility)均值为0.417,表明样本内年均约有1.5个实用新型专利申请;外观设计(LnDesign)均值为0.085,表明样本内年均约有1.1个外观设计专利申请。自变量资本市场开放均值为0.183,表明约有18.3%的样本处于处理组中,其余变量与已有文献发现一致。

表4-2 主要变量的描述性统计

变量	样本量	均值	标准差	最小值	中位数	最大值
LnPatent	17274	0.708	1.234	0	0	5.429
Patent_dum	17274	0.341	0.474	0	0	1.000
LnInvention	17274	0.528	1.004	0	0	4.663
LnUtility	17274	0.417	0.954	0	0	4.710
LnDesign	17274	0.085	0.391	0	0	2.639
CMO	17274	0.183	0.386	0	0	1.000
LnSize	17274	22.193	1.369	19.551	21.980	26.36
Lev	17274	0.437	0.217	0.05	0.427	0.964
LnAge	17274	2.102	0.887	0	2.303	3.258
CFO	17274	0.044	0.073	−0.196	0.044	0.242

续表

变量	样本量	均值	标准差	最小值	中位数	最大值
First	17274	0.347	0.148	0.084	0.329	0.742
Roa	17274	0.038	0.065	−0.308	0.038	0.200
PPE	17274	0.219	0.165	0.002	0.185	0.706

二、基准回归分析

表 4-3 所示为研究假设 4-1(a)，即资本市场开放与企业创新的回归结果。检验结果显示，在第(1)—(4)列中，资本市场开放(COM)的系数估计值分别0.272、0.220、0.714、0.183，均在 1%统计水平显著为正，表明相对于对照组公司，资本市场开放显著促使标的公司创新水平提高 22%左右，从而支持了研究假设 4-1(a)的推断。控制变量中，公司规模、经营净现金流与企业创新呈现显著正相关关系，资产负债率、存续年限、第一大股东持股比例与企业创新之间呈现显著负相关关系。

表 4-3　资本市场开放与企业创新

变量	(1)	(2)	(3)	(4)
	LnPatent	LnPatent	Patent_dum	Patent_dum
	固定效应		Probit 模型	
CMO	**0.272*****	**0.220*****	**0.714*****	**0.183*****
	(0.034)	**(0.034)**	**(0.043)**	**(0.043)**
LnSize		0.180***		0.365***
		(0.028)		(0.021)
Lev		0.097		−0.466***
		(0.088)		(0.114)
LnAge		0.029		−0.072***
		(0.035)		(0.024)

续表

变量	(1)	(2)	(3)	(4)
	LnPatent	LnPatent	Patent_dum	Patent_dum
	固定效应		Probit 模型	
CFO		−0.038		0.331*
		(0.102)		(0.197)
First		−0.112		−0.419***
		(0.201)		(0.144)
Roa		0.256*		0.479*
		(0.135)		(0.257)
PPE		−0.024		0.016
		(0.144)		(0.123)
Year control	YES	YES	YES	YES
Firm control	YES	YES	NO	NO
_cons	0.407***	−3.515***	−0.689***	−8.243***
	(0.022)	(0.578)	(0.038)	(0.412)
Obs.	17274	17274	17274	17274
R-squared	0.721	0.725	0.0409	0.1034

注:括号内为使用异方差调整和公司聚类调整得到的稳健性标准误;*、**、*** 分别表示 10%、5%、1%水平上显著。

表 4-4 所示为研究假设 4-1(b),即区分专利类型考察资本市场开放是否促进企业创新质量、助力企业突破创新陷阱的检验结果,相对于实用新型专利和外观设计专利,发明专利更能代表企业突破式创新。从表 4-4 中可以发现,资本市场开放(CMO)系数估计值分别为 0.200、0.153、0.032,分别在 1%和 5%统计水平上显著为正,表明资本市场开放不仅显著促进了代表低质量创新的实用新型专利和外观设计专利的增加,而且显著促进了代表高质量创新的发明专利申请量的增加,从而支持了研究假设 4-1(b)的推断。

表 4-4　资本市场开放与企业申请专利类型

变量	(1)	(2)	(3)
	LnInvention	LnUtility	LnDesign
CMO	**0.200*** **	**0.153*** **	**0.032** **
	(0.028)	**(0.028)**	**(0.014)**
LnSize	0.135***	0.104***	0.011
	(0.022)	(0.022)	(0.010)
Lev	0.078	0.108	0.019
	(0.071)	(0.067)	(0.035)
LnAge	0.003	0.011	0.025**
	(0.027)	(0.028)	(0.012)
CFO	0.010	−0.021	−0.073*
	(0.081)	(0.081)	(0.039)
First	−0.026	0.022	−0.078
	(0.177)	(0.156)	(0.057)
Roa	0.177	0.186*	0.045
	(0.112)	(0.104)	(0.044)
PPE	−0.046	0.059	−0.074*
	(0.122)	(0.111)	(0.043)
Year control	YES	YES	YES
Firm control	YES	YES	YES
_cons	−2.659***	−2.081***	−0.187
	(0.468)	(0.471)	(0.205)
Obs.	17274	17274	17274
R-squared	0.720	0.710	0.585

注:括号内为使用异方差调整和公司聚类调整得到的稳健性标准误;*、**、***分别表示10%、5%、1%水平上显著。

为了进一步考察资本市场如何影响企业创新质量，我们还分别设定了发明专利申请占比(Invention_ratio)和专利引用率(Citation)作为创新质量的测度，来考察资本市场开放如何影响企业创新质量，表 4-5 报告了上述检验结果。从检验结果可以发现，资本市场开放(CMO)系数估计值分别为 0.033 和 0.263，均在 1%统计水平上显著为正，表明资本市场开放的确显著促进了企业创新质量的提升，进一步验证了研究假设 4-1(b)的推断。

表 4-5　资本市场开放与企业创新质量

变量	(1)	(2)
	Invention_ratio	Citation
CMO	**0.033***** **(0.011)**	**0.263***** **(0.032)**
LnSize	0.050*** (0.007)	0.238*** (0.035)
Lev	0.012 (0.027)	−0.024 (0.116)
LnAge	0.013 (0.010)	0.983*** (0.051)
CFO	0.011 (0.038)	−0.105 (0.139)
First	−0.073 (0.052)	−0.034 (0.202)
Roa	0.022 (0.052)	−0.118 (0.160)
PPE	−0.005 (0.037)	0.032 (0.146)
_cons	−0.944*** (0.138)	−5.303*** (0.749)

续表

变量	(1)	(2)
	Invention_ratio	Citation
Year control	YES	YES
Firm control	YES	YES
Obs.	17274	13249
R-squared	0.456	0.880

注:括号内为使用异方差调整和公司聚类调整得到的稳健性标准误;*、**、*** 分别表示 10%、5%、1%水平上显著。

表 4-6 报告了研究假设 4-2 的检验结果,即不同市场竞争条件下资本市场开放如何影响企业创新,其中我们使用基于公司营业收入构造的赫芬达尔-赫希曼指数(HHI)表示市场竞争程度,该值越小表示市场竞争程度越激烈。检验结果发现,资本市场开放(CMO)系数估计值在 1%的统计水平上显著为正,资本市场开放与赫芬达尔-赫希曼指数交互项(CMO×HHI)系数估计值分别为−0.118 和−0.0112,均在 10%统计水平上显著为负,表明行业竞争程度越激烈,资本市场开放对企业创新的促进作用越显著,从而支持了研究假设 4-2 的推断。

表 4-6　市场竞争、资本市场开放与企业创新

变量	(1)	(2)
	LnPatent	
CMO	**0.294***** **(0.051)**	**0.257***** **(0.050)**
HHI	−0.075 (0.078)	−0.127* (0.076)
CMO×HHI	**−0.118*** **(0.064)**	**−0.112*** **(0.064)**
LnSize		0.168*** (0.027)

续表

变量	(1)	(2)
	LnPatent	
Lev		0.093
		(0.089)
LnAge		0.048
		(0.035)
CFO		0.006
		(0.106)
First		−0.158
		(0.209)
Roa		0.140
		(0.170)
PPE		−0.067
		(0.145)
Year control	YES	YES
Firm control	YES	YES
_cons	0.443***	−3.204***
	(0.041)	(0.563)
Obs.	15200	15200
R-squared	0.733	0.737

注：括号内为使用异方差调整和公司聚类调整得到的稳健性标准误；*、**、*** 分别表示 10%、5%、1%水平上显著。

表 4-7 报告了研究假设 4-3 的检验结果，即境外机构投资者持股不同的情况下资本市场开放对企业创新的影响。从检验结果可以发现，当境外机构投资者进入前十大流通股时，资本市场开放(CMO)系数估计值为 0.199，在 1%统计水平上显著为正，当境外机构投资者未进入前十大流通股时，资本市场开放

(CMO)系数估计值为 0.065，在统计上不显著，且两组系数差异性检验通过，表明资本市场开放对企业创新的促进作用在境外机构投资持股占比更高的样本中更显著，从而支持了研究假设 4-3 的推断。

表 4-7　境外机构投资者持股、资本市场开放与企业创新

变量	(1)	(2)
	LnPatent	
	进入前十大流通股	未进入前十大流通股
CMO	**0.199***** **(0.063)**	**0.065** **(0.046)**
Bdiff-test **(*P*-Value)**	**0.135***** **(0.008)**	
LnSize	0.222*** (0.038)	0.082* (0.045)
Lev	−0.034 (0.096)	0.368** (0.167)
LnAge	0.054 (0.037)	−0.010 (0.069)
CFO	−0.080 (0.119)	−0.007 (0.185)
First	0.053 (0.269)	−0.205 (0.295)
Roa	0.053 (0.145)	0.620** (0.276)
PPE	−0.094 (0.167)	0.067 (0.254)
Year control	YES	YES

续表

变量	(1)	(2)
	LnPatent	
	进入前十大流通股	未进入前十大流通股
Firm control	YES	YES
_cons	−4.420***	−1.424
	(0.814)	(0.933)
Obs.	10165	7109
R-squared	0.722	0.720

注：括号内为使用异方差调整和公司聚类调整得到的稳健性标准误；*、**、***分别表示10%、5%、1%水平上显著。

三、动态效应检验

研发创新特别是高质量的创新是一种累积性投资活动(Galasso and Schankerman, 2015)，因而资本市场开放对企业技术创新的促进作用可能存在滞后效应，同时双重差分模型必须满足平行趋势检验，因此我们以资本市场开放当年作为基准年，分别对资本市场开放前后进行动态效应检验，表4-8报告了上述检验结果。从中我们可以发现，在资本市场开放之前，待检验系数均不显著，而在资本市场开放当年(CMO^0)开始显著为正，且呈现逐年递增趋势，表明资本市场开放对企业技术创新的促进作用具有显著的动态效应。

表4-8　资本市场开放与企业创新质量(动态效应检验)

变量	(1)	(2)
	LnPatent	
CMO^{-5}	−0.040	−0.044
	(0.038)	(0.043)
CMO^{-4}	0.007	−0.010
	(0.045)	(0.048)

续表

变量	(1)	(2)
	LnPatent	
CMO^{-3}	0.014	0.004
	(0.048)	(0.054)
CMO^{-2}	0.069	0.066
	(0.054)	(0.060)
CMO^{-1}	0.086	0.093
	(0.058)	(0.064)
CMO^{0}	**0.122***	**0.122***
	(0.063)	**(0.069)**
CMO^{+1}	**0.238*****	**0.234*****
	(0.067)	**(0.072)**
CMO^{+2}	**0.336*****	**0.296*****
	(0.071)	**(0.075)**
CMO^{+3}	**0.404*****	**0.334*****
	(0.073)	**(0.078)**
CMO^{+4}	**0.605*****	**0.499*****
	(0.088)	**(0.095)**
LnSize	0.176***	0.163***
	(0.029)	(0.029)
Lev	0.058	0.097
	(0.084)	(0.087)
LnAge	0.115***	0.054
	(0.027)	(0.035)
CFO	−0.020	−0.043
	(0.102)	(0.103)

续表

变量	(1)	(2)
	LnPatent	
First	−0.078	−0.082
	(0.200)	(0.201)
Roa	0.147	0.220
	(0.134)	(0.135)
PPE	−0.092	−0.038
	(0.143)	(0.144)
Year control	NO	YES
Firm control	YES	YES
_cons	−3.784***	−3.420***
	(0.587)	(0.599)
Obs.	17274	17274
R-squared	0.726	0.727

注：括号内为使用异方差调整和公司聚类调整得到的稳健性标准误；*、**、***分别表示10%、5%、1%水平上显著。

四、安慰剂检验

安慰剂检验可以控制随时间趋势变化且不可观测因素对潜在结果的影响，具体如下。

(1) 基于分组维度的安慰剂检验。本章随机产生一个实验组名单，从而产生一个错误估计 β^{random}，再将这个过程重复500次，从而相应产生500个 β^{random}，然后绘制成 P 值的散点图，散点位于该虚线以下说明系数至少在10%的水平下显著，反之则不显著。由图4-1不难发现，β^{random} 分布在零的附近且服从正态分布，符合安慰剂检验的预期，这意味着之前的研究结果基本上没有受到其他未被观测因素的影响。

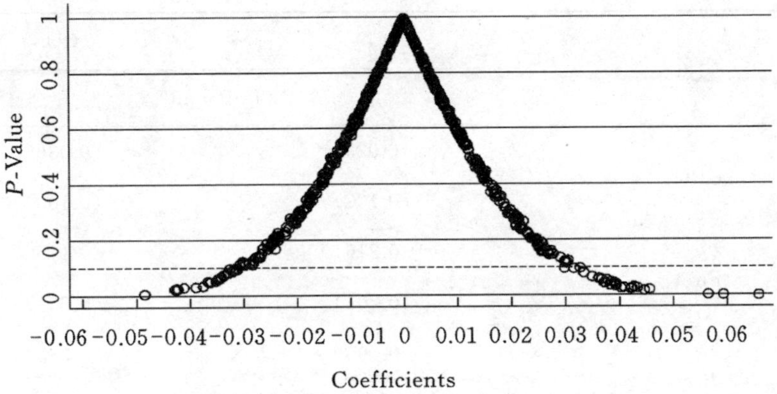

图 4-1　分组维度的安慰剂检验

(2) 基于时间维度的安慰剂检验。表 4-9 报告了基于时间维度的安慰剂检验,具体而言,我们将事件(资本市场开放时间,即个股沪深港通的具体时间)向前推移 2 期,虚拟一个资本市场开放的时间。检验结果显示,向前推移 2 期虚拟的资本市场开放时间(CMO_2)系数估计值均不显著,基于时间维度的安慰剂检验通过,间接表明资本市场开放促进企业创新的逻辑是成立的。

表 4-9　安慰剂检验(基于时间维度)

变量	(1)	(2)
	LnPatent	
CMO_2	**0.030**	**0.039**
	(0.038)	**(0.041)**
LnSize	0.266***	0.204***
	(0.026)	(0.028)
Lev	−0.080	0.082
	(0.087)	(0.090)
LnAge	0.166***	0.004
	(0.027)	(0.035)

续表

变量	(1)	(2)
	LnPatent	
CFO	0.025	−0.036
	(0.102)	(0.103)
First	−0.216	−0.145
	(0.201)	(0.201)
Roa	0.006	0.235*
	(0.135)	(0.136)
PPE	−0.105	0.016
	(0.144)	(0.145)
Year control	NO	YES
Firm control	YES	YES
_cons	−5.418***	−3.994***
	(0.552)	(0.582)
Obs.	17274	17274
R-squared	0.720	0.724

注：括号内为使用异方差调整和公司聚类调整得到的稳健性标准误；*、**、*** 分别表示 10%、5%、1%水平上显著。

五、机制检验分析

在理论分析中我们认为，资本市场开放可以分别通过缓解融资约束和提高风险承担水平促进企业进行研发创新的意愿。为此，我们将对这两个机制进行检验。

(1) 关于融资约束机制的检验。参考鞠晓生等(2013)构建 SA 指数作为企业融资约束的测度，然后将其与资本市场开放构造交互项(SA×CMO)来检验融资约束对资本市场开放促进企业创新的影响，表 4-10 报告了上述检验结果。由表 4-10 可以发现，融资约束与资本市场开放构造的交互项(SA×CMO)系数估计值为 0.905，在 1%统计水平上显著为正，表明资本市场开放显著促进了融资约束更大的企业的创新行为，验证了融资约束机制。

表 4-10　融资约束、资本市场开放与企业创新

变量	(1)	(2)
	LnPatent	
CMO	**0.220***** **(0.034)**	**0.161***** **(0.036)**
SA×CMO		**0.905***** **(0.190)**
LnSize	0.180*** (0.028)	0.218*** (0.031)
Lev	0.098 (0.088)	0.032 (0.085)
LnAge	0.029 (0.035)	0.069** (0.034)
CFO	−0.035 (0.103)	−0.030 (0.103)
First	−0.110 (0.202)	−0.086 (0.199)
Roa	0.254* (0.135)	0.285** (0.134)
PPE	−0.022 (0.144)	−0.006 (0.138)
Year control	YES	YES
Firm control	YES	YES
_cons	−3.525*** (0.580)	−1.185** (0.564)
Obs.	17273	17273
R-squared	0.725	0.727

注：括号内为使用异方差调整和公司聚类调整得到的稳健性标准误；*、**、***分别表示10%、5%、1%水平上显著。

(2) 关于风险承担机制的检验。借鉴余明桂等(2013)的研究,首先基于公司未来5年资产净利润率(Roa)标准差计算风险承担水平,再根据中位数进行分组,高于中位数定义为高风险承担水平组,低于中位数定义为低风险承担水平组,然后进行分组检验,表4-11报告了上述检验结果。从检验结果可知,在低风险承担水平组,资本市场开放(CMO)系数估计值为0.259,在1%统计水平上显著为正;在高风险承担水平组,资本市场开放(CMO)系数估计值为0.137,在1%的统计水平上显著为正,组间系数差异检验通过。结果表明资本市场开放对风险承担水平更低组企业创新的促进作用更显著,从而验证了风险承担机制。

表4-11　风险承担、资本市场开放与企业创新

变量	(1)	(2)
	LnPatent	
	Low_Risktaking	High_Risktaking
CMO	**0.259***** **(0.051)**	**0.137***** **(0.049)**
Bdiff-test (*P*-Value)	**0.122***** **(0.01)**	
LnSize	0.157*** (0.054)	0.207*** (0.034)
Lev	0.283* (0.169)	−0.055 (0.115)
LnAge	0.075 (0.061)	0.016 (0.053)
CFO	−0.064 (0.194)	0.092 (0.145)

续表

变量	(1)	(2)
	LnPatent	
	Low_Risktaking	High_Risktaking
First	−0.603**	−0.100
	(0.284)	(0.296)
Roa	−0.199	0.295
	(0.217)	(0.199)
PPE	0.361***	0.190**
	(0.102)	(0.077)
Year control	YES	YES
Firm control	YES	YES
_cons	−2.888**	−4.104***
	(1.141)	(0.725)
Obs.	7411	7283
R-squared	0.761	0.660

注:括号内为使用异方差调整和公司聚类调整得到的稳健性标准误;*、**、*** 分别表示 10%、5%、1%水平上显著。

六、经济后果的检验

为了进一步检验资本市场开放促进企业创新产生的经济后果,我们借鉴黎文靖等(2021)的研究,分别将未来一期的资产净利润率和托宾 Q 值作为因变量,考察资本市场开放如何进一步影响专利的应用价值和市场价值,从而基于创新价值视角进一步揭示了资本市场开放产生的经济后果,表 4-12 报告了上述检验结果。由表 4-12 可以发现,资本市场开放(CMO)系数估计值分别在 5%和 1%统计水平上显著为正,表明资本市场开放显著促进了企业专利的应用价值和市场价值,从而也间接支持了资本市场开放有助于促进企业创新质量提升的研究结论。

表 4-12 资本市场开放与企业专利价值

变量	(1)	(2)
	Roa	Tobin-*Q*
CMO	**0.053****	**0.119*****
	(0.022)	**(0.036)**
LnSize	−0.072	−0.851***
	(0.049)	(0.047)
Lev	−0.687***	0.416***
	(0.101)	(0.141)
LnAge	0.181***	0.703***
	(0.044)	(0.037)
CFO	−5.094*	0.810***
	(2.809)	(0.166)
First	−0.044	−0.447*
	(0.170)	(0.229)
PPE	0.204	−0.680***
	(0.243)	(0.171)
Year control	YES	YES
Firm control	YES	YES
_cons	1.845*	19.804***
	(1.045)	(1.012)
Obs.	17274	16787
R-squared	0.591	0.703

注:括号内为使用异方差调整和公司聚类调整得到的稳健性标准误;*、**、*** 分别表示 10%、5%、1%水平上显著。

七、稳健性检验

为了进一步检验本章研究结论的可靠性，我们还分别进行了如下稳健性测试。

(1) 分别使用授权专利取对数以及基于营业收入标准化的研发投资作为企业创新测度进行稳健性测试，表 4-13 报告了上述检验结果，其中当 RD 作为因变量时，控制了 RD 是否为缺失变量 Miss，当为缺失值时取值为 1，否则取值为 0，以控制 RD 的选择性披露问题。检验结果显示，当以授权专利取自然对数作为因变量时，资本市场开放(CMO)系数估计值为 0.220，在 1%统计水平上显著为正；当以营业收入标准化的 RD 作为因变量时，资本市场开放(CMO)系数估计值为 0.219，在 1%统计水平上显著为正。研究结果表明使用授权专利取对数和基于营业收入标准化的研发投资作为企业创新的测度时，关于资本市场开放促进企业创新的研究结论仍然是成立的。

表 4-13 资本市场开放与企业创新(授权专利和研发投入)

变量	(1)	(2)
	Lnpatent	RD
CMO	**0.220***** **(0.034)**	**0.219***** **(0.038)**
LnSize	0.180*** (0.028)	0.536*** (0.040)
Lev	0.097 (0.088)	0.041 (0.126)
LnAge	0.029 (0.035)	0.100*** (0.038)
CFO	−0.038 (0.102)	0.225* (0.135)
First	−0.112 (0.201)	−0.614** (0.240)

续表

变量	(1)	(2)
	Lnpatent	RD
Roa	0.256*	0.488***
	(0.135)	(0.185)
PPE	−0.024	0.174
	(0.144)	(0.186)
Miss		−16.119***
		(0.099)
Year control	YES	YES
Firm control	YES	YES
_cons	−3.515***	4.910***
	(0.578)	(0.855)
Obs.	17274	17274
R-squared	0.725	0.991

注:括号内为使用异方差调整和公司聚类调整得到的稳健性标准误;*、**、*** 分别表示 10%、5%、1%水平上显著。

(2) 使用未来一期和两期的专利申请作为企业创新的测度,检验资本市场开放与企业创新之间的关系,表 4-14 报告了上述检验结果。从检验结果可以看到,在未来一期的专利申请和未来两期的专利申请回归中,资本市场开放(CMO)系数估计值分别为 0.192 和 0.165,均在 1%统计水平上显著为正,表明资本市场开放促进企业创新具有滞后效应,其对未来企业创新也具有显著的促进作用。

表 4-14 资本市场开放与企业创新(滞后效应)

变量	(1)	(2)
	LnPatent	
	未来一期	未来两期
CMO	**0.192*** **	**0.165*** **
	(0.037)	**(0.043)**

续表

变量	(1)	(2)
	LnPatent	
	未来一期	未来两期
LnSize	0.130***	0.092***
	(0.027)	(0.029)
Lev	0.182*	0.204**
	(0.093)	(0.099)
LnAge	0.056	0.073*
	(0.037)	(0.039)
CFO	−0.058	−0.053
	(0.107)	(0.119)
First	−0.207	−0.192
	(0.201)	(0.194)
Roa	0.719***	0.671***
	(0.165)	(0.204)
PPE	0.027	0.101
	(0.140)	(0.130)
Year control	YES	YES
Firm control	YES	YES
_cons	−2.478***	−1.613***
	(0.566)	(0.601)
Obs.	15202	13130
R-squared	0.740	0.757

注：括号内为使用异方差调整和公司聚类调整得到的稳健性标准误；*、**、*** 分别表示 10%、5%、1%水平上显著。

第四节　研究结论

对于正处于跨越"中等收入陷阱"关键阶段的中国而言,如何破解中国企业长期以来重数量、轻质量的"创新陷阱"是当下极为重要的研究课题。资本市场作为资金的汇聚地,是撬动企业进行研发创新的重要力量,已有大量文献讨论了资本市场发展如何影响企业创新,不同程度地证实了资本市场发展对企业创新的积极意义。本章借助我国资本市场沪深港通这一准自然实验,实证检验了资本市场开放如何影响企业创新,以期从资本市场开放视角破解中国企业"创新陷阱"。

研究发现:资本市场开放不仅显著增加专利总量,而且显著提高创新质量,表现为专利结构逐渐向发明专利偏移以及专利引用率提升,说明资本市场开放的确能够显著突破企业重数量、轻质量的"创新陷阱"。异质性检验发现,资本市场开放对创新的促进作用在竞争性行业、境外机构持股比例较高以及融资约束较大、风险承担水平更低的样本组中更显著。以上研究结果经过系列稳健性测试依然成立。

本章从企业创新视角实证检验了资本市场开放如何影响实体经济,具有重要的理论价值和现实意义。

(1)沪深港通交易制度的实施成效显著,发挥了金融改革创新推动实体经济发展的作用。因此,在对外贸易开放的同时,政府应持续稳定地推进资本市场开放,鼓励金融制度创新,探索金融创新模式,进一步提升资本市场开放水平。

(2)本章研究表明行业竞争性的增强强化了资本市场开放对企业创新的促进作用,因此应进一步放开行业准入,深入推进反垄断政策,实现行业竞争性和资本市场开放对企业研发创新的相互协调作用。

(3)持续引入优秀的境外机构投资者,优化 A 股市场的投资者结构,进一步放宽境外机构投资者的投资范围和持股比例限制,完善相关的监管制度。引导境外机构投资者作为战略投资者,参与公司 IPO 发行时的战略配售、再融资的定增,优化上市公司的公司治理结构,实现上市公司的长远健康发展。

第五章　信贷数量管制、利率市场化与企业技术创新

作为资本要素价格改革的重要举措，利率市场化不仅是发挥市场配置信贷资源决定性作用的重要环节，还是提升货币政策调控效果的关键性所在。在我国数量型为主、价格型为辅的货币政策调控模式中，以贷款规模控制为代表的数量型管制仍是商业银行的一个硬约束，这种硬约束会扭曲商业银行的贷款供给行为（于泽等，2017），甚至会影响到利率市场化改革的微观经济效应（纪洋等，2016）。2013 年 7 月，中央银行放开贷款利率下限，作为贷款利率改革进程中的关键一步，本意是为了提高银行等金融机构的自主定价权，实现信贷资源的优化配置；但这一举措也将加剧银行间的竞争（陈胜蓝和马慧，2018），导致本就存在预算软约束的国有企业和地方政府融资平台的融资优势进一步放大，在贷款规模控制下，为保证利润水平，银行将提高对其他客户的放贷利率，从而形成对利率敏感但效率较高的私有部门融资机会的挤压，加剧资金分配的无效率（纪洋等，2016）。这与利率市场化改革的初衷可能有悖。

根据“金融抑制”和“金融深化”理论，信贷市场同时存在的价格和数量管制的双重扭曲不仅会导致实际利率偏离市场均衡利率水平，银行等金融机构无法根据市场资金供求关系自主决定存贷款利率水平，而且会导致信贷配给，扭曲信贷资金流向。长期以来，我国经济在信贷限额、利率管制等多个方面存在金融抑制，致使金融资源配置效率低下（纪洋等，2016）。为有效发挥市场在资源配置中的决定性作用，我国政府一直着力于推进金融体制改革特别是利率市场化改革。为控制金融风险，我国利率市场化一直采取渐进式改革，存贷款利率控制逐步放松、稳步推进。然而，贷款规模控制虽曾在 1998 年取消，却经常复出。根据我们对 2001—2018 年各季度货币政策执行报告的研究发现，虽然中央银行一直强调深化并贯彻落实利率市场化改革，但同时继续加强对商业银行的“窗口指导”，实现对贷款总量和增速的控制。因此，探究贷款利率管制放开的微观经济效应必须考虑我国信贷数量仍存在着管制这样一个重要的制度背景。

根据次优定理（Theory of Second Best），在双重扭曲下，仅减轻一个扭曲可能导致经济结果进一步偏离帕累托最优，经济效率与社会福利不升反降。因此在价格（借贷利率）和数量（信贷规模）的双重管制分析框架下，基于以贷款规模控制为代表的数量型管制背景，探讨贷款利率放开（仅考虑价格而忽视数量的金融改革）如何影响企业投融资行为，这将有助于科学评估我国贷款利率下限放开的微观经济效应。该问题在理论上的诠释不仅有助于揭示利率市场化与贷款规模限额控制在我国金融资源配置中的相互作用关系，而且还有助于科学评估存在信贷配给和政府隐性担保条件下，放开贷款利率管制可能产生的不利后果。

第一节 制度背景、理论分析与研究假设

一、制度背景

推进利率市场化改革，是中国金融改革发展的核心内容。理论上，推进利率特别是贷款利率下限放开改革，金融机构与客户议价空间将进一步扩大，可促进金融机构采取差异化的定价策略，降低企业融资成本。但是，在现实中，推进贷款利率下限放开的进程中，我国货币政策还存在一个重要的管制举措——直接对贷款进行规模管制。在这种管制政策下，银行等金融机构受制于信贷额度限制，自主决定信贷水平难以实现，贷款供给行为受到严重扭曲，这就使得推进利率特别是贷款利率下限放开改革的微观经济效应可能与政策初衷不完全一致。在我国贷款利率下限放开的进程中，信贷规模管制大致可分为以下三个阶段。

第一阶段，1998 年以前。央行编制的综合信贷计划被列入国民经济计划体系，根据国民经济的规划，确定银行贷款的数量。货币信贷管理体制以高度集中的“统存统贷”为基本特征。

第二阶段，1998 年至 2007 年。央行对商业银行实行“计划指导、自求平衡、比例管理、间接调控”的信贷资金管理体制。虽然央行每年仅对商业银行的新增贷款提出一个指导性的参考目标，商业银行在遵守资产负债比例管理九大指标规则的前提下贷款完全自主，但时不时出现央行对大型商业银行进行“道义劝告”约束放款等形式的“窗口指导”。

第三阶段，2008 年至今。2008 年初央行公开恢复信贷额度限制，虽然迫于全球金融危机的剧烈影响，于年末取消贷款限额控制，但仅维持了 8 个月，2009 年 7 月，贷款限额控制事实上已经恢复，即在窗口指导下央行对商业银行的合意信贷规模管制再次恢复。

二、理论分析与研究假设

1. 贷款利率下限放开、数量管制与信贷挤出效应

利率作为信贷资本的价格，在完全市场条件下以贷款利率下限放开为核心的利率市场化有助于完善信贷资本的市场定价机制，其一方面通过调节信贷市场供求关系引导资金配置到最有效率的领域(王红建等，2020；沈勇涛等，2021)，另一方面通过扩大企业对金融机构的选择范围加剧银行间的竞争(He and

Wang, 2012;张宗益等,2012;刘莉亚等,2017;刘莉亚和余晶晶,2018)。因此,"优质客户"议价能力将在"贷款利率下限"放开后更加凸显,表现为以更低成本获得更多银行信贷,即更多低利率的贷款资源向"优质客户"集中,实现信贷资源的优化配置。

然而,我国信贷市场的资源配置具有明显的非市场化特征,主要体现为以下两个方面。第一,在企业层面:相对于民营企业,以政府作为实际控制人的国有企业具有天然的政治联系,其在信贷市场具有明显的优势(王彦超,2014;苟琴等,2014),如纪洋等(2018)研究认为,正是由于政府隐性担保机制,在经济政策不确定性更高时国有企业更容易获得贷款。第二,在银行层面:由于存在较为严重的金融抑制,银行准入和竞争受到限制,国有银行在银行业中一直占据垄断地位,政府对银行的行政干预与隐性担保进一步放大了国有企业融资优势(王彦超,2014;Song et al., 2011;Chang et al., 2019)。因此,基于政治和风险的考虑,银行等金融机构重点争夺的"优质客户"并不必然是具有更优的利润率与生产效率的民营企业,而更多可能是享有政府隐性担保的国有企业。

国有企业在信贷市场的这种不可替代性优势,致使贷款利率市场化改革特别是贷款利率下限单方面的放开可能难以形成预期的积极效应,纪洋等(2016)研究认为在信贷数量存在管制条件下,单方面价格改革反而造成更大的扭曲。一直以来,我国信贷市场同时存在价格和数量双重管制,随着利率市场化的推进,当贷款利率下限放开以后,在政府隐性担保和政府干预下,国有企业可以以更低贷款成本获得更多银行贷款,在银行信贷总量管制条件下,国有企业贷款规模的增加必然会对民营企业形成挤出效应,表现为民营企业获得更少的银行贷款。据此我们提出如下研究假设:

研究假设 5-1:信贷数量管制条件下的贷款利率下限放开后,流入民营企业的信贷资源将相对减少。

2. 市场化进程和贷款利率下限放开的挤出效应

一般而言,市场化程度越高的地区,市场发育越成熟,政企分离程度相对较高,政府对银行和企业的干预行为就越少,市场秩序也就越规范,企业更可能按照市场规律来办事,同时法律环境也就越完善(王小鲁等,2019)。在我国由传统计划经济向社会主义市场经济的转轨进程中,地区间发展并不同步,不同的地区在市场化程度方面差距很大(樊纲等,2011)。在市场化程度不高的地区,各项监督制约机制不完善,对政府部门的约束作用较为有限,政府对银行信贷资源配置干预相对便利;而在市场化程度较高的地区,各项市场机制相对完善,市场机制在资源配置中的作用较强,政府对银行信贷资源配置干预成本相对较高(方军雄，2007；孙亮和柳建华，2011）。换言之，随着市场化程度的逐步提高，银企关系趋于市场化，信贷资金更可能追逐经营机制更加灵活、经营绩效更加优良的民营企业（姚洋和章奇，2001；Brandt and Li，2003；张军和金煜，2005；方军雄，2007；Liu et al.，2021）。

由于政府在资源配置中扮演的角色存在差异，因而位于不同市场化进程的地区，存在信贷数量控制的前提下贷款利率下限放开对该地区民营企业的信贷挤出效应的大小可能存在不同。具体来说，在市场化水平较低的地区，由于政府在信贷资源配置中具有更加重要的作用，政府更倾向于将信贷资金配置给国有企业，因而以政府隐性担保的国有企业融资便利更强，贷款利率下限放开后这种隐性担保机制的融资优势将更加增强，从而对民营企业信贷融资挤出效应更大。基于此，本章提出研究假设 5-2：

研究假设 5-2：在市场化程度较低的地区，信贷数量管制条件下的贷款利率下限放开后，流入民营企业的信贷资源相对减少得更显著。

3. 政府融资与贷款利率下限放开的挤出效应

地方投融资平台凭借政府担保获得了大量低息贷款，根据中国银保监会统计，截至 2018 年底，银行面向地方投融资平台的贷款余额高达 18.39 万亿元。由于政府担保机制形成的软约束，地方投融资平台更容易获得信贷资金，而企业获得资金的难度相对更大，尽管 2014 年新《预算法》的实施对地方政府融资产生了一定的约束，但是政府融资的容易程度仍然远远高于企业。已有研究表明，近年来不断增长的地方政府债务融资造成了地方信贷市场的不平衡，为了承销地方政府发行的债务，银行削减了对地方企业的信贷额度，即地方政府债务融资加剧了金融系统和企业的融资困境（田国强和赵旭霞，2019）。

因而存在信贷数量控制的前提下，由于地区政府债务的发行量不同，贷款利率下限的放开对该地区或行业民营企业的信贷挤出效应的大小可能存在差异。具体来说，相对于政府发债较少的地区，在政府发债较多的地区，在信贷总量控制下企业获得信贷融资的机会越少，当贷款利率下限放开后，政府融资和国有企业融资优势将进一步放大，导致流入民营企业的信贷资源相对更少，最终表现为对民营企业信贷融资行为的挤出效应越大。基于此，本章提出研究假设 5-3：

研究假设 5-3：在政府发债较多的地区，信贷数量管制条件下的贷款利率下限放开后，流入民营企业的信贷资源相对减少得更显著。

第二节　样本选择与研究设计

一、样本选择

由于我国中央银行于2013年7月20日决定放开贷款利率下限，如果将2013年界定为事件发生年份，为保持样本的对称性，本章选择2007—2018年作为研究样本（事件发生时间的前后6年）。样本中使用的公司财务数据及公司治理数据均来自CSMAR数据库和Wind数据库，在样本筛选过程中，分别剔除了ST上市公司、财务数据或公司治理数据不完整以及产权性质不明确的上市公司，最终获得了24364个样本。此外，为了消除异常值的影响，在回归前对所有连续变量进行了上下1%的Winsorize处理。

二、研究设计

为了研究存在信贷数量控制的前提下，贷款利率下限放开对微观企业信贷融资的影响，根据前文理论分析，建立如下实证模型：

$$\text{Loan}_{it}/\text{Lev}_{it}=\alpha_0+\alpha_1\times\text{Lib}_t+\alpha_2\times\text{Private}_i+\alpha_3\times\text{Lib}_t\times\text{Private}_i+\sum_{j=1}^{n}\alpha_{3+j}\boldsymbol{X}_{it}+\varepsilon_{it}$$

上述模型中：Loan表示企业当年获得银行借款额度，等于短期借款和长期借款之和除以期末总资产；Lev表示企业资本结构，等于总负债除以总资产；Private表示企业产权性质，按照实际控制人性质，若为民营企业，取值为1，否则为0；Lib表示贷款利率下限放开，按照贷款利率下限放开的时间2013年为界，2013年及之后取值为1，否则为0；$\boldsymbol{X}_{it}$表示系列可能影响企业银行信贷或资产负债率的控制变量，主要包括企业规模（LnSize）、现金净流量（CFO）、企业成长性（Growth）、资产回报率（Roa）、现金持有量（Cashholding）、固定资产比率（Fixed）、股票回报率（Ret）、存续年限（LnAge）、独立董事占比（InDep）、管理层持股比例（Mshare）、管理费用率（Adm）、董事会规模（LnBoard）等。具体变量定义见表5-1。

表 5-1　变量定义

变量名称	变量定义
企业所获信贷量(Loan)	(期末短期借款＋期末长期借款)/期末总资产
企业杠杆率(Lev)	期末总负债/期末总资产
贷款利率下限放开(Lib)	以贷款利率下限放开的时间 2013 年为界,2013 年及之后取值为 1,否则为 0
企业产权性质(Private)	虚拟变量,企业实际控制人为民营性质取 1,否则取 0
企业规模(LnSize)	期末总资产取自然对数
现金净流量(CFO)	当期经营性现金流/期末总资产
资产回报率(Roa)	税后净利润/期末总资产
固定资产比率(Fixed)	期末固定资产/期末总资产
企业成长性(Growth)	(当期营业收入－上一期营业收入)/上一期营业收入
现金持有量(Cashholding)	(货币资金＋短期投资)/期末总资产
股票回报率(Ret)	上市公司以现金形式派发的股息或红利/股票市场价格
存续年限(LnAge)	存续年限取自然对数
董事会规模(LnBoard)	董事会成员人数取自然对数
独董比例(InDep)	独立董事人数/董事会总人数
管理层持股比例(Mshare)	管理层持股数/总股数
管理费用率(Adm)	管理费用/总资产

第三节　实证过程与结果分析

一、描述性统计

表 5-2 所示为本章主要变量的描述性统计。从变量分布特征我们可以看出,Loan 均值为 0.1478,表明平均而言上市公司长期借款和短期借款之和占据总资产的比重为 14.78%,在四分之一分位上为 0.0236,四分之三分位上为 0.2522,是四分之一分位的 10 倍多,表明我国上市公司信贷融资分布差异较大。

Lev 均值为 0.4529，表明我国上市公司平均负债率为 45.29%。Lib 均值为 0.6194，表明 61.94%的样本位于贷款利率下限放开区间内。Private 均值为 0.5073，表明约有 50.73%的样本属于民营企业，这与之前文献统计分布基本一致。其他控制变量基本呈现正态分布特征。

表 5-2 主要变量的描述性统计

变量	样本量	均值	标准差	最小值	Q_1	中位数	Q_3	最大值
Loan	24364	0.1478	0.1471	0.0000	0.0236	0.1182	0.2522	0.6162
Lev	24364	0.4529	0.2216	0.0519	0.2824	0.4467	0.6107	1.3374
Private	24364	0.5073	0.5000	0.0000	0.0000	1.0000	1.0000	1.0000
Lib	24364	0.6194	0.4855	0.0000	0.0000	1.0000	1.0000	1.0000
Lib×Private	24364	0.3545	0.4784	0.0000	0.0000	0.0000	1.0000	1.0000
LnSize	24364	22.0106	1.2820	18.9780	21.1041	21.8598	22.7560	25.7137
CFO	24364	0.0420	0.0755	−0.2078	0.0022	0.0415	0.0850	0.2595
Roa	24364	0.0342	0.0669	−0.3588	0.0127	0.0345	0.0636	0.2041
Fixed	24364	0.2299	0.1731	0.0000	0.0954	0.1946	0.3286	0.9711
Growth	24364	0.2147	0.5651	−0.7031	−0.0196	0.1193	0.2931	4.0896
Cashholding	24364	0.1779	0.1303	0.0056	0.0874	0.1422	0.2308	0.6884
Ret	24364	0.1977	0.7575	−0.7267	−0.2998	−0.0367	0.4447	3.3313
LnAge	24364	2.8275	0.3183	1.0986	2.6391	2.8332	3.0445	3.4965
LnBoard	24364	2.1491	0.2008	1.6094	2.0794	2.1972	2.1972	2.7081
InDep	24364	0.3717	0.0536	0.0000	0.3333	0.3333	0.4167	0.5714
Mshare	24364	0.1086	0.1866	0.0000	0.0000	0.0004	0.1476	0.6882
Adm	24364	0.1096	0.1226	0.0091	0.0489	0.0824	0.1268	1.1813

二、假设检验结果

表 5-3 报告了研究假设 5-1 的回归结果。从中我们可以发现：在第(1)列和第(2)列，交乘项(Lib×Private)系数分别为−0.0081 和−0.0168，且都在 1%的统计水平上显著。这表明相对于国有企业，贷款利率下限放开后民营企业银行

信贷显著减少，财务杠杆率下降1.68%。因此，当存在信贷数量控制时，贷款利率下限放开降低了民营企业获得银行信贷融资的机会，从而形成了显著的挤出效应，致使国有企业与民营企业杠杆率呈现分化趋势，验证了研究假设5-1的推断。

表5-3 贷款利率下限放开与民营企业融资行为

变量	(1)	(2)
	Loan	Lev
Private	−0.0050	0.0110
	(0.0079)	(0.0109)
Lib	−0.1603***	−0.1062***
	(0.0145)	(0.0207)
Lib×Private	**−0.0081*****	**−0.0168*****
	(0.0025)	**(0.0063)**
LnSize	0.0501***	0.0586***
	(0.0030)	(0.0053)
CFO	−0.1591***	0.0537***
	(0.0126)	(0.0173)
Roa	−0.2992***	−0.7327***
	(0.0195)	(0.0329)
Fixed	0.1104***	0.0261
	(0.0164)	(0.0234)
Growth	0.0011	0.0157***
	(0.0015)	(0.0021)
Cashholding	−0.1132***	−0.2629***
	(0.0115)	(0.0177)
Ret	0.0082***	0.0159***
	(0.0013)	(0.0017)

续表

变量	(1)	(2)
	Loan	Lev
LnAge	0.0560***	0.0902***
	(0.0189)	(0.0277)
LnBoard	−0.0161*	−0.0254**
	(0.0094)	(0.0129)
InDep	−0.0315	−0.0567
	(0.0249)	(0.0345)
Mshare	0.0171	−0.0753***
	(0.0147)	(0.0226)
Adm	−0.0029	0.0984***
	(0.0172)	(0.0330)
_cons	−0.9419***	−0.8797***
	(0.0890)	(0.1353)
个体效应	YES	YES
行业效应	YES	YES
年度效应	YES	YES
Adj. R^2	0.217	0.247
F Value	41.5746	40.6235
N	24364	24364

注:括号内为使用异方差调整和公司聚类调整得到的稳健性标准误;*、**、***分别表示10%、5%、1%水平上显著。

表5-4报告了研究假设5-2的回归结果。从中可以发现:在第(1)列和第(2)列,交乘项(Lib×Private)系数分别为−0.0072和−0.0049,系数大小在统计上不存在显著差异;但在第(3)列和第(4)列,交乘项(Lib×Private)系数分别为−0.0271和−0.0088,且系数大小存在显著差异。该结果表明在市场化进程较低的地区,由于政府在资源配置中具有更大作用,信贷规模管制导致利率市场

化对民营企业信贷融资的挤出效应更加显著，从而验证了研究假设 5-2 的推断。

表 5-4　市场化进程、贷款利率下限放开与民营企业融资行为

变量	(1)	(2)	(3)	(4)
	Loan		Lev	
	市场化进程低	市场化进程高	市场化进程低	市场化进程高
Private	−0.0096	0.0011	0.0161	−0.0055
	(0.0118)	(0.0092)	(0.0153)	(0.0148)
Lib	−0.1728***	−0.0927***	−0.1116***	−0.0879***
	(0.0223)	(0.0152)	(0.0328)	(0.0195)
Lib×Private	**−0.0072**	**−0.0049**	**−0.0271*****	**0.0088**
	(0.0066)	**(0.0053)**	**(0.0094)**	**(0.0076)**
Difference Test	**−0.0023**		**−0.0183*****	
(*P*-Value)	**(0.310)**		**(0.000)**	
LnSize	0.0475***	0.0493***	0.0501***	0.0694***
	(0.0043)	(0.0043)	(0.0073)	(0.0075)
CFO	−0.1646***	−0.1440***	0.0238	0.0739***
	(0.0177)	(0.0156)	(0.0246)	(0.0220)
Roa	−0.3147***	−0.2386***	−0.7364***	−0.6783***
	(0.0278)	(0.0233)	(0.0467)	(0.0426)
Fixed	0.0984***	0.0960***	0.0092	0.0352
	(0.0218)	(0.0211)	(0.0317)	(0.0298)
Growth	0.0009	0.0018	0.0138***	0.0174***
	(0.0021)	(0.0021)	(0.0028)	(0.0030)
Cashholding	−0.0884***	−0.1163***	−0.2697***	−0.2351***
	(0.0173)	(0.0141)	(0.0273)	(0.0235)
Ret	0.0067***	0.0054***	0.0159***	0.0116***
	(0.0018)	(0.0017)	(0.0023)	(0.0023)

续表

变量	(1)	(2)	(3)	(4)
	Loan		Lev	
	市场化进程低	市场化进程高	市场化进程低	市场化进程高
LnAge	0.0850***	0.0882***	0.1175**	0.1444***
	(0.0317)	(0.0252)	(0.0487)	(0.0328)
LnBoard	−0.0191	−0.0153	−0.0489***	0.0046
	(0.0132)	(0.0136)	(0.0181)	(0.0170)
InDep	−0.0456	−0.0191	−0.1163**	0.0443
	(0.0362)	(0.0333)	(0.0495)	(0.0438)
Mshare	−0.0178	0.0329*	−0.1584***	−0.0340
	(0.0267)	(0.0178)	(0.0417)	(0.0267)
Adm	−0.0069	0.0152	0.1324***	0.0341
	(0.0219)	(0.0297)	(0.0456)	(0.0429)
_cons	−0.9512***	−0.9697***	−0.6499***	−1.3703***
	(0.1251)	(0.1189)	(0.1852)	(0.1821)
个体效应	YES	YES	YES	YES
行业效应	YES	YES	YES	YES
年度效应	YES	YES	YES	YES
Adj.R^2	0.216	0.191	0.251	0.273
F Value	21.7828	30.9343	23.1166	25.2330
N	11940	12424	11940	12424

注：括号内为使用异方差调整和公司聚类调整得到的稳健性标准误；*、**、*** 分别表示 10%、5%、1%水平上显著。

表 5-5 报告了假设 5-3 的回归结果。从中可以发现：在第(1)列和第(2)列，交乘项(Lib×Private)系数分别为 0.0008 和−0.0116，后者在 5%的统计水平上显著，且系数大小存在显著差异；在第(3)列和第(4)列，交乘项(Lib×Private)系数分别为−0.0076 和−0.0139，后者在 5%的统计水平上显著。这表明存在信

贷数量控制的前提下，在地方政府发债较多的地区，贷款利率下限放开进一步强化了政府隐性担保机制的融资优势，致使对民营企业信贷融资行为的挤出效应更显著，验证了研究假设 5-3 的推断。

表 5-5　地方政府发债、贷款利率下限放开与民营企业融资行为

变量	(1)	(2)	(3)	(4)
	Loan		Lev	
	发债少	发债多	发债少	发债多
Private	−0.0083	0.0104	0.0145	−0.0021
	(0.0119)	(0.0114)	(0.0177)	(0.0163)
Lib	−0.1470***	−0.1480***	−0.1292***	−0.1190***
	(0.0202)	(0.0250)	(0.0276)	(0.0322)
Lib×Private	**0.0008**	**−0.0116****	**−0.0076**	**−0.0139****
	(0.0058)	**(0.0054)**	**(0.0086)**	**(0.0064)**
Difference Test	**−0.0108****		**−0.0063**	
(*P*-Value)	**(0.035)**		**(0.270)**	
LnSize	0.0461***	0.0505***	0.0544***	0.0685***
	(0.0042)	(0.0053)	(0.0085)	(0.0079)
CFO	−0.1666***	−0.1446***	0.0072	0.0825***
	(0.0203)	(0.0205)	(0.0284)	(0.0280)
Roa	−0.2445***	−0.2439***	−0.6769***	−0.6837***
	(0.0264)	(0.0272)	(0.0491)	(0.0480)
Fixed	0.1185***	0.0794***	0.0472	0.0203
	(0.0222)	(0.0236)	(0.0310)	(0.0326)
Growth	−0.0006	−0.0003	0.0116***	0.0124***
	(0.0021)	(0.0026)	(0.0032)	(0.0030)
Cashholding	−0.1205***	−0.0893***	−0.2308***	−0.2457***
	(0.0142)	(0.0199)	(0.0282)	(0.0249)

续表

变量	(1)	(2)	(3)	(4)
	Loan		Lev	
	发债少	发债多	发债少	发债多
Ret	0.0073***	0.0057**	0.0149***	0.0112***
	(0.0019)	(0.0023)	(0.0026)	(0.0028)
LnAge	0.1084***	0.0386	0.1695***	0.0958*
	(0.0306)	(0.0388)	(0.0401)	(0.0502)
LnBoard	−0.0135	0.0015	−0.0070	−0.0218
	(0.0138)	(0.0142)	(0.0182)	(0.0169)
InDep	−0.0512	−0.0314	−0.0265	−0.0319
	(0.0392)	(0.0371)	(0.0498)	(0.0438)
Mshare	0.0082	0.0341*	−0.0978***	−0.0317
	(0.0230)	(0.0203)	(0.0340)	(0.0312)
Adm	−0.0081	−0.0398*	0.0055	0.0704**
	(0.0254)	(0.0231)	(0.0449)	(0.0350)
_cons	−1.0251***	−0.9162***	−0.9720***	−1.0829***
	(0.1268)	(0.1740)	(0.2067)	(0.2312)
个体效应	YES	YES	YES	YES
行业效应	YES	YES	YES	YES
年度效应	YES	YES	YES	YES
Adj. R^2	0.191	0.175	0.241	0.268
F Value	41.5636	35.0641	55.6305	59.9004
N	10081	9597	10081	9597

注:括号内为使用异方差调整和公司聚类调整得到的稳健性标准误;*、**、***分别表示10%、5%、1%水平上显著。

三、稳健性检验

为了使本章的研究结论更加可靠，本章分别进行了增加控制变量检验、安慰剂检验、平衡趋势检验等一系列稳健性检验，具体如下。

第一，增加控制变量检验。为了控制以往业绩以及未来盈利趋势对企业负债的影响，本章还控制了上一期公司规模（$LnSize_{t-1}$）、上一期经营净现金流（CFO_{t-1}）以及上一期盈利能力（Roa_{t-1}）等变量进行稳健性测试，表 5-6 报告了上述检验结果。检验发现，虽然（Lib×Private）系数变小了，但是仍然分别在 5%和 1%的统计水平上显著为负，这与主检验结果是一致的，表明控制上一期年度变量时，本章研究结论仍然是稳健的。

表 5-6 信贷数量管制与利率市场化的挤出效应

变量	(1)	(2)
	Loan	Lev
Private	−0.0143	−0.0102
	(0.0088)	(0.0121)
Lib	−0.0544***	−0.0466***
	(0.0071)	(0.0094)
Lib×Private	**−0.0040****	**−0.0105*****
	(0.0018)	**(0.0037)**
$LnSize_{t-1}$	0.0433***	0.0571***
	(0.0029)	(0.0046)
CFO_{t-1}	−0.1396***	−0.0552**
	(0.0141)	(0.0218)
Roa_{t-1}	−0.2264***	−0.5410***
	(0.0253)	(0.0399)
$Fixed_{t-1}$	0.0432***	−0.0084
	(0.0156)	(0.0221)
$Growth_{t-1}$	0.0001	0.0097***
	(0.0016)	(0.0024)

续表

变量	(1)	(2)
	Loan	Lev
$Cashholding_{t-1}$	−0.1125***	−0.2306***
	(0.0104)	(0.0155)
Ret_{t-1}	0.0054***	0.0062***
	(0.0013)	(0.0019)
$LnAge_{t-1}$	0.0232	0.0397
	(0.0210)	(0.0287)
$LnBoard_{t-1}$	−0.0167*	−0.0175
	(0.0098)	(0.0127)
$InDep_{t-1}$	−0.0529**	−0.0357
	(0.0263)	(0.0356)
$Mshare_{t-1}$	0.0071	−0.0812***
	(0.0161)	(0.0239)
Adm_{t-1}	−0.0293*	0.0520*
	(0.0154)	(0.0294)
_cons	−0.6891***	−0.7179***
	(0.0926)	(0.1300)
个体效应	YES	YES
行业效应	YES	YES
年度效应	YES	YES
Adj. R^2	0.174	0.167
F Value	27.9744	25.0617
N	20076	20076

注：括号内为使用异方差调整和公司聚类调整得到的稳健性标准误；*、**、*** 分别表示 10%、5%、1%水平上显著。

第二，安慰剂检验。我们将 2013 年贷款利率下限放开的实际发生时间向前调整 3 年（即 2010 年）来检验这一虚拟时间如何影响民营企业和国有企业的信贷行为,若不显著则表示安慰剂检验通过,间接证实了本章研究结论的可靠性,表5-7报告了上述检验结果。从中我们可以发现,虚拟时间变量(Post2010)和企业性质变量(Private)的交互项(Post2010×Private)均不显著,安慰剂检验通过,即在信贷数量管制条件下贷款利率市场化对民营企业信贷融资行为产生挤出效应,的确是2013年贷款利率下限放开导致的。

表5-7 安慰剂检验

变量	(1)	(2)
	Loan	Lev
Private	0.0052	0.0377***
	(0.0089)	(0.0118)
Post2010	−0.0199***	0.0209**
	(0.0060)	(0.0085)
Post2010×Private	**−0.0191**	**−0.0467**
	(0.0158)	**(0.0299)**
LnSize	0.0501***	0.0587***
	(0.0030)	(0.0052)
CFO	−0.1597***	0.0528***
	(0.0126)	(0.0172)
Roa	−0.2997***	−0.7341***
	(0.0195)	(0.0330)
Fixed	0.1102***	0.0253
	(0.0164)	(0.0234)
Growth	0.0012	0.0158***
	(0.0015)	(0.0021)
Cashholding	−0.1108***	−0.2578***
	(0.0114)	(0.0176)

续表

变量	(1)	(2)
	Loan	Lev
Ret	0.0080***	0.0155***
	(0.0013)	(0.0017)
LnAge	0.0540***	0.0858***
	(0.0188)	(0.0275)
LnBoard	−0.0160*	−0.0252*
	(0.0094)	(0.0129)
InDep	−0.0323	−0.0589*
	(0.0249)	(0.0344)
Mshare	0.0189	−0.0723***
	(0.0146)	(0.0223)
Adm	−0.0025	0.0997***
	(0.0172)	(0.0330)
_cons	−0.9390***	−0.8766***
	(0.0884)	(0.1337)
个体效应	YES	YES
行业效应	YES	YES
年度效应	YES	YES
Adj. R^2	0.217	0.250
F Value	41.5337	41.2905
N	24364	24364

注:括号内为使用异方差调整和公司聚类调整得到的稳健性标准误;*、**、*** 分别表示 10%、5%、1%水平上显著。

第三,平衡趋势检验。平衡趋势检验是双重差分模型成立的前提,即在事件之前(利率市场化改革),民营企业与国有企业的信贷融资行为应保持相同变化趋势。为此,我们以样本起始年份(2007 年)为基准,设置年度虚拟变量与企业性质变量进行交乘，然后进行平衡趋势检验，表 5-8 报告了上述检验的回归结果。从中我们可以发现，在贷款利率下限放开之前（2013 年前），年度虚拟变量与企业产权性质交互项不显著，而在贷款利率下限放开之后（2013 年后），年度虚拟变量与企业产权性质交互项均显著为负，该结果满足平衡趋势检验，即在贷款利率下限放开之前，民营企业与国有企业信贷融资行为满足一致性变化趋势。

表 5-8　平衡趋势检验

变量	(1)	(2)
	Loan	Lev
Private	0.0203**	0.0552***
	(0.0103)	(0.0136)
Lib(−5)	0.0185***	0.0304***
	(0.0045)	(0.0059)
Lib(−5)×Private	**−0.0031**	**−0.0035**
	(0.0064)	**(0.0080)**
Lib(−4)	−0.0114**	0.0025
	(0.0048)	(0.0063)
Lib(−4)×Private	**−0.0078**	**−0.0055**
	(0.0070)	**(0.0098)**
Lib(−3)	−0.0187***	0.0197**
	(0.0063)	(0.0088)
Lib(−3)×Private	**−0.0102**	**−0.0144**
	(0.0078)	**(0.0107)**
Lib(−2)	−0.0335***	0.0144
	(0.0076)	(0.0106)
Lib(−2)×Private	**−0.0143**	**−0.0114**
	(0.0081)	**(0.0109)**

续表

变量	(1)	(2)
	Loan	Lev
Lib(−1)	−0.0500***	−0.0097
	(0.0085)	(0.0122)
Lib(−1)×Private	**−0.0346**	**−0.0713**
	(0.0184)	**(0.0512)**
Lib(0)	−0.0665***	−0.0308**
	(0.0095)	(0.0137)
Lib(0)×Private	**−0.0342*** **	**−0.0692*** **
	(0.0087)	**(0.0115)**
Lib(1)	−0.0909***	−0.0540***
	(0.0106)	(0.0151)
Lib(1)×Private	**−0.0284*** **	**−0.0588*** **
	(0.0088)	**(0.0118)**
Lib(2)	−0.1021***	−0.0747***
	(0.0117)	(0.0167)
Lib(2)× Private	**−0.0335*** **	**−0.0719*** **
	(0.0090)	**(0.0123)**
Lib(3)	−0.1341***	−0.0798***
	(0.0128)	(0.0182)
Lib(3)×Private	**−0.0403*** **	**−0.0717*** **
	(0.0091)	**(0.0122)**
Lib(4)	−0.1445***	−0.0879***
	(0.0137)	(0.0195)
Lib(4)×Private	**−0.0364*** **	**−0.0608*** **
	(0.0093)	**(0.0124)**

续表

变量	(1)	(2)
	Loan	Lev
Lib(5)×Private	**−0.0366***** **(0.0093)**	**−0.0602***** **(0.0127)**
LnSize	0.0503*** (0.0030)	0.0587*** (0.0053)
CFO	−0.1591*** (0.0127)	0.0527*** (0.0173)
Roa	−0.3001*** (0.0196)	−0.7322*** (0.0328)
Fixed	0.1100*** (0.0164)	0.0256 (0.0233)
Growth	0.0012 (0.0015)	0.0158*** (0.0021)
Cashholding	−0.1117*** (0.0115)	−0.2571*** (0.0178)
Ret	0.0080*** (0.0013)	0.0159*** (0.0018)
LnAge	0.0540*** (0.0188)	0.0833*** (0.0277)
LnBoard	−0.0164* (0.0095)	−0.0253** (0.0129)
InDep	−0.0341 (0.0249)	−0.0596* (0.0345)
Mshare	0.0170 (0.0147)	−0.0699*** (0.0228)

续表

变量	(1)	(2)
	Loan	Lev
Adm	−0.0018	0.1006***
	(0.0172)	(0.0330)
_cons	−0.9470***	−0.8763***
	(0.0891)	(0.1355)
Adj. R^2	0.218	0.251
F Value	35.1147	34.8028
N	24364	24364

注:括号内为使用异方差调整和公司聚类调整得到的稳健性标准误;*、**、*** 分别表示 10%、5%、1%水平上显著。

四、拓展性分析

为了进一步考察贷款利率下限放开挤出效应的形成机制以及经济后果,我们还分别进行了如下拓展性测试。

第一,已有文献发现,在我国正式金融制度发展不完善的情况下,当正式融资渠道受限时企业会选择商业信用等非正式融资方式以缓解其面临的外部融资约束(王彦超,2014;陈胜蓝和马慧,2018)。前文发现存在信贷数量控制的前提下,贷款利率下限放开后,流入民营企业资金会相对减少,此时面临外部约束的民营企业有可能寻求非正式融资方式来缓解融资约束。其中商业信用是企业非正式融资的重要方式之一,因此我们使用商业信用对此进行检验,表 5-9 报告了上述检验结果。

从中我们可以发现,当因变量为应付账款时,(Lib×Private)系数为−0.0059,且在 5%统计水平上显著;当因变量为应收账款时,(Lib × Private)系数为−0.0044,且在 1%统计水平上显著;当因变量为净应付账款(应付账款减去应收账款)时,(Lib×Private)系数为 0.0051,且在 1%统计水平上显著。这表明存在信贷数量控制的前提下,贷款利率下限放开对民营企业融资行为产生的挤出效应会迫使民营企业通过压缩应收账款方式来调整商业信用结构,最终实现净应付账款增加以缓解短期外部融资约束冲击。

表 5-9 贷款利率下限放开与民营企业非正式融资行为

变量	(1)	(2)	(3)
	应付账款	应收账款	净应付账款
Private	0.0065	−0.0032	0.0069
	(0.0048)	(0.0046)	(0.0068)
Lib	−0.0366***	0.0293***	−0.0488***
	(0.0091)	(0.0083)	(0.0118)
Lib×Private	**−0.0059****	**−0.0044*****	**0.0051*****
	(0.0026)	**(0.0013)**	**(0.0020)**
LnSize	−0.0054***	−0.0090***	0.0032
	(0.0021)	(0.0021)	(0.0026)
Lev	0.1571***	0.0238***	0.1298***
	(0.0080)	(0.0074)	(0.0100)
CFO	0.1391***	−0.0465***	0.2209***
	(0.0088)	(0.0070)	(0.0110)
Roa	0.0009	0.0188*	−0.0267*
	(0.0119)	(0.0113)	(0.0159)
Fixed	−0.0503***	−0.0724***	0.0667***
	(0.0090)	(0.0084)	(0.0109)
Growth	0.0042***	0.0007	0.0019
	(0.0010)	(0.0010)	(0.0013)
Cashholding	−0.0488***	−0.0999***	0.0829***
	(0.0070)	(0.0065)	(0.0099)
Ret	0.0011	0.0005	−0.0001
	(0.0008)	(0.0007)	(0.0010)
LnAge	−0.0284**	−0.0078	−0.0100
	(0.0121)	(0.0117)	(0.0159)

续表

变量	(1)	(2)	(3)
	应付账款	应收账款	净应付账款
LnBoard	0.0066	0.0033	0.0023
	(0.0058)	(0.0052)	(0.0074)
InDep	0.0013	−0.0021	−0.0163
	(0.0160)	(0.0143)	(0.0210)
Mshare	−0.0109	0.0161	−0.0349***
	(0.0082)	(0.0102)	(0.0130)
Adm	−0.0550***	−0.0911***	0.0524***
	(0.0116)	(0.0081)	(0.0131)
_cons	0.2220***	0.3216***	−0.1694**
	(0.0551)	(0.0534)	(0.0692)
个体效应	YES	YES	YES
行业效应	YES	YES	YES
年度效应	YES	YES	YES
Adj. R^2	0.262	0.113	0.187
F Value	58.1630	15.1378	83.3532
N	24364	24364	24364

注:括号内为使用异方差调整和公司聚类调整得到的稳健性标准误;*、**、*** 分别表示 10%、5%、1%水平上显著。

第二,在以银行占据主导地位的中国金融体系中,在再融资受到严格管制时,银行信贷资金仍然是企业外部资金的主要来源。前文研究发现,贷款利率下限放开对民营企业形成的挤出效应会导致其寻求商业信用等非正式融资方式来缓解外部融资约束,这将如何影响企业投资行为呢?企业投资行为按照见效时间和调整成本的差异通常可以分为资本投资和研发投资,相对于资本投资,企业研发投资通常具备投资期间更长、调整成本更高、流动性更低等特征,在面临外部融资约束冲击时其调整研发投资的动机更弱。因此,本部分我们将分别从公司资本投资和研发投资两个维度对贷款利率下限放开的挤出效应产生的经济后果进行检验。其中,表 5-10 报告了贷款利率下限放开对企业资本投资的影响,而表 5-11 则报告了贷款利率下限放开对企业研发投资行为的影响,同时区分了地区市场化进程的差异。

表 5-10 的检验结果显示:全样本中(Lib×Private)系数在 10%统计水平上显著为负;在地区市场化进程较低组中(Lib×Private)系数在 1%的统计水平上显著为负,而在地区市场化进程较高组中(Lib×Private)系数并不显著,且(Lib×Private)系数在两组中呈现显著差异。以上结果表明,贷款利率下限放开对民营企业融资行为产生的挤出效应会直接导致其削减资本投资,且在市场化进程较低的地区更显著,这与表 5-3 和表 5-4 的结果是一致的。

表 5-10 市场化进程、贷款利率下限放开与企业资本投资

变量	(1)	(2)	(3)
		资本投资	
	全样本	市场化进程低	市场化进程高
Private	**0.0029**	**0.0099*****	**0.0014**
	(0.0028)	**(0.0035)**	**(0.0043)**
Lib	0.0104*	0.0074	0.0195**
	(0.0058)	(0.0059)	(0.0098)
Lib×Private	**−0.0029***	**−0.0079*****	**−0.0006**
	(0.0018)	**(0.0023)**	**(0.0028)**
Difference Test		**−0.0073*****	
(*P*-Value)		**(0.000)**	
LnSize	0.0041***	0.0051***	0.0025
	(0.0011)	(0.0016)	(0.0016)
Lev	−0.0154***	−0.0180***	−0.0119**
	(0.0041)	(0.0064)	(0.0060)
CFO	−0.9839***	−0.9834***	−0.9849***
	(0.0048)	(0.0074)	(0.0063)
Roa	0.0410***	0.0439***	0.0316***
	(0.0066)	(0.0098)	(0.0089)

续表

变量	(1)	(2)	(3)
	全样本	资本投资	
		市场化进程低	市场化进程高
Fixed	−0.0605***	−0.0822***	−0.0397***
	(0.0072)	(0.0097)	(0.0120)
Growth	0.0005	0.0004	0.0004
	(0.0006)	(0.0007)	(0.0009)
Cashholding	−0.0433***	−0.0565***	−0.0355***
	(0.0047)	(0.0076)	(0.0063)
Ret	−0.0015**	−0.0008	−0.0018**
	(0.0006)	(0.0009)	(0.0008)
LnAge	−0.0733***	−0.0992***	−0.0571***
	(0.0081)	(0.0149)	(0.0105)
LnBoard	−0.0010	0.0021	−0.0050
	(0.0037)	(0.0055)	(0.0048)
InDep	−0.0093	−0.0076	−0.0074
	(0.0112)	(0.0157)	(0.0151)
Mshare	0.0459***	0.0666***	0.0243***
	(0.0069)	(0.0133)	(0.0082)
Adm	0.0074	0.0062	0.0122*
	(0.0050)	(0.0067)	(0.0066)
_cons	0.1902***	0.2275***	0.2016***
	(0.0323)	(0.0505)	(0.0497)
个体效应	YES	YES	YES
行业效应	YES	YES	YES
年度效应	YES	YES	YES

续表

变量	(1)	(2)	(3)
	全样本	资本投资	
		市场化进程低	市场化进程高
Adj. R^2	0.742	0.732	0.767
F Value	1203.5029	565.5394	718.6007
N	24348	11930	12418

注:括号内为使用异方差调整和公司聚类调整得到的稳健性标准误; * 、** 、*** 分别表示 10%、5%、1%水平上显著。

表 5-11 的检验结果显示:在全样本组中,(Lib×Private)系数在统计上不显著,当按照地区市场化进程进行分组时,无论是位于低市场化进程组还是位于高市场化进程组,(Lib×Private)系数在统计上均不显著,该结果表明贷款利率下限放开对民营企业融资产生的挤出效应并未导致其削减研发支出。这一方面可能源于近年来市场竞争压力增大,民营企业研发创新意愿不断增强;另一方面也源于研发创新投资的调整成本更高,在受到外部融资约束冲击时其调整研发投资的动机更弱。

表 5-11　市场化进程、贷款利率下限放开与企业研发投资

变量	(1)	(2)	(3)
	全样本	企业研发支出除以总资产	
		市场化进程低	市场化进程高
Private	0.0003	0.0023*	−0.0011
	(0.0011)	(0.0013)	(0.0015)
Lib	0.0114***	0.0100***	0.0249***
	(0.0012)	(0.0012)	(0.0022)
Lib×Private	**0.0003**	**0.0003**	**0.0004**
	(0.0007)	**(0.0011)**	**(0.0010)**
Difference Test		**−0.0001**	
(*P*-Value)		**(0.335)**	
LnSize	−0.0025***	−0.0021***	−0.0032***
	(0.0004)	(0.0006)	(0.0006)

续表

变量	(1)	(2)	(3)
	全样本	企业研发支出除以总资产	
		市场化进程低	市场化进程高
Lev	0.0006	0.0001	0.0012
	(0.0016)	(0.0025)	(0.0020)
CFO	0.0100***	0.0076***	0.0105***
	(0.0017)	(0.0025)	(0.0023)
Roa	0.0055**	0.0071*	0.0032
	(0.0025)	(0.0037)	(0.0030)
Fixed	0.0026	0.0001	0.0034
	(0.0018)	(0.0025)	(0.0025)
Growth	0.0005***	0.0003	0.0008***
	(0.0002)	(0.0002)	(0.0003)
Cashholding	−0.0055***	−0.0033	−0.0066***
	(0.0015)	(0.0024)	(0.0018)
Ret	−0.0003*	−0.0006**	−0.0001
	(0.0002)	(0.0003)	(0.0002)
LnAge	−0.0045	−0.0042	−0.0036
	(0.0032)	(0.0051)	(0.0035)
LnBoard	0.0030**	0.0048**	0.0016
	(0.0014)	(0.0020)	(0.0018)
InDep	0.0039	0.0108*	−0.0038
	(0.0039)	(0.0063)	(0.0047)
Mshare	0.0059***	0.0016	0.0056**
	(0.0021)	(0.0030)	(0.0025)

续表

变量	(1)	(2)	(3)
		企业研发支出除以总资产	
	全样本	市场化进程低	市场化进程高
Adm	0.0156***	0.0127**	0.0191***
	(0.0035)	(0.0055)	(0.0047)
_cons	0.0646***	0.0456**	0.0789***
	(0.0125)	(0.0195)	(0.0165)
个体效应	YES	YES	YES
行业效应	YES	YES	YES
年度效应	YES	YES	YES
Adj. R^2	0.206	0.220	0.185
F Vaule	82.6638	38.0363	41.8494
N	16934	6873	10061

注：括号内为使用异方差调整和公司聚类调整得到的稳健性标准误；*、**、*** 分别表示 10%、5%、1%水平上显著。

第四节 研究结论

作为金融自由化的核心内容，利率市场化是整个金融体系改革的重点。因此，关于利率市场化如何影响资源配置效率的问题一直广受学术界的关注。由于我国金融体制同时存在价格和数量管制的双重扭曲，如果忽视数量的管制，仅从价格视角关注放松信贷管制产生的经济后果，无疑会造成对经济后果认知的偏离。然而已有文献主要从资本价格管制放开这一单一维度对贷款利率市场化展开研究，均忽视了信贷额度管制的存在对利率市场化后资源配置效率的影响。

因此，本章基于信贷额度管制背景，结合产权性质探究了贷款利率下限放开的微观经济效应。本章研究发现：首先，在信贷额度管制背景下，贷款利率下限放开后，存在隐性担保的国有企业、政府投融资平台等的融资优势进一步放大，银行等金融机构对民营企业的信贷投放量显著减少；其次，市场化进程的提高削弱了国有企业、政府投融资平台等的融资优势,降低了其对民营企业的信贷融资挤出效应;最后,由于非正式金融的再配置效应,贷款利率下限放开对民营企业的信贷融资挤出效应仅对资本投资产生了显著的负向影响,并没有明显影响研发投资。

以上研究从信贷资源分配视角深化了信贷数量管制和价格管制的互动关系,揭示了信贷额度管制下,贷款利率管制放松的微观传导机制,因而具有以下启示意义。

第一,虽然政府隐性担保机制是造成利率市场化后流入民营企业信贷资金减少的关键,但信贷数量管制进一步放大这一挤出效应,而地区市场化机制的完善会抑制这一挤出效应,因此未来仍然需要坚持金融市场化改革方向,特别是破除信贷资源的数量管制,发挥市场机制在金融资源配置中的决定性作用,才能实现信贷资金的配置优化。

第二,国有企业以及地方政府投融资平台是信贷资金的主要投向,因此部分低效率国有企业的长期生存以及地方政府的过度投资行为等问题会严重损害信贷资金的配置效率。进一步推进国企改革,让某些低效率的"僵尸企业"退出市场,同时加快优化地方政府投融资平台的国有资本布局,以更好地发挥有为政府在经济发展中的作用,这样才能保证经济的高质量可持续发展。

总而言之,放松数量管制和价格管制二者的共同推进,通过"有效市场"和"有为政府"以提高资源配置效率、增强经济增长的内生动力,是促进中国经济增长由高速增长向高质量发展的关键。

第六章　政府补贴与企业技术创新

第一节　政府补贴对企业技术创新投入的影响

根据以往的实证研究，国内外的学者主要从公司治理、企业规模、市场需求、企业研发投入的类型、行业特征、政策效果的时间滞后等方面来研究政府补贴发挥杠杆作用的机理，但这些研究成果仅从某一视角来研究其如何影响政府补贴发挥杠杆作用，还需要从宏观制度环境、中观市场结构及微观公司治理角度全方面来构建分析的理论框架，探究政府补贴对企业技术创新的理论机理。因此，本章通过梳理总结以往的研究成果，选用市场化进程、产品市场竞争和股权集中度分别反映宏观制度环境、中观市场结构及微观公司治理，以此来构建分析的理论框架，并采用 R&D 投入和产出来测度企业的技术创新。

学术界非常关注政府补贴与企业技术创新之间的关系，但尚未达成共识，分歧主要在于政府补贴政策的实施，将会给企业技术创新投入带来如何的影响：一种是激励效应，也就是说政府提供补贴给企业的研发项目，将促使企业增加自身的技术创新投入；另一种是挤出效应，即政府对企业 R&D 项目进行补贴，挤出了企业自身的技术创新投入。而对于在不同市场化进程下，政府补贴如何影响企业技术创新的投入缺少深入的研究，相关研究只是出现在零散的文字叙述当中；对于不同产品市场竞争的行业，政府补贴如何影响企业技术创新尚未验证；对于不同股权集中度的企业，政府补贴如何影响企业技术创新仍然没有引起学者的关注。因此，本章基于企业微观数据检验不同市场化进程的地区、不同产品市场竞争的行业以及不同股权集中度的企业，政府补贴如何发挥激励企业技术创新的杠杆作用，探究政府补贴发挥杠杆作用的理论机理。

一、研究假设

政府补贴是政府为了调整价格与私人成本之差，而直接或间接地给予生产者或消费者以财政支持的各种调控措施的总称，它成为各国政府影响企业技术创新行为的主要方式之一。政府补贴的目的是降低企业的研发成本和研发风险，引导和激励企业增加技术创新的投入。然而，有些企业由于得到了政府的补贴，而将原本计划用于技术创新投入的资金转用于其他用途，减少了其技术创新投入的规模。这种负面效应的出现使得政府补贴资金的利用效率低下，如何使政府补贴发挥对企业技术创新的引导和激励作用显得至关重要。因此，本章的研究具有重要意义。

(一) 政府补贴与企业技术创新投入

随着市场竞争日益加剧,各国政府逐渐对企业技术创新活动进行补贴,以激励企业增加技术创新投入,提升技术创新能力,因而政府补贴将产生怎样的政策后果也一直是社会以及学术界共同关注的重要话题。

1. 国外学者对于政府补贴对企业技术创新投入的效应的争论

国外学者对于政府补贴对企业技术创新投入的效应争论得比较激烈。Scott(1984)以企业 R&D 投入为被解释变量、以政府 R&D 投入为解释变量进行了 OLS 估计,得到两者呈正向关系,即政府补贴激励企业增加技术创新投入。Levin 和 Reiss(1984)采取美国行业层面的面板数据,将产业市场集中度、资产专用性程度、R&D 与广告支出强度、技术机会等变量组成结构方程,并使用 2SLS 回归,得到的结果也是政府补贴激励企业增加技术创新的投入。Lichtenberg(1984)研究得出了不同的结论,他以政府补贴为自变量、企业 R&D 投入的变化量为因变量,发现政府补贴可能对企业技术创新投入具有挤出效应。随后 Lichtenberg(1988)研究认为,如果企业通过竞争性方式获得政府补贴,那么政府补贴会激励企业增加技术创新的投入,反之,就存在负面效应。González 和 Pazó(2008)通过研究,认为政府补贴对企业技术创新投入不存在显著的激励作用。针对政府补贴对企业技术创新投入所产生效应的两种不同观点,Guellec 等(2003)调和了这两种对立观点的矛盾,认为政府补贴对企业技术创新投入增加的促进效果与政府资助率呈倒"U"形曲线,即随着政府补贴的增加,政府补贴的促进效果会增强,当达到一定值后,政府的资助会挤出企业的技术创新投入。

2. 国内学者对于政府补贴对企业技术创新投入的效应的研究

国内学者利用博弈论和实证的方法对政府补贴与企业技术创新投入的关系也进行了深入的研究,多数学者支持政府补贴对企业技术创新投入具有激励作用。如 Hu(2001)利用北京市海淀区 1995 年高科技企业为样本进行研究,发现政府补贴对企业技术创新有显著的促进作用。随后张东红等(2009)利用博弈论研究认为在适当的补贴政策下,政府的补贴可以激励企业增加技术创新投入,从而使企业与政府在技术创新投入中实现互补。解维敏等(2009)以 2003 年至 2005 年的上市公司为样本,考察了政府资助与企业技术创新行为之间的关系,也认为政府资助与上市公司进行技术创新投入的可能性显著正相关。大多数学者逐渐接受了政府补贴对企业技术创新有显著的促进作用的观点,开始对如何更有效地发挥政府补贴资金的引导作用以及中国研发投入不足的深层次原因等问题进行研究。如安同良等(2009)基于博弈论建立一个企业 R&D 与最终产品生产的两阶段模型,分析政策制定者在面临企业实施策略性行为时的最优对策,从而提高政府补贴的效率。顾元媛和沈坤荣(2012)运用中国省级层面的面板数据分析,也认为政府补贴与企业技术创新投入呈显著的正向关系,并对中国技术创新投入不足的深层次原因进行了剖析。然而,也有较少的学者提出了不同的看法,如刘楠和杜跃平(2005)基于博弈论试图构建政府补贴的计量模型,检验了不同的政府补贴方式与企业技术创新的关系,认为政府补贴不会产生提高努力程度的激励,这种政策工具的有用性也是十分有限的。

从目前国内外的研究中,我们看到,虽然国内外仍有学者认为政府补贴难以激励企业增加技术创新的投入,并存在挤出效应,但大多数学者仍然支持政府通过补贴来激励和引导企业的技术创新投入,推动企业的技术创新。技术创新具有回收期长、高投入、高风险的特性,正是由于政府针对高风险、高投入的关键性科技研究项目的补贴,企业才解决了筹措技术创新经费上的困难,而且降低了技术创新的风险,从而能够在政府投入的基础上,增加技术创新的投入,做好进一步的研发工作。因此,本章提出研究假设 6-1 如下:

研究假设 6-1:政府补贴激励企业增加技术创新投入。

(二) 市场化进程、政府补贴与企业技术创新投入

陈宗胜和陈胜(1999)提出,市场化就是市场机制在一个经济中对资源配置发挥的作用持续地增大,经济对市场机制的依赖程度不断加深和增强,市场机制从逐步产生、发展到成熟的演变过程。一个地区市场化进程越高,市场机制越成熟,市场主体——企业发挥的作用越好。因此,研究政府补贴对企业技术创新投入的作用,必须考虑企业所在地区的市场特征。

国内外学者对于市场化进程与企业技术创新之间的关系研究较多,普遍认为市场化进程能够促进企业增加技术创新的投入,从而促进企业技术创新。如 Heitor 和 Murillo(2007)研究认为,市场化进程越高的地区,市场可以通过竞争机制向企业传递信用承诺,从而规避企业倾向于从事简单的技术模仿,从而激励企业技术创新。然而,国内外学者对于在不同市场化进程下,政府补贴如何影响企业技术创新的投入缺少深入的研究,相关研究只是出现在零散的文字叙述当中。

本章认为,政府对企业的干预程度、产品价格的决定、知识产权的保护效果是衡量市场化进程的重要指标。在政府对企业的干预较少、市场化进程较高的地区,企业赢得市场的途径只能是提供更好的产品,如果政府给予企业补贴,企业会想办法提高补贴资金的利用效率,而政府的补贴资金又不能完全满足技术

创新的需要,企业会主动地加大投入进行技术创新,不断地开发出市场需要的新产品,使其在激烈的市场竞争中立于不败之地;相反,一些地区政府对企业的经营干预较多,企业难以通过正常的市场竞争和开发新产品来获得市场中的竞争地位,而是要凭借与政府的关系等非竞争的方式来获得市场利润,企业对技术创新进行持续的投入就失去了兴趣和动力,若获得了政府的补贴,就会想办法挪作他用以此来获取利润。

如果政府对市场价格管制较少,在市场化程度较高的地区,企业为了在竞争中处于不败之地,就必须提供有竞争力的产品来取得相对优势。如果政府给予企业补贴,企业会毫不犹豫地投入技术创新中,跟随政府的"引导之手",加大对技术创新的投入,以此来获取具有核心竞争力的技术。相反,对于市场化程度较低的地区,政府对价格的限制较大,价格已不再是企业关心的决定性问题,企业无须冒高风险进行技术创新。于是,很难通过政府补贴去激励企业的技术创新。

另外,企业技术创新就是遵循市场需求,投入研发资金进行技术开发,产生发明并将其转化为产品,从而实现其商业价值的动态全过程,其间充满了一系列风险,不仅包括财务风险、技术风险,还包括专利等被侵权的风险。尤其在当今的信息时代中,如果对于知识产权保护得不够充分,企业不但可能失去对技术开发成果的独占,甚至研发成本可能都无法回收。但是,如果知识产权得到了较为充分的保护,企业能够在技术创新、技术转让中获得超额利润,这种情况下政府的补贴对企业技术创新投入的激励作用就会非常明显。因此,本章提出研究假设 6-2 如下:

研究假设 6-2:市场化进程越高的地区,政府补贴对企业技术创新投入的激励作用越显著。

(三)产品市场竞争、政府补贴与企业技术创新投入

产品市场竞争指的是企业之间为了争取各自的经济利益所采取的相互抗衡、较量、各尽所能的行为和过程。产品市场竞争包括竞争强度和竞争策略等方面,而在实证研究中,产品市场竞争主要指的是产品市场竞争强度,即产品市场上的竞争情况。

产品市场竞争与技术创新的关系一直是国内外学者争论的焦点问题。熊彼特(1942)认为,垄断与企业技术创新活动存在着密切的联系,市场集中度的提高将有利于企业从事技术创新活动;垄断是创新孕育和产生的基础。熊彼特的研究结果引起了国内外的广泛关注。国内的研究以理论的引进和综述为主,多数国内学者认为,完全垄断和完全竞争的市场结构对技术创新都是不利的,最有利的是中等程度的竞争。国内外的研究主要集中在产品市场竞争与技术创新的关

系上，而对于不同产品市场竞争环境中，政府补贴如何影响企业技术创新投入的研究较少。

根据文献的梳理，较多的研究者更为支持熊彼特假说，认为市场集中度越高，越有助于激励企业从事研究和开发活动。随着行业的产业集中度不断提高，产品市场竞争程度将逐渐减弱，企业技术创新的风险和成本更加可控，企业技术创新的动力和意愿也增强，政府补贴会强化这种动力和意愿，促使企业增加技术创新的投入。相反，产品市场竞争程度越强，企业研发的风险和成本都在加大，企业也就缺乏技术创新的动力和意愿，创新失去了对企业的吸引力，政府补贴对企业技术创新投入的杠杆作用也就消失了，因此，本章提出研究假设 6-3 如下：

研究假设 6-3：产品市场竞争程度越弱的行业，政府补贴对企业技术创新投入的促进效果越好。

（四）股权集中度、政府补贴与企业技术创新投入

目前国内外学者围绕股权集中度与企业技术创新活动的关系已做过大量的研究，但分歧比较大。主要有四种观点：股权集中度与企业技术创新具有正向关系；股权集中度与企业技术创新具有负向关系；股权集中度与企业技术创新具有曲线形关系；股权集中度与企业技术创新无显著相关性。

（1）企业技术创新活动中的代理问题。企业技术创新能力对提升企业竞争力、提高企业经济效益发挥着巨大的作用。企业技术创新能力的提高必须依靠企业技术创新的持续投入，由于技术创新具有高风险等特征，于是出现了代理问题。首先，技术创新活动结果的不确定性较大，虽然经理人可能已经做出了最大的努力，但最终技术创新项目不能获得成功的可能性仍然很高，所以经理人进行技术创新投入的意愿不强。其次，技术创新投资周期较长。技术创新支出发生在近期，但获得收益很可能要经过很长时间。风险较大、周期较长的技术创新项目使得经理人踌躇不前。于是，所有者与经营者就会产生分歧，进而对技术创新投入产生重要的影响。另外，由于信息披露等原因，在技术创新活动中信息不对称问题较为严重。

技术创新活动伴生的这些特征，使得股东和经理人之间掌握的信息不平衡，代理问题尤为严重，这直接影响企业对技术创新活动的参与程度，从而影响技术创新的投入。代理理论认为，若公司有良好的治理机制，就可以一定程度上解决代理问题，既可以有效地监督经理人，又可以控制经理人，避免采用无效战略的倾向，从而保证对技术创新活动的参与和投入。股权结构是解决经营者代理行为的重要制度安排，不同的股权结构会带来不同的战略行动和产出。因此，股权结构对于企业技术创新投入具有重要的影响作用。股权集中度是衡量股权结构

的重要指标，本章运用股权集中度来研究什么样的股权结构有益于政府补贴促进企业技术创新的投入。

(2) 现代管家理论与代理理论的争论。现代管家理论认为管理者并非完全自利的小人，而是具有明确的目标导向、能够完成挑战性工作的人，他们能够承担一定的风险和责任，取得领导以及同事的信任并在企业内部树立权威，从而达到获得认可的非物质激励的目的。正是基于代理理论本身的局限性及其在实践中的失灵，现代管家理论否认了代理理论对经理人的人性假定，认为经理人应该是公司资产的好"管家"，而非侵占公司资产的自利小人(Davis et al., 1997)。

代理理论认为，人是根植于经济理性的。之后，不同的学者对这一观点进行了不断的更新。西蒙提出了人的有限理性常说(Simon, 1957)，而 Argyris (1973)则认为人是更为复杂的，之后，McGregor(1960) 和 Maslow(1971)则认为人是自我实现的。他们认为人性是需要不断实现自我超越的，具有一定目标的。因此，代理理论与现代管家理论在心理因素上的第一个区别就在于动机(激励方式)的不同。现代管家理论与代理理论在动机上的区别主要在于关注外部还是内部的动机。代理理论中，人们关注外部的奖励，这些奖励是有形的，可交换的，并且是可测量的，具有市场价值。这些外在奖励形成了奖惩系统的基础，从而实现代理关系的控制。相反，现代管家理论主要侧重于内部激励，而这往往是难以量化的。这些激励包括自我成长、取得成就和自我实现的机会。在现代管家关系中，下属被这些内在的无形激励因素所驱动，从而努力工作，实现组织绩效。两种理论在激励方式上的区别常见于大多数的激励理论之中，但在需求理论中表现尤为明显。在现代管家关系中，人们更加关注于马斯洛需求理论中更高层次的需求。因此，在那些受到更高需求激励的合作关系中，现代管家理论可能更为适应。

现代管家理论与代理理论在心理因素上的第二个区别就在于身份上的认同。认同常体现在管理者在特定组织中接受组织任务、愿景和目标时的身份定位。认同组织的管理者往往能够将对组织的评价视为对自身的评价。许多研究表明，具有组织认同的管理者会将组织的失败归因于自身。这种对组织认同的观点与管理理论是一致的。因此，在具有高度的组织认同感的个体合作中，更容易建立代理人-管家的关系。同时，那些具有高度责任感的个体也更容易成为管家，而非简单的代理人。

因此，现代管家理论认为经理人具有高度责任感，具有明确的目标导向，能够完成挑战性工作，承担一定的风险和责任，取得领导以及同事的信任并在企业内部树立权威，从而达到获得认可的非物质激励的目的。经理人将会注重公司的长远发展，以公司的发展作为检验自身价值的尺度。因此，公司治理要解决的关键问题不是如何监督和控制经理人，而是什么样的公司治理结构有助于经理人最大化地发挥其才能，使公司业绩得到有效的提升。治理结构首先需要确立经理人的地位，保证他们拥有充分的权利。股权越分散，股权之间具有较好的制衡效果，在一定程度上可以避免出现由大股东的意愿来决定是否进行技术创新的投入。经理人具有较强的自主性，若开发的项目获得政府补贴，经理人为了得到长期的收益，会根据掌握的现实情况，不断加大技术创新的投入力度。其次，国外对于技术创新成功概率的研究发现，各行业虽有差别但基本在 20%～30%，并且创新投资具有不可逆性，因此在企业中拥有资产的股东肯定会对这种投资决策比较慎重。企业大股东持股份额较大，他们风险分散不足，风险规避程度一般较高，就会干预经理人的决策，减少企业技术创新的投入，一旦获得政府补贴，容易产生首先补偿自己的技术创新投入，降低风险的发生。因此，本章提出研究假设 6-4 如下：

研究假设 6-4：股权越分散的企业，政府补贴对企业技术创新投入的促进效果越好。

二、研究设计

（一）模型构建与变量选取

我们构建模型如下，并采用最小二乘回归分析方法，考察政府补贴与企业技术创新投入之间的关系。

$$R\&D=\beta_0+\beta_1 Sub+\alpha \boldsymbol{X} \quad (6\text{-}1)$$

$$R\&D=\beta_0+\beta_1 Sub+\beta_2 Market+\beta_3 Sub\times Market+\alpha \boldsymbol{X} \quad (6\text{-}2)$$

$$R\&D=\beta_0+\beta_1 Sub+\beta_2 HHI+\beta_3 Sub\times HHI+\alpha \boldsymbol{X} \quad (6\text{-}3)$$

$$R\&D=\beta_0+\beta_1 Sub+\beta_2 S\_HHI+\beta_3 Sub\times S\_HHI+\alpha \boldsymbol{X} \quad (6\text{-}4)$$

其中，R&D 为被解释变量，表示企业的技术创新投入，Sub 表示上市公司当期获得的政府补贴，Market 表示市场化进程，HHI 表示产品市场竞争，S_HHI 表示股权集中度，$\boldsymbol{X}$ 表示系列的控制变量。变量的具体定义，详见表 6-1。

表 6-1　主要变量的定义

变量类型	变量	定义
被解释变量	研发投入强度(rdy)	当期企业研发投入与营业收入之比
	技术人员强度(Tstaff)	技术人员与企业总人数的比值

续表

变量类型	变量	定义
解释变量	政府补贴(Sub)	当期政府补贴总额与期末资产之比
	市场化进程(Market)	樊纲、王小鲁等编制的各地区市场化指数
	产品市场竞争(HHI)	一个行业中各市场竞争主体所占行业主营业务收入百分比的平方和
	股权集中度(S_HHI)	公司前五大股东持股比例之和，大于中位数为1，小于中位数为0
控制变量	企业规模(LnSize)	公司期末资产的自然对数
	资产负债率(Lev)	资产负债表中的负债总额与资产总额的比值
	企业成长性(Growth)	总资产增值率，(期末总资产－期初总资产)/期初总资产
	盈利能力(Roa)	公司年末扣除非经常性损益后的净资产收益率
	两职合一情况(Dual)	董事长与总经理合一情况，合一定义1，分离为2
	产权性质(State)	国有企业定义1，非国有企业为0
	独立董事监督(Director)	独立董事占董事总数的比重

(1) 被解释变量。本研究的被解释变量为研发投入强度和技术人员强度。

研发投入强度(rdy)。我国《企业会计准则》要求技术创新情况为上市公司年报中必须披露的事项，如研发投入、研发产出等。参照已有研究，关于企业技术创新投入代理变量的选取，本章利用研发投入强度来表征企业技术创新投入，以上市公司年报中披露的R&D投入与营业收入的比值进行测量。

技术人员强度(Tstaff)。顾群和翟淑萍(2012)认为，研发人员的工资以及培训费用占研发投入的50%以上，但财务报表中无法获得与此相关的信息，因此可以利用技术人员强度来测度。研发技术人员是企业技术创新活动的主要参与者，技术人员强度可以反映企业技术创新投入的情况。因此，本章以手工查询上市公司年报获得的技术人员数量与企业总人数的比值进行测量。

(2) 解释变量。本研究的解释变量为政府补贴、市场化进程、产品市场竞争和股权集中度。

政府补贴(Sub)。由于统计口径中没有专门的政府补贴数据，因此，本章采用上市公司利润表中的“补贴收入”作为替代，具体包括增值税返还、财政补贴、财政综合、新产品返回、税收奖励及创新鼓励等其他政府补助项目。

市场化进程(Market)。定量化测定经济市场化程度是一项极为复杂的工作。樊纲、王小鲁等在借鉴国内外相关的市场化测度体系的基础上，深入研究中国市场化进程的内在机理和影响因素，提出了中国市场化指数。该数据在实证研究上得到了较多学者的应用，因此，该指数也构成了本章考量市场化进程的变量。

产品市场竞争(HHI)。本章根据已有相关研究和实践的做法(姜付秀等，2009)，采用赫芬达尔-赫希曼指数(HHI)测度产品市场竞争强度。但是整个行业内全部企业的财务数据难以完整获得，因此，本章依据中国证监会《上市公司行业分类指引》(2012 年修订)对于上市公司的行业分类标准和上市公司公布的财务数据，计算各行业的 HHI。

股权集中度(S_HHI)。目前对于股权集中度的度量主要采用前五大股东的持股比例(张红军，2000；冯根福等，2002；孙兆斌，2006)、第一大股东持股比例(白重恩等，2005)、全体 5%以上大股东持股比例之和(徐莉萍等，2006)等。采用前五大股东的持股比例表示股权集中度得到了较多学者的支持，因此，本章也选用它来表示股权集中度。

(3) 控制变量。本研究控制了一些其他有可能对于企业技术创新投入存在影响的因素，包括企业规模、资产负债率、企业成长性、盈利能力、两职合一情况、产权性质、独立董事监督。

企业规模(LnSize)。一般认为大企业和小企业在技术创新中具有不同的特点，占据不同的优势。大企业主要拥有资源优势，而小企业在技术创新方面主要具有灵活性优势。

资产负债率(Lev)。低杠杆率的资本结构，有利于企业增加对技创新的投入力度，高负债企业对于增加技术创新的投入相对谨慎。

企业成长性(Growth)。Mowery (1983)以美国制造业企业作为样本企业进行实证研究，认为技术创新投入与企业成长性有明显的正相关关系。Coad 和 Rao (2010)利用面板向量自回归模型来研究企业技术创新投入与其成长性的关系，认为增长公司加大技术创新投资的意愿要高于缩水公司。

盈利能力(Roa)。一般认为，由于技术创新活动投资规模较大，需要企业超额利润的支持，因此，企业盈利能力越强，资金积累越多，技术创新的投入就越多。王任飞(2005)认为企业利润率越高，它投资到技术创新上的比例越高，越有利于技术创新。

两职合一情况(Dual)。一般是指总经理与董事长是分离还是合一,也被称为“领导权结构”。两职分离可以增强董事会的独立性,加强对经理等高层管理团队监督的有效性,促使企业做出正确的技术创新投资决策。Zahra(2000)研究认为董事长和CEO两职分离与企业创新水平呈正相关关系。赵旭峰和温军(2011)认为两职分离的企业其技术创新投入要显著高于两职合一的企业。

产权性质(State)。由第一大股东的性质来决定,依据第一大股东的产权性质将上市公司划分为国有股和非国有股企业。由于企业具有不同的产权性质,激励和管理手段差异较大,国有企业的经理人为了追求个人利益的最大化,可能对于风险大、周期长的技术创新活动积极性不高。

独立董事监督(Director)。梳理国内外相关的文献发现,独立董事的比重较高,可以改善公司的治理结构。独立董事制度保障了企业存在不同的创新建议,为企业做出科学的技术创新决策提供了保障。陈昆玉(2010)的实证研究表明,独立董事占比较低的企业,技术创新投入明显低于独立董事在董事会的比重较高的企业。

(二) 样本的选择与数据的获取

本章选取2010—2019年中国沪深A股上市公司作为初选样本,然后按照以下标准进行筛选:①删除银行、证券以及保险等金融行业公司样本;②删除财务缺失的样本。根据上述筛选标准,共得13656个公司年度观测值。同时,在回归之前对模型中所有连续变量在1%和99%的水平上进行Winsorize处理。本章用于财务数据均来自国泰安CSMAR数据库与Wind数据库。

三、实证分析

(一) 描述性统计

表6-2所示为主要变量的描述性统计结果。可以看出,研发投入强度(rdy)和技术人员强度(Tstaff)的均值分别为0.021和0.155,标准差分别为0.018和0.155,说明样本中不同公司的创新投入差异较为明显。政府补贴(Sub)的均值为0.005,标准差为0.007,说明样本区间各企业的政府补贴情况也存在较大差异,有助于识别政府补贴与企业技术创新投入之间的关系。此外,企业规模

(LnSize)、资产负债率(Lev)、企业成长性(Growth)、盈利能力(Roa)以及其他控制变量也存在较大变化，这为考察政府补贴对企业技术创新投入的影响机制提供了研究条件。

表 6-2 主要变量的描述性统计

变量	样本量	均值	标准差	最小值	最大值
rdy	13656	0.021	0.018	0.000	0.095
Tstaff	7556	0.155	0.132	0.003	0.670
Sub	13656	0.005	0.007	0	0.040
Market	13656	8.280	1.742	3.370	10.960
HHI	13656	0.001	0.003	0	0.023
S_HHI	13656	0.497	0.500	0	1
LnSize	13656	22.158	1.236	19.907	26.058
Lev	13656	0.414	0.205	0.047	0.908
Growth	13656	0.184	0.374	−0.309	3.514
Roa	13656	0.034	0.062	−0.276	0.191
Dual	13656	1.731	0.433	1	2
State	13656	0.369	0.483	0	1
Director	13656	0.374	0.053	0.333	0.571

(二) 实证回归结果

1. 初步回归结果

表 6-3 所示为式(6-1)的回归结果。其中，第(1)列和第(2)列的被解释变量为研发投入强度(rdy)，第(3)列和第(4)列的被解释变量为技术人员强度(Tstaff)；第(1)列和第(3)列为未加控制变量的回归结果，第(2)列和第(4)列为加入控制变量后的回归结果。由第(2)列我们发现，以研发投入强度(rdy)作为研发投入代理变量时，政府补贴越多，企业技术创新投入也越多($\beta=0.461$，$P<0.01$)；由第(4)列我们发现以技术人员强度(Tstaff)作为研发投入的代理变量时，回归结果没有实质性的改变。因此，政府补贴与企业技术创新投入之间显著正相关，即政府补贴对企业技术创新投入具有激励作用。于是，假设 6-1 得到了验证。

表 6-3　政府补贴与企业技术创新投入的回归结果

变量	rdy		Tstaff	
	(1)	(2)	(3)	(4)
Sub	**0.504***** **(−15.57)**	**0.461***** **(−14.64)**	**2.004***** **(−6.64)**	**1.938***** **(−6.64)**
LnSize		−0.001*** (−8.49)		−0.894*** (−7.01)
Lev		0.005*** (−5.56)		−8.827*** (−9.90)
Growth		−0.003*** (−10.14)		1.060*** (−2.92)
Roa		0.036*** (−12.16)		2.202 (−0.9)
Dual		−0.001* (−1.66)		−1.006*** (−3.33)
State		0.001*** (−4)		0.348 (−1.22)
Director		0.006** (−2.45)		11.499*** (−4.95)
_cons	0.002** (−2.17)	0.030*** (−9.41)	1.917 (−0.59)	21.448*** (−5.32)
行业效应	YES	YES	YES	YES
年度效应	YES	YES	YES	YES
F 值	183.453	179.02	93.752	89.814
Adj. R^2	0.24	0.277	0.299	0.334
N	13656	13656	7556	7556

注：括号内为修正后的 *T* 值；*、**、*** 分别表示 10%、5%、1%水平上显著。

控制变量中，企业规模对其技术创新投入产生了显著的影响，但却是负向的，表明企业的规模越大，研发投入强度越低。企业盈利能力与研发投入强度显著正相关，表明企业的盈利能力越强，研发投入的强度越高。企业的产权性质与研发投入强度显著正相关，表明国有企业的研发投入强度较高。独立董事监督与研发投入强度和技术人员强度均显著正相关，表明独立董事有助于增加企业技术创新投入。

2. 进一步分析

为了进一步验证假设 6-2、6-3 和 6-4，分别将研发投入强度（rdy）和技术人员强度（Tstaff）作为研发投入的代理变量，考察在不同市场化进程的地区、处于不同产品市场竞争的行业以及在股权集中度不同的企业，政府补贴对企业技术创新投入的影响是否存在差异。表 6-4 所示为式（6-2）—（6-4）的回归结果。其中，第（1）～（3）列的被解释变量为研发投入强度（rdy），第（4）～（6）列的被解释变量为技术人员强度（Tstaff）。由第（1）列我们发现，市场化进程和政府补贴的交互项与企业研发投入强度显著正相关（$\beta=0.097$，$P<0.01$），表明市场化进程越高的地区，政府补贴能够提高企业研发投入强度；由第（4）列我们发现，市场化进程和政府补贴的交互项与技术人员强度显著正相关（$\beta=0.308$，$P<0.05$）。因此，市场化进程越高的地区，政府补贴对企业技术创新投入的激励作用越显著。于是，假设 6-2 得到了验证。

表 6-4 市场化进程、产品市场竞争以及股权集中度与政府补贴的交互效应

变量	rdy			Tstaff		
	(1)	(2)	(3)	(4)	(5)	(6)
	Market	HHI	S_HHI	Market	HHI	S_HHI
Sub	0.304**	0.467***	0.542***	0.441	1.882***	3.299***
	(−2.48)	(−22.45)	(−12.57)	(−0.36)	(−7.9)	(−9.51)
LnSize	−0.001***	−0.001***	−0.001***	−0.011***	−0.008***	−0.010***
	(−9.00)	(−7.76)	(−8.13)	(−7.27)	(−5.54)	(−6.26)
Lev	0.004***	0.005***	0.005***	−0.109***	−0.088***	−0.113***
	(−4.67)	(−6.11)	(−5.72)	(−11.81)	(−10.82)	(−12.24)

续表

变量	rdy			Tstaff		
	(1)	(2)	(3)	(4)	(5)	(6)
	Market	HHI	S_HHI	Market	HHI	S_HHI
Growth	−0.003***	−0.003***	−0.003***	0.024***	0.010***	0.024***
	(−9.88)	(−8.78)	(−10.11)	(−6.38)	(−3.08)	(−6.32)
Roa	0.034***	0.036***	0.036***	0.131***	0.021	0.098***
	(−11.7)	(−14.8)	(−12.19)	(−5.34)	(−0.98)	(−3.96)
Dual	0	−0.001*	−0.001*	−0.010***	−0.010***	−0.014***
	(−0.69)	(−1.72)	(−1.71)	(−3.00)	(−3.43)	(−4.13)
State	0.001*	0.001***	0.001***	0.005	0.004	0.008**
	(−1.73)	(−3.96)	(−3.71)	(−1.64)	(−1.26)	(−2.39)
Director	0.006***	0.006**	0.007***	0.140***	0.120***	0.144***
	(−2.6)	(−2.55)	(−2.65)	(−5.22)	(−5.17)	(−5.33)
Market	0.001***			0.009***		
	(−7.68)			(−8.88)		
Sub_Market	**0.097*** **			**0.308** **		
	(6.15)			**(2.17)**		
HHI		−0.012*			−2.887***	
		(−1.72)			(−4.74)	
Sub_HHI		**1.715** **			**2.132* **	
		(2.14)			**(1.81)**	
S_HHI			0			−0.021***
			(−0.05)			(−5.96)
Sub_S_HHI			**−0.173*** **			**−0.881* **
			(−3.02)			**(−1.80)**

续表

变量	rdy			Tstaff		
	(1)	(2)	(3)	(4)	(5)	(6)
	Market	HHI	S_HHI	Market	HHI	S_HHI
_cons	28.385***	18.932***	35.045***	0.284***	0.189***	0.334***
	(−5.77)	(−4.35)	(−11.19)	(−5.77)	(−4.35)	(−6.85)
行业效应	YES	YES	YES	YES	YES	YES
年度效应	YES	YES	YES	YES	YES	YES
F 值	177.243	139.401	171.758	55.024	107.136	50.744
Adj. R^2	0.292	0.278	0.279	0.103	0.336	0.095
N	13656	13656	13656	7556	7556	7556

注:括号内为修正后的 T 值;*、**、*** 分别表示 10%、5%、1%水平上显著。

由第(2)列我们发现产品市场竞争和政府补贴的交互项与企业研发投入强度显著正相关($\beta=1.715$,$P<0.05$),表明产品市场竞争越弱的行业,政府补贴能够提高企业研发投入强度;由第(5)列我们发现产品市场竞争和政府补贴的交互项与技术人员强度显著正相关($\beta=2.132$,$P<0.1$),表明产品市场竞争越弱的行业,政府补贴能够提高企业技术人员强度。因此,产品市场竞争越弱的行业,政府补贴对企业技术创新投入的促进效果越好。于是,假设 6-3 得到了验证。

由第(3)列我们发现股权集中度和政府补贴的交互项与企业研发投入强度显著负相关($\beta=-0.173$,$P<0.01$),表明企业股权越分散,政府补贴能够提高企业研发投入强度;由第(6)列我们发现股权集中度和政府补贴的交互项与技术人员强度显著负相关($\beta=-0.881$,$P<0.1$),表明企业股权越分散,政府补贴能够提高企业技术人员强度。因此,股权越分散,政府补贴对企业技术创新投入的促进效果越好。于是,假设 6-4 得到了验证。

(三)稳健性检验

为了使本章发现的结果更加稳健,我们对本章回归结果进行如下稳健性检验。我们将企业研发投入与营业总收入的比值作为被解释变量进行回归,其结果见表 6-5，第(1)列为未加控制变量的回归结果，第(2)列为加入控制变量后的回归结果。可以发现，政府补贴和企业研发投入与营业总收入的比值系数显著为正，从而支持了前文假设 6-1 的结果，即政府补贴能够激励企业增加技术创新的投入。

表 6-5　政府补贴与企业技术创新投入的回归结果(稳健性检验)

变量	RD_income	
	(1)	(2)
Sub	**1.197** ***	**1.200** ***
	(14.49)	**(15.49)**
LnSize		−0.001 ***
		(−3.27)
Lev		−0.059 ***
		(−24.81)
Growth		0.001
		(0.99)
Roa		−0.078 ***
		(−9.37)
Dual		−0.004 ***
		(−5.10)
State		−0.004 ***
		(−5.17)
Director		0.033 ***
		(5.40)
_cons	0.014 ***	0.053 ***
	(4.28)	(7.43)
行业效应	YES	YES
年度效应	YES	YES

续表

变量	RD_income	
	(1)	(2)
F 值	158.637	155.554
Adj. R^2	0.258	0.338
N	12973	12973

注：括号内为修正后的 T 值；*、**、*** 分别表示 10%、5%、1%水平上显著。

四、研究结论

社会的发展依靠技术的进步，技术的进步离不开企业的技术创新活动。技术创新活动无法避免市场失灵的问题，政府要通过补贴来弥补市场的失灵。然而，政府补贴可能会加快产能过剩，因信息披露、制度建设的缺陷也可能会造成补贴出现“政府失灵”的现象。为此，本章选取 2010—2019 年中国沪深 A 股上市公司作为样本，研究政府补贴是否能够起到激励企业增加技术创新投入、如何有效发挥补贴的杠杆作用。结果发现：①政府补贴激励企业增加技术创新投入；②市场化进程越高的地区，政府补贴对企业技术创新投入的激励作用越显著；③产品市场竞争越弱的行业，政府补贴对企业技术创新投入的促进效果越好；④股权越分散的企业，政府补贴对企业技术创新投入的促进效果越好。

政策建议如下：①充分发挥政府补贴的杠杆作用，激励企业增加技术创新投入；②对于不同市场化进程的地区，不同产品市场竞争的行业及不同股权集中度的企业，实施有差别的补贴政策，以此来激励企业增加技术创新投入；③推进各地区的市场化进程，发挥政府补贴促进企业技术创新投入的激励作用；④通过兼并重组等手段，实现创新要素的整合，提高行业集中度，发挥政府补贴对企业技术创新投入的促进效果；⑤优化股权结构，推进国有企业混合所有制改革，从而使政府补贴能够更好地促进企业技术创新投入。

第二节　政府补贴对企业技术创新产出的影响

学术界对于政府补贴能否促进技术创新产出增加，仍然没有一致的观点。一种观点认为，政府补贴能够降低企业的技术创新风险，提高企业技术创新的积极性，可以促进技术创新产出的增加，这种观点得到了较多学者的支持。也有观点认为，政府补贴对企业技术创新产出的增加并没有显著的影响。梳理以往的文献发现，对于政府补贴能否促进企业技术创新产出的研究相对较少，支持政府补贴对企业技术创新产出具有正向影响的学者，也并未对不同因素影响政府补贴发挥作用的理论机理进行深入的研究。因此，本章基于微观数据检验不同市场化进程的地区、不同产品市场竞争的行业以及不同股权集中度的企业，政府补贴与企业技术创新产出之间的关系，以此来发现政府补贴是否对技术创新具有正向的促进作用，并且从宏观制度环境、中观市场结构及微观的公司治理三个层次来寻找影响政府补贴发挥作用的重要因素，探究其发挥杠杆作用的理论机理。

一、研究假设

（一）政府补贴与企业技术创新产出

一般来说，企业无论处于何种行业和生命周期阶段，技术创新投入都是决定企业技术创新产出的重要因素，并且技术创新投入越多，企业技术创新产出就越多，这一点已经得到了学者的普遍认可。然而，对于政府补贴能否增加企业技术创新产出的研究较少，并且政府补贴对企业技术创新产出是否具有显著的促进作用尚未达成共识。

国外学者 Fornahl 等（2011）以德国生物科技企业为研究对象发现，政府补贴对联合研发项目的技术创新产出水平有明显的促进作用，但对单个公司的技术创新产出并没有明显的作用。Alecke 等（2012）研究发现享受财政补贴的公司比未享受财政补贴的公司拥有更高的专利申请数量，政府补贴对企业技术创新产出具有显著的促进作用。

国内学者郭晓丹和何文韬（2011）研究认为政府补贴能够促进企业技术创新的产出。樊琦和韩民春（2011）研究发现我国财政补贴政策对提高国家及区域自主创新产出有着十分显著的影响。王俊（2010）认为政府补贴对专利产出的激励效应是不显著的，政府补贴对企业自主创新的正面影响存在一定的不确定性。

我们看到，目前国内外较多的学者认为政府补贴能够促进企业技术创新的产出。政府补贴在企业进行技术创新过程中起到信号作用，能够引导企业的技术发展方向，确定其技术发展路径，为企业解决筹措技术创新经费上的困难，并且可以降低企业技术创新中的风险，促进企业技术创新产出的增加。因此，本章提出研究假设 6-5 如下：

研究假设 6-5：政府补贴促进企业技术创新产出的增加。

（二）市场化进程、政府补贴与企业技术创新产出

市场化进程能够深刻影响一个国家或地区的行政效率、司法效率、产权保护等制度的建设和完善程度，进而决定对于投资者的保护程度、对于市场参与者的信息获取程度等。因此，研究政府补贴对企业技术创新产出是否具有显著的促进作用时，必须要考虑各地区市场化进程的差异所带来的影响。目前我国正处于社会主义市场经济转型时期，市场化程度已然较高，但是各地区由于国家政策和产业基础的差异、资源禀赋的不同，市场化进程的地域性差异较为明显。这为对比研究制度环境对于政府补贴对企业技术创新产出的作用是否存在差异提供了可能。

国内外学者对于市场化进程与企业创新绩效之间的关系进行了较多的研究。Grossman 等(2004)通过研究发现，企业若处在的市场环境存在较强的竞争，则更加愿意进行 R&D 投资。竞争的市场环境为企业技术创新的持续投入提供了内在的保障机制，有助于提升企业的创新绩效。Yang 等(2009)进行了更加深入的研究认为，在市场化进程越高的地区，可以规避企业倾向于从事简单的技术模仿，从而更多地关注技术创新。张宗和和彭昌奇(2009)利用改进的知识生产函数，通过对我国 30 个省(直辖市、自治区)的面板数据进行研究，表明企业 R&D 投入对技术创新产出的影响取决于市场化程度，市场化程度越高，影响越显著。纪晓丽(2011)选取 2003—2005 年沪深两市 A 股市场非金融类公司作为考察对象，研究认为企业技术创新强度不仅与地区市场化进程正相关，而且 R&D 的专利转化程度与效率对法制环境存在差异化依存关系。戴魁早和刘友金(2013)基于中国高技术产业 1995—2010 年的面板数据进行研究发现，随着市场化程度在我国高技术产业的不断提高，不仅产业资源得到了优化配置，而且技术水平也大幅度提高，进而高技术产业的创新效率也得到了有效的提升。

关于在不同市场化进程的地区，政府补贴对企业技术创新产出产生了怎样的影响，国内外的学者研究得较少。樊琦和韩民春(2011)研究认为，我国财政补贴政策在提高国家及区域自主创新产出方面存在着十分显著的影响。经济相对发达和科研基础较好地区的财政补贴投入对自主专利产出影响的弹性系数整体上明显大于经济相对落后地区。

根据以上研究，我们认为在市场化进程较高的地区，企业赢得市场的途径只能是提供更好的产品，如果政府给予企业补贴，企业会想办法提高补贴资金的利用效率，同时会自主地加大资金投入进行技术创新，进而带动企业技术创新产出的增加，使企业不断地开发出市场需要的新产品，使其在激烈的市场竞争中立于

不败之地；相反，一些地区政府干预企业的经营较多，企业难以通过正常的市场竞争和开发新产品来获得市场中的竞争地位，而是要凭借与政府的关系等非竞争的方式来获得市场利润，企业也不可能对技术创新进行持续的投入，若获得了政府的补贴，就会想办法挪作他用以此来获取利润。于是，政府补贴难以促进企业技术创新产出的增加。因此，本章提出研究假设 6-6 如下：

研究假设 6-6：市场化进程越高的地区，政府补贴对企业技术创新产出的促进作用越显著。

（三）产品市场竞争、政府补贴与企业技术创新产出

自熊彼特开创性地提出创新理论以来，各国学者对于市场竞争与技术创新关系的关注与日俱增，不仅从理论方面进行了激烈的争论，而且利用实证数据进行了检验，但是到目前为止，并没有形成共识。对现存的文献进行梳理发现，对于其关系大致可以分为三种观点：第一，市场的垄断有助于创新，市场竞争与技术创新存在显著的负相关关系；第二，市场竞争有利于创新，竞争与技术创新存在显著的正相关关系；第三，适度的垄断或竞争才有助于技术创新，竞争与技术创新存在非线性的倒"U"形关系。

根据国内外学者的研究，我们发现较多的学者支持熊彼特假说，认为市场集中度越高，越有助于激励企业从事研究和开发活动。随着产业集中度的提高、产品市场竞争程度的减弱，企业研发的风险和成本更加可控，企业技术创新的动力和意愿也增强，政府补贴会强化这种动力和意愿，促使企业增加技术创新的投入，使企业能够获得较多的专利成果。同时，由于市场中的竞争对手不多，企业本身所处的行业又存在一定的垄断性，因此，新产品投入市场后获得成功的概率较大，更加激发企业的研发积极性。相反，产品市场竞争程度越强的行业，企业间相互竞争的程度也越激烈，迫使很多企业采用剽窃和模仿竞争对手等手段，创新机会随时可能被其他企业抢占，企业技术创新的风险和成本都比较大，于是企业缺乏技术创新的动力和意愿，创新失去了对企业的吸引力，政府补贴对技术创新的杠杆作用也就消失了，因此，本章提出研究假设 6-7 如下：

研究假设 6-7：产品市场竞争越弱，政府补贴对企业技术创新产出的促进效果越好。

（四）股权集中度、政府补贴与企业技术创新产出

股权集中度是指全部股东因持股比例的不同所表现出来的股权集中还是分散的数量化指标。国内外学者关于股权集中度对企业技术创新产出影响的观点

主要有三种。①股权集中度与企业技术创新产出具有正向关系。股权越集中，就会有能力对董事会实施有效的控制，这样才能够选择能力更强的经理人；同时，可以提高大股东对企业的监督和控制能力，保障大股东对于公司决策的影响力，做出有效的公司决策。另外，大股东相对小股东来说，更加关注公司的长远发展，也更倾向于通过技术创新来保持企业的竞争力。②股权集中度与企业技术创新产出具有负向关系。股权集中度越高，大股东将承担更多的经营风险。技术创新项目投资大、风险大，大股东不愿意承担过多的风险，投资意愿就会降低。③股权集中度与企业技术创新产出具有非线性关系。冯根福、温军(2008)认为存在倒"U"形关系。在股权相对分散的企业中，中小股东的持股比例普遍偏低，意见也相对分散，企业比较容易选择模仿和复制的方式进行经营，企业技术创新中存在的代理问题难以解决。在股权相对集中的企业中，大股东的目的就是实现个人利益的最大化，会监督和敦促经理人从事技术创新活动，实现企业的长远发展目标，解决技术创新中的代理问题。可是随着股权集中度的不断提高，大股东的资产将会高度集中，从而加大了大股东资产风险，然而该风险又难以分担和转移，就会导致大股东对企业技术创新项目的投资意愿逐渐减弱。

根据国内外学者的观点，本章认为股权越分散，股权之间具有较好的制衡效果，就不容易出现由大股东的意愿来决定是否增加技术创新的投入。经营者具有较强的自主性，若开发的项目获得政府补贴，经营者会加大技术创新的投入，以期获得较高的技术创新产出，从而获得长期的收益。企业技术创新具有高投入和高风险的特点，大股东持股份额越大，其风险就不容易分散，容易产生风险规避心理，进而干预经营者的决策，一旦获得政府补贴，倾向于首先补偿自己的技术创新投入，降低风险的发生，因此，本章提出研究假设 6-8 如下：

假设 6-8：股权越分散，政府补贴对企业技术创新产出的促进效果越好。

二、研究设计

（一）模型构建与变量选取

我们构建如下模型并使用最小二乘回归分析方法检验政府补贴与企业技术创新产出之间的关系。

$$RD=\beta_0+\beta_1 \text{Sub}+\alpha \boldsymbol{X} \tag{6-5}$$

$$RD=\beta_0+\beta_1 \text{Sub}+\beta_2 \text{Market}+\beta_3 \text{Sub}\times \text{Market}+\alpha \boldsymbol{X} \tag{6-6}$$

$$RD=\beta_0+\beta_1 \text{Sub}+\beta_2 \text{HHI}+\beta_3 \text{Sub}\times \text{HHI}+\alpha \boldsymbol{X} \tag{6-7}$$

$$RD=\beta_0+\beta_1 \text{Sub}+\beta_2 \text{S\_HHI}+\beta_3 \text{Sub}\times \text{S\_HHI}+\alpha \boldsymbol{X} \tag{6-8}$$

其中,RD 为被解释变量,表示企业的技术创新产出,Sub 表示上市公司当期获得的政府补贴,Market 表示市场化进程,HHI 表示产品市场竞争,S_HHI 表示股权集中度,**X** 表示系列的控制变量。变量的具体定义,详见表 6-6。

表 6-6 主要变量的定义

变量类型	变量	定义
被解释变量	发明申请量(Lntinvent)	当期企业发明申请量的自然对数
	专利申请量(Lntpatent)	当期企业专利申请量的自然对数
解释变量	政府补贴(Sub)	当期政府补贴总额与期末资产之比
	市场化进程(Market)	樊纲、王小鲁等编制的各地区市场化指数
	产品市场竞争(HHI)	一个行业中各市场竞争主体所占行业主营业务收入百分比的平方和
	股权集中度(S_HHI)	公司前五大股东持股比例之和,大于中位数为 1,小于中位数为 0
控制变量	企业规模(LnSize)	公司期末资产的自然对数
	资产负债率(Lev)	资产负债表中的负债总额与资产总额的比值
	企业成长性(Growth)	总资产增值率,(期末总资产－期初总资产)/期初总资产
	盈利能力(Roa)	公司年末扣除非经常性损益后的净资产收益率
	两职合一情况(Dual)	董事长与总经理合一情况,合一定义 1,分离为 2
	产权性质(State)	国有企业定义 1,非国有企业为 0
	独立董事监督(Director)	独立董事占董事总数的比重

(1) 被解释变量。反映企业技术创新产出水平的指标包括专利数量和新产品的销售收入。鉴于新产品的统计口径和定义并不清晰,结合罗思平和于永达(2012)的研究成果,本章选择专利数量反映技术创新的产出水平。当以专利数量作为技术创新产出水平时,其值采用专利申请量而非授权量,主要因为一项专利从申请到授权大约需要 1～2 年。因此,专利授权量在反映当期的

创新水平时存在一定的缺陷，并且相对于授权量，申请量受专利机构工作效率和偏好等影响较小(岳书敬，2008)。但是由于专利包括发明、实用新型和外观设计，只采用专利数量可能夸大了技术创新的产出水平。因此，本章选择企业专利申请量和发明申请量的自然对数作为企业技术创新产出的代理变量。数据主要来源于国家知识产权局及SOOPAT专利检索网站并手工整理获得。

(2) 解释变量。本研究的解释变量为政府补贴、市场化进程、产品市场竞争和股权集中度。

政府补贴(Sub)。由于统计口径中没有专门的政府补贴数据，因此，本章采用上市公司利润表中的"补贴收入"作为替代，具体包括增值税返还、财政补贴、财政综合、新产品返回、税收奖励及创新鼓励等其他政府补助项目。

市场化进程(Market)。定量化地测定经济市场化程度是一项极为复杂的工作。樊纲、王小鲁等在借鉴国内外相关的市场化测度体系的基础上，深入研究中国市场化进程的内在机理和影响因素，提出了中国市场化指数。该数据在实证研究上得到了较多学者的应用，因此，该指数也构成了本章考量市场化进程的变量。

产品市场竞争(HHI)。本章根据已有相关研究和实践的做法(姜付秀等，2009)，采用赫芬达尔-赫希曼指数(HHI)测度产品市场竞争强度。但是整个行业内全部企业的财务数据难以完整获得，因此，本章依据中国证监会《上市公司行业分类指引》(2012年修订)对于上市公司的行业分类标准和上市公司公布的财务数据，计算各行业的HHI。

股权集中度(S_HHI)。目前对于股权集中度的度量主要采用前五大股东的持股比例(张红军，2000；冯根福，2002；孙兆斌，2006)、第一大股东持股比例(白重恩，2005)、全体5%以上大股东持股比例之和(徐莉萍，2006)等。采用前五大股东的持股比例表示股权集中度得到了较多学者的支持，因此，本章也选用它来表示股权集中度。

(3) 控制变量。本研究控制了其他一些可能影响企业R&D产出的因素，主要包括企业规模、资产负债率、企业成长性、盈利能力、两职合一情况、产权性质、独立董事监督。

企业规模(LnSize)。一般认为大企业和小企业在技术创新中具有不同的特点，占据不同的优势。大企业主要拥有资源优势，而小企业在技术创新方面主要具有灵活性优势。

资产负债率(Lev)。低杠杆率的资本结构，有利于企业增加对技术创新的投入力度，高负债企业对增加技术创新的投入相对谨慎。

企业成长性(Growth)。Mowery (1983)以美国制造业企业作为样本企业进行实证研究,认为技术创新投入与企业成长性有明显的正相关关系。Coad 和 Rao(2010)利用面板向量自回归模型来研究企业技术创新投入与其成长性的关系,认为增长公司加大技术创新投资的意愿要高于缩水公司。

盈利能力(Roa)。一般认为,由于技术创新活动投资规模较大,需要企业超额利润的支持,因此,企业盈利能力越强,资金积累越多,技术创新的投入就越多。王任飞(2005)认为企业利润率越高,它投资到技术创新上的比例越高,越有利于技术创新。

两职合一情况(Dual)。一般是指总经理与董事长是分离还是合一,也被称为"领导权结构"。两职分离可以增强董事会的独立性,加强对经理等高层管理团队监督的有效性,促使企业做出正确的技术创新投资决策。Zahra(2000)研究认为董事长和 CEO 两职分离与企业创新水平呈正相关关系。赵旭峰,温军(2011)认为两职分离的企业其技术创新投入要显著高于两职合一的企业。

产权性质(State)。由第一大股东的性质来决定,依据第一大股东的产权性质将上市公司划分为国有股和非国有股企业。由于企业具有不同的产权性质,激励和管理手段差异较大,国有企业的经理人为了追求个人利益的最大化,可能对于风险大、周期长的技术创新活动积极性不高。

独立董事监督(Director)。梳理国内外相关的文献发现,独立董事的比重较高可以改善公司的治理结构。独立董事制度,保障了企业存在不同的创新建议,为企业做出科学的技术创新决策提供了保障。陈昆玉(2010)的实证研究表明,独立董事占比较低的企业,技术创新投入明显低于独立董事在董事会的比重较高的企业。

(二) 样本的选择与数据的获取

本章选取 2010—2019 年中国沪深 A 股上市公司作为初选样本,然后按照以下标准进行筛选:①删除银行、证券以及保险等金融行业公司样本;②删除财务缺失的样本。根据上述筛选标准,共得 16849 个公司年度观测值。同时,在回归之前对模型中所有连续变量在 1%和 99%的水平上进行 Winsorize 处理。本章用于财务数据均来自国泰安 CSMAR 数据库与 Wind 数据库。

三、实证分析

(一) 描述性统计

表 6-7 所示为主要变量的描述性统计结果。可以看出,发明申请量

(Lntinvent)和专利申请量(Lntpatent)的均值分别为1.667和2.344,标准差分别为1.548和1.807,说明样本中不同公司的创新产出差异较为明显。此外,企业规模(LnSize)、资产负债率(Lev)、企业成长性(Growth)、盈利能力(Roa)以及其他控制变量也存在较大变化,这为考察政府补贴对企业技术创新产出的影响机制提供了研究条件。

表6-7 主要变量的描述性统计

变量	样本量	均值	标准差	最小值	最大值
Lntinvent	16849	1.667	1.548	0	5.932
Lntpatent	16849	2.344	1.807	0	6.778
Sub	16849	0.005	0.007	0	0.042
Market	16849	8.130	1.813	2.880	10.920
HHI	16849	0.001	0.004	0	0.029
S_HHI	16849	0.501	0.500	0	1
LnSize	16849	22.166	1.252	19.743	26.047
Lev	16849	0.431	0.212	0.048	0.947
Growth	16849	0.189	0.431	−0.331	3.138
Roa	16849	0.033	0.062	−0.280	0.192
Dual	16849	1.749	0.433	1	2
State	16849	0.411	0.492	0	1
Director	16849	0.374	0.053	0.333	0.571

(二)实证回归结果

1. 初步回归结果

表6-8所示为式(6-5)的回归结果。其中,第(1)列和第(2)列的被解释变量为发明申请量(Lntinvent),第(3)列和第(4)列的被解释变量为专利申请量(Lntpatent);第(1)列和第(3)列为未加控制变量的回归结果,第(2)列和第(4)列为加入控制变量后的回归结果。由第(2)列我们发现以发明申请量(Lntinvent)作为技术创新产出代理变量时,政府补贴越多,企业技术创新产出

也越多($\beta=20.928$,$P<0.01$);由第(4)列我们发现以专利申请量(Lntpatent)作为技术创新产出的代理变量时,回归结果没有实质性的改变。因此,政府补贴与企业技术创新产出之间显著正相关,即政府补贴对企业技术创新产出具有激励作用。于是,假设 6-5 得到了验证。

表 6-8 政府补贴与企业 R&D 产出的回归结果

变量	Lntinvent		Lntpatent	
	(1)	(2)	(3)	(4)
Sub	**12.711***** **(−7.27)**	**20.928***** **(−13.3)**	**7.860***** **(−4.05)**	**16.860***** **(−9.72)**
LnSize		0.564*** (−54.26)		0.620*** (−54.35)
Lev		−0.417*** (−7.33)		−0.394*** (−5.91)
Growth		−0.064*** (−2.76)		−0.078*** (−2.92)
Roa		1.547*** (−9.27)		1.955*** (−10.01)
Dual		−0.082*** (−3.63)		−0.110*** (−4.34)
State		0.03 (−1.37)		−0.031 (−1.27)
Director		0.269 (−1.46)		0.33 (−1.61)
_cons	0.472*** (−6.15)	−11.449*** (−49.23)	0.958*** (−10.66)	−12.120*** (−47.78)
行业效应	YES	YES	YES	YES
年度效应	YES	YES	YES	YES

续表

变量	Lntinvent		Lntpatent	
	(1)	(2)	(3)	(4)
F 值	219.389	281.31	296.523	371.543
Adj. R^2	0.217	0.382	0.285	0.431
N	16849	16849	16849	16849

注：括号内为修正后的 T 值；*、**、*** 分别表示 10%、5%、1%水平上显著。

控制变量中，企业规模对其技术创新产出产生了显著的影响，表明企业的规模越大，技术创新产出越多。企业盈利能力与技术创新产出显著正相关，表明企业的盈利能力越强，技术创新产出越多。

2. 进一步分析

为了进一步验证假设 6-6、6-7 和 6-8，分别将发明申请量(Lntinvent)和专利申请量(Lntpatent)作为技术创新产出的代理变量，考察在不同市场化进程的地区、处于不同产品市场竞争的行业以及在股权集中度不同的企业，政府补贴对企业技术创新产出的影响是否存在差异。表 6-9 所示为式(6-6)—(6-8)回归结果。其中，第(1)～(3)列的被解释变量为发明申请量(Lntinvent)，第(4)～(6)列的被解释变量为专利申请量(Lntpatent)。由第(1)列我们发现市场化进程和政府补贴的交互项与企业发明申请量显著正相关($\beta=1.635$，$P<0.05$)，表明市场化进程越高的地区，政府补贴能够提高企业发明申请量；由第(4)列我们发现市场化进程和政府补贴的交互项与企业专利申请量显著正相关($\beta=3.577$，$P<0.01$)，表明市场化进程越高的地区，政府补贴促使企业专利申请量的增加。因此，市场化进程越高的地区，政府补贴对企业技术创新产出的促进作用越显著。于是，假设 6-6 得到了验证。

表 6-9 市场化进程、产品市场竞争以及股权集中度与政府补贴的交互效应

变量	Lntinvent			Lntpatent		
	(1)	(2)	(3)	(4)	(5)	(6)
	Market	HHI	S_HHI	Market	HHI	S_HHI
Sub	8.413	21.973***	27.884***	−6.054	16.552***	28.092***
	(−1.29)	(−15.14)	(−12.13)	(−0.81)	(−10.16)	(−10.52)

续表

变量	Lntinvent			Lntpatent		
	(1)	(2)	(3)	(4)	(5)	(6)
	Market	HHI	S_HHI	Market	HHI	S_HHI
LnSize	0.556***	0.556***	0.548***	0.585***	0.612***	0.598***
	(−54.23)	(−55.65)	(−47.1)	(−49.01)	(−54.45)	(−44.5)
Lev	−0.332***	−0.448***	−0.627***	−0.299***	−0.396***	−0.608***
	(−5.88)	(−7.52)	(−10.21)	(−4.35)	(−6.13)	(−8.09)
Growth	−0.057**	−0.018	−0.034	0.011	−0.075***	−0.033
	(−2.48)	(−0.79)	(−1.27)	(−0.38)	(−2.97)	(−1.01)
Roa	1.393***	1.666***	1.351***	2.224***	1.941***	1.713***
	(−8.45)	(−9.32)	(−7.25)	(−10.8)	(−9.97)	(−7.47)
Dual	−0.055**	−0.090***	−0.145***	−0.097***	−0.110***	−0.181***
	(−2.43)	(−3.82)	(−5.71)	(−3.60)	(−4.30)	(−5.99)
State	0.074***	0.028	−0.206***	0.021	−0.031	−0.311***
	(−3.41)	(−1.24)	(−8.23)	(−0.8)	(−1.27)	(−10.48)
Director	0.325*	0.189	0.382*	0.21	0.306	0.333
	(−1.77)	(−1.01)	(−1.79)	(−0.95)	(−1.52)	(−1.34)
Market	0.088***			0.071***		
	(−13.77)			(−9.14)		
Sub_Market	**1.635****			**3.577*****		
	(−1.99)			**(−3.77)**		
HHI		3.77			7.516*	
		(−1.01)			(−1.86)	
Sub_HHI		**1182.970***			**1494.154****	
		(−1.76)			**(−2.07)**	

续表

变量	Lntinvent			Lntpatent		
	(1)	(2)	(3)	(4)	(5)	(6)
	Market	HHI	S_HHI	Market	HHI	S_HHI
S_HHI			−0.140***			−0.073**
			(−5.10)			(−2.25)
Sub_S_HHI			**1.923**			**0.648**
			(−0.55)			**(−0.16)**
_cons	−11.875***	−11.131***	−10.114***	−11.809***	−11.952***	−10.480***
	(−50.68)	(−48.16)	(−39.13)	(−43.04)	(−46.96)	(−35.36)
行业效应	YES	YES	YES	YES	YES	YES
年度效应	YES	YES	YES	YES	YES	YES
F 值	288.213	271.136	272.957	302.39	328.963	251.02
Adj. R^2	0.392	0.332	0.158	0.354	0.432	0.14
N	16849	16849	16849	16849	16849	16849

注：括号内为修正后的 T 值；*、**、*** 分别表示 10%、5%、1%水平上显著。

由第(2)列我们发现产品市场竞争和政府补贴的交互项与企业发明申请量显著正相关($\beta=1182.970$，$P<0.1$)，表明产品市场竞争越弱的行业，政府补贴促使企业发明申请量增加；由第(5)列我们发现产品市场竞争和政府补贴的交互项与企业专利申请量正相关($\beta=1494.154$，$P<0.05$)，表明产品市场竞争越弱的行业，政府补贴促使企业专利申请量增加。因此，产品市场竞争越弱，政府补贴对企业技术创新产出的促进效果越好。于是，假设 6-7 得到了验证。

由第(3)列我们发现股权集中度和政府补贴的交互项与企业发明申请量正相关，但不显著($\beta=1.923$)；由第(6)列我们发现股权集中度和政府补贴的交互项与企业专利申请量正相关，但不显著($\beta=0.648$)。因此，假设 6-8 未得到验证。

（三）稳健性检验

为了使本章发现的结果更加稳健，我们对本章回归结果进行如下稳健性检验。我们将发明专利授权量的自然对数（Lnpatent）作为被解释变量进行回归，其结果见表6-10，第（1）列为未加控制变量的回归结果，第（2）列为加入控制变量后的回归结果。可以发现，政府补贴与发明专利授权量均显著为正，从而支持了前文假设6-5的结果，即政府补贴能够激励企业技术创新的产出。

表6-10　政府补贴与企业技术创新产出的回归结果（稳健性检验）

变量	Lnpatent	
	(1)	(2)
Sub	**13.136***** (−8.59)	**19.282***** (−13.79)
LnSize		0.423*** (−46.2)
Lev		−0.355*** (−7.86)
Growth		−0.075*** (−4.11)
Roa		0.999*** (−7.73)
Dual		−0.058*** (−3.16)
State		0.042** (−2.37)
Director		0.304** (−2.01)
_cons	0.326*** (−5.95)	−8.626*** (−42.30)

续表

变量	Lnpatent	
	(1)	(2)
行业效应	YES	YES
年度效应	YES	YES
F 值	260.295	230.615
Adj. R^2	0.231	0.371
N	16849	16849

注:括号内为修正后的 T 值;*、**、***分别表示 10%、5%、1%水平上显著。

四、研究结论

本章选取 2010—2019 年中国沪深 A 股上市公司作为样本,研究政府补贴是否能够使企业技术创新产出增加。结果发现:①政府补贴促进企业技术创新产出的增加;②市场化进程越高的地区,政府补贴对企业技术创新产出的促进作用越显著;③产品市场竞争越弱,政府补贴对企业技术创新产出的促进效果越好;④不同股权集中度的企业,政府补贴对企业技术创新产出的影响不显著。

据此,可以提出如下的政策建议:①充分发挥政府补贴的杠杆作用,促进企业技术创新产出的增加;②对于不同市场化进程的地区、不同产品市场竞争的行业及不同股权集中度的企业,实施有差别的补贴政策,以此来促进企业技术创新产出的增加;③通过兼并重组等手段,实现创新要素的整合,提高产业的行业集中度,发挥政府补贴对企业技术创新产出的促进效果。

第七章　竞争性政策、连锁股东与企业技术创新

近20年来，得益于超大的市场规模、经济快速增长的红利以及互联网、人工智能及大数据的迅猛发展，我国互联网产业在扩张与创新中取得长足发展，这也激起了人们对新一轮反垄断政策的激烈讨论。其实自1942年“熊彼特创新假说”提出以来，关于垄断的市场结构还是竞争的市场结构更有利于企业创新的探究文献如汗牛充栋，其中一种观点认为垄断企业因拥有足够的利润保证其研发创新投入，且可以承受更大的创新失败风险，因而更有利于促进企业创新(Acemoglu and Cao，2015)；另一种观点认为竞争有助于激励企业通过创新逃离市场竞争压力(简泽等，2017)。虽有大量文献去检验这两类观点的成立性，其结论仍然难以形成统一。同时，已有研究在检验市场结构与企业创新之间关系时主要以单个企业为切入点，忽视了隐藏在企业背后的股东力量，这对于股权高度集中的中国企业而言，其研究结论的可推广性受到限制。

近年来大股东持有同一行业多家上市公司股份(即连锁股东)越来越普遍。据统计，美国上市公司中存在连锁股东的企业数量从1980年的10%增长到2014年的70%(He et al.，2019)。美国先锋领航集团通过持有苹果、亚马逊、谷歌、特斯拉、微软等上市公司而形成股权关联，有效地推动了美国前五大科创企业的快速成长。改革开放以来，我国持续推进企业改革，中国特色现代企业制度正逐步完善，企业的股权结构持续优化。据本章统计，2019年底1457家上市公司通过共同的十大股东形成关联，约占上市公司的38%。作为重要的股权安排，已有文献主要基于股权高度分散的资本市场研究连锁股东对企业创新的影响(López and Vives，2019；Anton et al.，2018；Borochin et al.，2020)。在股权高度集中的中国企业中，连锁股东对企业创新行为的影响机制可能有别于西方国家，进一步考察竞争性政策如何影响连锁股东与企业创新行为之间的关系，有助于厘清其具体作用机理，也可以有针对性地制定相关政策，对助力产业转型升级将具有重要意义。

关于连锁股东如何影响企业创新行为可以从以下两个方面进行分析。第一，由于研发创新的空间溢出效应，创新投入和创新收益的不对等性会削弱企业进行研发创新的动机，同一股东同时持有同一行业的多家企业在行业内的创新溢出效应等同于股东内部转移知识，会降低创新溢出效应的成本，从而有助于促进企业研发创新。第二，大股东在同一行业投资多家标的企业，会降低其投资组合的风险分散能力，因而削弱其进行更多研发创新投资的动机(López and Vives，2019；Anton et al.，2018；Borochin et al.，2020)。基于上述原因，本章基于近年来我国资本市场中大股东同时持有一个行业的多个企业股份(即连锁股东)这一重要经济现象，考察不同竞争政策下连锁股东对企业创新行为的影响。本章通过透视个体企业背后的连锁股东关系影响企业研发创新的具体作用机理，不仅拓展了公司股东影响企业研发创新行为的具体机理研究，而且对从企业背后连锁股东视角关注“反垄断”的实施效果具有重要启示意义。

第一节　研究假设

一、连锁股东与企业研发创新

创新是企业构建核心竞争力的关键，也是企业保持市场地位最有效的手段。影响企业创新的因素很多，既包括一国的知识产权保护水平（文豪，2009）、资本市场的开放程度（田轩，2020），也包括产品市场竞争（Aghion et al., 2005）、企业规模（易靖韬等，2015）、所有权性质（李卫忠等，2020）等，同时还包括公司股权特征（牛建波等，2013）。随着资本市场的不断发展与完善，股权特征对于创新的影响越来越受到关注。学者们主要围绕股权集中度（刘振和刘博，2018）、股权结构（Honoré et al., 2013；杨风和李卿云，2016）等方面开展了研究。公司的股权结构是公司治理结构的核心部分，深刻地影响公司的创新决策，而连锁股东属于股权结构的重要构成维度，作为当前资本市场一种重要的经济现象，其能否促进企业创新值得深入地研究。

梳理相关的文献，国内外学者的研究主要集中在机构投资者对于企业创新的作用机制。机构投资者可以促进民营企业的创新活动（温军和冯根福，2012）。机构投资者持股与产品市场竞争之间存在互补性，可以通过降低职业风险增加创新激励（Aghion et al., 2013）。对于连锁股东理论方面的研究尚未形成完善的理论体系，对于连锁股东与企业创新的实证研究方兴未艾。国外学者主要围绕连锁股东的性质、作用渠道和条件等方面展开了讨论。López 和 Vives（2019）通过古诺模型研究发现，连锁股东能够内化竞争对手的创新行为，在不同的市场集中度水平下对 R&D 产生不同的溢出效应。Anton 等（2018）发现连锁股东能够缓解企业的创新障碍，当技术溢出效应大于产品市场溢出效应时，促进企业研发，避免了窃取行为的发生。Borochin 等（2020）发现连锁股东通过企业价值和融资约束两个渠道来影响创新，连锁股东的性质对创新产生了不同的影响，专注、长期的投资者促进创新产出，多元化、短期的投资者抑制创新产出。Kostovetsky 和 Manconi（2020）认为连锁股东的企业间专利引用强度更高，并促进了创新在企业间的扩散。

可见，连锁股东对企业创新行为的影响主要依赖连锁股东产生的市场集中度衍生的风险承担能力以及连锁股东对创新溢出效应的影响。此外，上述研究结论主要来源于西方高度分散的股权资本市场的证据，其研究结论对股权高度集中的中国资本市场的适用性值得探究。

连锁股东的公司治理效应与企业研发创新。连锁股东在参与不同企业经营过程中积累的投资经验、行业专长和管理经验，能够对公司治理形成积极的影响（潘越等，2020），进而影响企业创新。首先，连锁股东在参与不同企业经营和创新过程中积累了投资经验、行业专长、管理经验和创新知识。连锁股东对企业技术的发展趋势把握得更加准确，具有较为全面的创新知识和信息储备，对新产品开发的市场信息掌握得更加及时、准确。因此，连锁股东凭借以上优势，可以及时指导管理层开展创新活动，帮助管理层做出正确的创新决策。其次，连锁股东能够对企业创新实施有效的监督。由于股东和管理层之间存在信息不对称和代理问题，管理层可能排斥风险较大，但有利于公司长远发展的创新项目。连锁股东将发挥创新知识和信息储备较为全面的优势，缓解经理人职业忧虑，抑制经理人短视行为，并通过对 CEO 表达反对意见（He et al.，2019）、罢免不称职 CEO（Kang et al.，2018）、抑制 CEO 操纵财务信息的行为（He et al.，2020）等途径实现监督职能，提升管理层的工作动机（Edmans et al.，2019），提升企业创新绩效。另外，连锁股东还可以通过委派董事或独立董事，形成董事网络，拓宽研发资金的来源渠道，发挥专利知识的获取作用，提升企业创新产量和质量（王营和张光利，2018）。

连锁股东的信息效应与企业研发创新。连锁股东通过股东连接而形成网络关系（李善民等 2015；王江娜等，2020），为同行业企业之间信息交换提供通道，共享信息资源。技术创新不仅要求企业能够有效整合人才、资金等资源，更加需要企业从不同渠道获取各类创新知识和信息。创新的基础是知识和信息，企业创新来源于对新知识和信息的持续创造和运用。基于内部知识积累的有限性和技术变迁速度的加快，越来越多的企业倾向于借助外部关系网络寻求知识和信息，与内部知识整合提升企业创新能力（段海艳，2012）。这种信息和知识的交流一般以非市场化、非正式交易实现，节省了企业的交易成本，增进了企业间的互信，并有助于企业间协作关系的形成。企业的创新能力关键就看企业如何利用网络关系将多种信息转化为知识，并促进多种知识的融合（王霄和胡军，2005）。连锁股东长期参与同行业企业创新项目的选择、研发的方向与投入等重大创新决策，掌握了同行业企业的创新知识与信息，不仅为管理层提供丰富和多元化的异质性信息，而且加速了内外部知识与信息的融合速度，实现外部资源内部化，促进创新企业人力资本的不断积累，提升企业创新水平。基于此，连锁股东能够发挥信息效应，起到"桥"的作用，为企业带来丰富和多元化的异质性信息（黄灿和李善民，2019），帮助企业获取创新知识和信息，识别创新项目，把握技术创新进程，实现创新的预期成果。

连锁股东的创新溢出缓解效应。企业研发创新特别是突破式创新具有显著的知识溢出效应（Jaffe，1986），这种溢出效应主要表现为竞争对手模仿企业创新行为，即主要发生在同行业企业之间（Raut，1995），且企业很难阻止竞争对手对知识产权的模仿行为（Arrow，2015），这使得企业创新收益低于创新成本，从而削弱了企业进行研发创新的动机。为解决同行业研发创新溢出效应，经济学家提出应加强知识产权保护（Hausman et al.，1984）。然而，处于转型阶段的中国，知识产权保护制度仍然不够完善，特别是在网络时代知识产权保护难度进一步加大。但在同一行业内同时持有多家企业，使得投资组合内企业的创新知识相互溢出，会降低股东溢出成本，从而也弱化了这种溢出效应对企业研发创新的不利影响，有助于促进连锁股东的创新意愿。

连锁股东的风险分担效应。由于研发创新的高风险特征，企业进行研发创新本质上是风险承担意愿的体现。大股东同时持有多家企业实际上构成一个投资组合，根据投资组合原理，投资组合的风险分散程度取决于标的资产收益率的相关性，持股同一行业标的资产的收益率相关性明显更高，从而会降低整个投资组合的风险分散程度。王红建等（2018）研究发现最终控制人投资组合会显著影响组合内企业风险承担水平。在保证必要收益率条件下为控制整个投资组合的风险水平，连锁股东可以通过调整组合内企业风险承担水平，即降低单个投资标的物的风险承担意愿，以实现投资组合效应最大化（Faccio et al.，2011），表现为企业创新意愿下降，从而不利于企业进行研发创新。

根据连锁股东的治理效应、信息效应以及创新溢出缓解效应，我们预期连锁股东有助于显著促进企业研发创新；根据风险分担效应，我们预期连锁股东可能抑制了企业研发创新。据此，我们提出如下竞争性研究假设：

研究假设 7-1(a)：连锁股东显著促进企业研发创新；

研究假设 7-1(b)：连锁股东显著抑制企业研发创新。

二、竞争性政策、连锁股东与企业研发创新

根据熊彼特的创新理论，行业竞争性会分别从创新能力和创新意愿两个方面影响企业创新行为。对于竞争性越强的行业，为了逃避竞争压力，企业会有更强的创新动力，但较弱的盈利能力导致其创新能力不足；相反，对于垄断性较强

的行业，企业凭借垄断地位可以获得高额利润，从而具备更强的创新能力，但创新动力不足。无数实证研究论文对这两类研究展开了检验，其研究结论也不完全一致。行业竞争如何影响连锁股东与企业研发创新之间的关系，我们也可以从企业创新意愿和创新能力两个维度进行分析。

根据前文分析，连锁股东一方面发挥公司治理效应，优化公司的治理结构，有效缓解各利益关系的冲突，增进企业的创新意愿，从而促进企业研发创新，另一方面发挥信息效应，帮助企业获取创新知识和信息，提升企业的创新能力，增强企业的创新动力。综上分析，市场垄断将有助于连锁股东发挥公司治理效应、信息效应，增强企业的创新能力和创新意愿，形成"高密度"的企业网络（李善民等，2015），促进产品市场协调（He et al.，2017），完成创新产品的市场化，实现创新的价值，激发企业进一步创新的热情。我们据此提出以下研究假设：

研究假设 7-2：市场垄断有助于连锁股东发挥促进企业研发创新的杠杆作用。

三、知识产权保护、连锁股东与企业研发创新

创新成果具有公共产品的特征，容易被复制传播，从而会削弱创新活动者的积极性，而知识产权保护则会为创新产品的垄断性提供保障（郭春野和庄子银，2012）。知识产权保护帮助企业或组织克服外部性和信息不对称问题的制约，阻止他人无偿使用知识产权，从而激发企业创新动力（孟猛猛等，2021）。部分学者认为知识产权将阻止技术溢出，增加行业间知识传播和扩散成本，不利于企业在模仿中创新，抑制创新主体的积极性（Glass and Saggi，2002；Safari，2017；鲍宗客等，2020）。而也有学者认为知识产权保护能够减少行业间研发溢出效应的损失，缓解创新主体的融资约束，提升创新主体的积极性（Kim et al.，2015；李春涛等，2015）。

根据前文分析，连锁股东能够发挥信息效应，通过股东连接而形成网络关系（李善民等 2015；王江娜等，2020），为同行业企业之间信息交换提供通道，共享信息资源。技术创新不仅要求企业能够有效整合人才、资金等资源，更加需要企业从不同渠道获取各类创新知识和信息。创新的基础是知识和信息，企业创新来源于对新知识和信息的持续创造和运用。基于内部知识积累的有限性和技术变迁速度的加快，越来越多的企业倾向于借助外部关系网络寻求知识和信息，与内部知识整合以提升企业创新能力（段海艳，2012）。知识产权保护较弱的地区将有助于连锁股东更好地发挥信息效应，以非市场化、非正式交易的信息交流，并将多种信息转化为知识，促进多种知识的融合，实现外部资源内部化，提升企

业的创新能力，同时，为企业节省交易成本，并有助于形成企业间的创新协作关系。我们据此提出以下研究假设：

研究假设 7-3：知识产权保护较弱的地区有助于连锁股东发挥促进企业研发创新的杠杆作用。

第二节　样本选择与研究设计

一、样本选择与数据来源

本章选取 2007—2019 年中国沪深 A 股上市公司作为初选样本，之所以选择 2007 年作为起始年份，是因为我国 2007 年开始正式实施与国际惯例趋同的新会计准则，然后按照以下标准进行筛选：①删除银行、证券以及保险等金融行业公司样本；②删除财务缺失的样本。根据上述筛选标准，共得 30377 个公司年度观测值。同时，在进行回归分析之前对模型中所有连续变量在 1% 和 99% 的水平上进行 Winsorize 处理。本章用于构建连锁股东相关指标的数据来源于国泰安 CSMAR 数据库提供的季度层面的十大股东文件，其他财务数据均来自国泰安 CSMAR 数据库与 Wind 数据库。

二、模型构建与变量设计

参考已有关于企业创新的相关研究（邵金菊和王培，2013；史青等，2017；杨柏等，2021），本章构建如下回归模型：

$$\text{Patent}_{it} = \beta_0 + \beta_1 \times \text{Cross}_{it-1} + \sum \beta \times \text{Controls}_{it-1} + \varepsilon_{it} \tag{7-1}$$

$$\text{Patent}_{it} = \beta_0 + \beta_1 \times \text{Cross}_{it-1} + \beta_2 \times \text{HHI} + \beta_3 \times \text{Cross}_{it-1} \times \text{HHI} + \sum \beta \times \text{Controls}_{it-1} + \varepsilon_{it} \tag{7-2}$$

$$\text{Patent}_{it} = \beta_0 + \beta_1 \times \text{Cross}_{it-1} + \beta_2 \times \text{IPR} + \beta_3 \times \text{Cross}_{it-1} \times \text{IPR} + \sum \beta \times \text{Controls}_{it-1} + \varepsilon_{it} \tag{7-3}$$

由于因变量——专利申请数量不可能为负，是以 0 为下限的拖尾变量，因此，本章采用 Tobit 模型。在上述模型中，Patent 为因变量，表示企业创新水平。Cross 为自变量，表示连锁股东，HHI 表示行业的竞争性，IPR 表示知识产权保护，Controls 为本章的控制变量。由于创新存在时间上的滞后性，故自变量和控制变量均滞后一期。变量的具体定义详见表 7-1。

表 7-1 主要变量的定义

变量类型	变量名称	变量定义
因变量	专利申请量(LnPatent_Apply)	等于当年专利申请量加1后取自然对数
	专利授权量(LnPatent_Grant)	等于当年专利授权量加1后取自然对数
	专利总量(LnPatent_Total)	等于当年专利申请量和专利授权量之和加1后取自然对数
	发明专利申请量(LnPatent_Invention)	等于当年发明专利申请量加1后取自然对数
	实用新型专利申请量(LnPatent_Utility)	等于当年实用新型专利申请量加1后取自然对数
	外观设计专利申请量(LnPatent_Design)	等于外观设计专利申请量加1后取自然对数
	发明专利授权量(LnPatent_Grant_Invention)	等于当年发明专利授权量加1后取自然对数
	研发费用占营业收入的比重(RD)	等于企业当年研发费用除以营业收入
自变量	连锁股东(LnCross)	在季度上,计算每家公司有多少名股东同时在本公司及行业公司持股不低于5%,再求这一数据的年度均值,并加1取对数
	连锁股东(Cross_Dum)	企业在当年存在连锁股东则取值为1,否则为0
	连锁股东的持股比例(Cross_Share)	对每家企业,在季度上计算其股份被连锁股东持有的比例之和,再求年度平均
调节变量	竞争性政策(HHI)	等于行业竞争性,使用基于营业收入计算的赫芬达尔-赫希曼指数(HHI)来表示
	知识产权保护(IPR)	采用王小鲁等编制的《中国分省份市场化指数报告(2018)》中的"知识产权保护"作为知识产权保护的替代变量,将处于上四分位的定义为知识产权保护较强地区,处于下四分位的定义为知识产权保护较弱地区

续表

变量类型	变量名称	变量定义
控制变量	公司规模(LnSize)	等于期末总资产的自然对数
	存续年限(LnAge)	等于企业成立年限的自然对数
	资产净利润率(Roa)	等于净利润除以期末总资产
	成长性(Tq)	等于托宾 Q
	固定资产占比(Tangibility)	等于固定资产除以期末总资产
	现金流(Cashflow)	等于经营活动现金流净额与投资现金流净额之和除以总资产
	资产负债率(Lev)	等于期末总负债除以期末总资产
	第一大股东持股比例(First)	等于期末第一大股东持股比例
	董事会规模(LnBoard)	等于董事会人数的自然对数

(1) 因变量。参考孙伍琴和王培(2013)、蔡地等(2014)等的做法,本章采用研发投入、研发产出衡量企业的创新水平,采用基于营业收入标准化的研发费用(RD)和专利申请量(LnPatent_Apply)、专利授权量(LnPatent_Grant)、专利总量(LnPatent_Total)分别来反映研发投入和研发产出。参考胥朝阳等(2020)的做法,本章采用发明专利申请量(LnPatent_Invention)、发明专利授权量(LnPatent_Grant_Invention)反映企业突破式创新即创新质量,采用实用新型专利申请量(LnPatent_Utility)、外观设计专利申请量(LnPatent_Design)反映企业渐进式创新。另外,稳健性检验中运用基于营业收入标准化的研发费用(RD)进一步检验。

(2) 自变量——连锁股东(LnCross)。本章在参考 He 等(2019)、潘越等(2020)研究的基础上,基于如下构建连锁股东(LnCross)指标:在季度层面保留持股比例在 5%以上的大股东,因为持股 5%以上的股东可能对公司治理和经营具有重大影响(Bharath et al., 2013);在每个季度上,计算每家公司有多少名大股东在行业其他公司也是大股东;对上述季度层面的连锁股东数目,求其年度均值,并加 1 取对数。其中,以 2012 年证监会行业划分为基础,制造业细分至二级,其余到一级。连锁股东(Cross_Dum)为哑变量,企业在当年存在连锁股东则取值为 1,否则为 0。连锁股东的持股比例(Cross_Share)为在季度上计算每家企业股份被连锁股东持有的比例之和,再求年度平均。

(3) 调节变量。行业竞争性使用基于营业收入计算的赫芬达尔-赫希曼指数(HHI)来表示,该值越大表示行业竞争越低,越小表示行业竞争程度越激烈。关于知识产权保护则借鉴张杰等(2015)、李俊青和苗二森(2018)的做法,采用王小鲁等编制的《中国分省份市场化指数报告(2018)》中"知识产权保护"作为知识产权保护的替代变量,将处于上四分位的定义为知识产权保护较强地区,处于下四分位的定义为知识产权保护较弱地区。

(4)控制变量。参考现有研究(黎文靖等,2020;蔡庆丰等,2020;曹春方和张超,2020),本章控制了如下变量:公司规模(LnSize)、存续年限(LnAge)、资产净利润率(Roa)、成长性(Tq)、固定资产占比(Tangibility)、现金流(Cashflow)、资产负债率(Lev)、第一大股东持股比例(First)、董事会规模(LnBoard)。

第三节 实证分析

一、描述性统计

表 7-2 所示为本章主要变量的描述性统计。经对数处理后的当年专利申请量(LnPatent_Apply)的均值为 1.698,标准差为 1.812,说明样本中不同公司的创新水平差异较为明显。专利授权量(LnPatent_Grant)、发明专利申请量(LnPatent_Invention)等指标均表明样本中不同公司的创新水平差异较为明显。连锁股东(LnCross)的均值为 0.084,标准差为 0.213,也表明了样本中各公司连锁股东情况存在较大差异,有助于识别研发创新与连锁股东之间的关系。此外,公司规模(LnSize)、存续年限(LnAge)、第一大股东持股比例(First)以及其他控制变量也存在较大变化,这为考察连锁股东对企业研发创新的影响机制提供了研究条件。

表 7-2 描述性统计

变量	样本量	均值	标准差	最小值	最大值
LnPatent_Apply	30377	1.698	1.812	0	6.461
LnPatent_Grant	30377	0.689	1.114	0	4.654

续表

变量	样本量	均值	标准差	最小值	最大值
LnPatent_Total	30377	1.781	1.871	0	6.613
LnPatent_Invention	30377	1.192	1.475	0	5.638
LnPatent_Utility	30377	1.168	1.548	0	5.707
LnPatent_Design	30377	0.424	0.955	0	4.466
RD	30377	0.028	0.039	0	0.217
LnCross	30377	0.084	0.213	0	0.916
Cross_Dum	30377	0.15	0.358	0	1
Cross_Share	30377	3.072	9.305	0	51.233
Tq	30377	2.08	1.426	0.884	9.606
LnSize	30377	22.018	1.305	19.29	26.019
LnAge	30377	16.889	5.599	6	33
Roa	30377	0.038	0.069	−0.285	0.225
Tangibility	30377	0.23	0.171	0.002	0.731
Cashflow	30377	−0.013	0.102	−0.318	0.279
Lev	30377	0.452	0.215	0.055	1.001
First	30377	0.349	0.149	0.09	0.746
LnBoard	30377	2.147	0.202	1.609	2.708

二、假设检验结果

表 7-3 报告了连锁股东(LnCross)与企业研发创新的回归结果,分别以专利申请量(LnPatent_Apply)、专利授权量(LnPatent_Grant)、专利总量(LnPatent_Total)三个指标来表示企业的创新水平。检验结果显示:在三个创新指标中,连锁股东(LnCross)系数估计值分别为 0.175、0.332、0.174,均在 1%统计水平上显著为正,表明连锁股东(LnCross)与企业创新水平呈现显著正相关关系,即支持了研究假设 7-1(a)的推断,说明连锁股东通过缓解企业研发创新在同行竞争对手之间的溢出成本,促进了企业研发创新动机。

表 7-3　连锁股东与企业研发创新

变量	(1)	(2)	(3)
	LnPatent_Apply	LnPatent_Grant	LnPatent_Total
LnCross	**0.175*****	**0.332*****	**0.174*****
	(0.065)	**(0.064)**	**(0.066)**
LnSize	0.966***	0.774***	0.990***
	(0.015)	(0.015)	(0.015)
LnAge	0.011***	−0.009***	0.011***
	(0.003)	(0.003)	(0.003)
Roa	1.490***	2.611***	1.565***
	(0.246)	(0.258)	(0.251)
Tq	0.078***	0.058***	0.080***
	(0.012)	(0.012)	(0.012)
Tangibility	−1.098***	−0.917***	−1.113***
	(0.096)	(0.095)	(0.098)
Cashflow	0.478***	0.065	0.467***
	(0.136)	(0.135)	(0.139)
Lev	−0.851***	−0.611***	−0.900***
	(0.082)	(0.082)	(0.084)
First	−0.707***	−0.522***	−0.728***
	(0.095)	(0.093)	(0.097)
LnBoard	0.147**	0.260***	0.188***
	(0.070)	(0.069)	(0.072)
时间效应	YES	YES	YES
行业效应	YES	YES	YES
地区效应	YES	YES	YES
_cons	−23.096***	−23.394***	−23.770***
	(0.357)	(0.421)	(0.365)
Obs.	26106	26106	26106

注：括号内为使用异方差调整和公司聚类调整得到的稳健性标准误；*、**、*** 分别表示 10%、5%、1%水平上显著。

三、内生性检验

由于连锁股东与企业研发创新之间可能存在未观测到的因素、因果倒置、测量误差等内生性问题的困扰，前文研究结论的可靠性受到影响。为了缓解这些内生性问题的干扰，本章将分别采用公司固定效应模型、Heckman 两阶段回归和工具变量法对上述问题进行处理。

(1) 公司固定效应模型回归。公司固定效应模型可以缓解因遗漏不随时间变化的公司层面变量所带来的内生性问题(梁上坤，2018)，因此本章将加入公司固定效应以尽可能控制公司层面的相关变量，以得到连锁股东与研发创新之间更为可靠的研究结论，具体检验结果详见表 7-4。检验结果发现：当因变量分别为专利申请量(LnPatent_Apply)、专利授权量(LnPatent_Grant)以及专利总量(LnPatent_Total)时，连锁股东(LnCross)系数估计值均在 1%统计水平显著为正，表明在控制遗漏变量后关于连锁股东促进企业研发创新的结论是稳健的。

表 7-4 连锁股东与企业研发创新(公司固定效应模型)

变量	(1)	(2)	(3)
	LnPatent_Apply	LnPatent_Grant	LnPatent_Total
LnCross	**0.216***** **(0.045)**	**0.196***** **(0.032)**	**0.220***** **(0.046)**
LnSize	0.622*** (0.010)	0.344*** (0.007)	0.641*** (0.010)
LnAge	0.004** (0.002)	−0.005*** (0.001)	0.003* (0.002)
Roa	1.001*** (0.145)	0.768*** (0.092)	1.059*** (0.150)
Tq	0.076*** (0.008)	0.053*** (0.005)	0.079*** (0.008)
Tangibility	−0.601*** (0.062)	−0.353*** (0.041)	−0.622*** (0.064)

续表

变量	(1)	(2)	(3)
	LnPatent_Apply	LnPatent_Grant	LnPatent_Total
Cashflow	0.388***	0.145***	0.378***
	(0.085)	(0.053)	(0.088)
Lev	−0.466***	−0.262***	−0.507***
	(0.051)	(0.032)	(0.052)
First	−0.417***	−0.101**	−0.430***
	(0.061)	(0.042)	(0.063)
LnBoard	0.023	0.072**	0.052
	(0.046)	(0.030)	(0.047)
时间效应	YES	YES	YES
行业效应	YES	YES	YES
地区效应	YES	YES	YES
_cons	−12.279***	−7.023***	−12.648***
	(0.223)	(0.158)	(0.229)
Obs.	26106	26106	26106

注:括号内为使用异方差调整和公司聚类调整得到的稳健性标准误;*、**、*** 分别表示 10%、5%、1%水平上显著。

(2) Heckman 两阶段回归。投资者在选择投资标的时往往存在一定的选择偏好,其可能对某个行业股票更加偏爱,因此同行业企业存在的某些共同特征可能是导致其连锁股东较多的一个重要因素,这可能导致样本的自选择问题(潘越等,2020)。为了消除可能出现的样本自选择问题,本章采用 Heckman 两阶段回归予以缓解。具体来说,本章首先构建 Probit 回归模型以检验上一期公司变量与下一期连锁股东(Cross_Dum)之间的相关性,回归模型如下:

$$\text{Cross\_Dum}_{it} = \beta_0 + \beta_1 \times \text{Controls}_{it-1} + \varepsilon_{it}$$

其中,Cross_Dum_{it} 表示企业在当年是否存在连锁股东,存在则取值为 1,否则为 0,Controls_{it-1} 表示企业规模、存续年限、资产净利润率、成长性等的滞后项,ε_{it} 为回归残差项。根据上述回归模型,构建逆米尔斯比率(IMR),考察上一期公司变量对连锁股东(Cross_Dum)的影响,然后将其作为控制变量加入公式模型(7-1)中,来解决样本的自选择问题。具体检验结果详见表7-5。结果显示,逆米尔斯比率(IMR)的系数在两组回归中显著为负,说明连锁股东的样本可能存在自选择问题,连锁股东(LnCross)系数估计值分别在5%、1%及5%统计水平上显著为正,表明在控制自选择偏好后关于连锁股东显著促进企业研发创新的研究结论仍然是稳健的。

表7-5 连锁股东与企业研发创新(Heckman两阶段)

变量	(1)	(2)	(3)
	LnPatent_Apply	LnPatent_Grant	LnPatent_Total
LnCross	**0.2110****	**0.3151*****	**0.2095****
	(0.0653)	**(0.0650)**	**(0.0669)**
IMR	−1.9088***	0.3920	−1.8791***
	(0.4322)	(0.4216)	(0.4424)
LnSize	0.5610***	0.8600***	0.5914***
	(0.0929)	(0.0902)	(0.0951)
LnAge	−0.0054	−0.0057	−0.0060
	(0.0048)	(0.0048)	(0.0050)
Roa	1.9979***	2.4523***	2.0624***
	(0.2751)	(0.2840)	(0.2815)
Tq	−0.0186	0.0779**	−0.0153
	(0.0247)	(0.0243)	(0.0253)
Tangibility	−1.7039***	−0.7600***	−1.7105***
	(0.1804)	(0.1767)	(0.1846)
Cashflow	−0.5173	0.3371	−0.5078
	(0.2773)	(0.2706)	(0.2838)
Lev	−1.1108***	−0.5749***	−1.1575***
	(0.0970)	(0.0964)	(0.0992)
First	−0.4891***	−0.6005***	−0.5149***
	(0.1099)	(0.1077)	(0.1125)

续表

变量	(1)	(2)	(3)
	LnPatent_Apply	LnPatent_Grant	LnPatent_Total
LnBoard	−0.3482**	0.3601**	−0.3008*
	(0.1343)	(0.1312)	(0.1375)
时间效应	YES	YES	YES
行业效应	YES	YES	YES
地区效应	YES	YES	YES
_cons	−8.8788**	−26.3538***	−9.7771**
	(3.2413)	(3.1666)	(3.3181)
Obs.	25671	25671	25671

注:括号内为使用异方差调整和公司聚类调整得到的稳健性标准误;*、**、***分别表示10%、5%、1%水平上显著。

(3) 工具变量回归。可能由于部分行业整体创新能力较强,投资者更看好该行业标的股票,即反向因果关系形成的内生性对本章研究结论产生干扰。为此,本章借鉴 Crane 等(2016)、潘越等(2020)的做法,以股票指数成分的变化作为工具变量,控制可能存在的遗漏变量。我国二级市场中存在资产规模较大的指数型基金,这些指数型基金存在配置市值的需要,可能会改变相应企业连锁股东的数值,并不会直接对企业研发创新产生直接的影响,从而满足工具变量的两个条件。因此,本章在控制原有变量的基础上,选取上市公司股票在沪深 300 指数和中证 500 指数中的变动作为工具变量,具体来说设置 In500 和 In300 两个虚拟变量,当上一期股票由非中证 500 升入中证 500 时,则虚拟变量 In500 为 1,否则为 0;当上一期股票由中证 500 升入沪深 300,则虚拟变量 In300 为 1,否则为 0。检验结果详见表 7-6。

检验结果显示:In500 和 In300 系数估计值分别在 1%统计水平和 5%统计水平显著为负,表明当股票在上述两种指数调出时,会显著降低该股票连锁股东的数量,满足工具变量的相关性。在二阶段回归中,连锁股东(LnCross)系数估计值分别为 0.152、0.314、0.157,都在 5%以下统计水平显著为正,表明在使用工具变量控制内生性后,关于连锁股东会显著促进企业研发创新的研究结论仍然是成立的。

表 7-6　连锁股东与企业研发创新(工具变量法)

变量	(1)	(2)	(3)	(4)
	一阶段	二阶段		
	LnCross	LnPatent_Apply	LnPatent_Grant	LnPatent_Total
In500	**−0.014***** **(0.005)**			
In300	**−0.002**** **(0.001)**			
LnCross		**0.152**** **(0.065)**	**0.314***** **(0.067)**	**0.157**** **(0.067)**
LnSize	0.043*** (0.002)	0.873*** (0.015)	0.761*** (0.016)	0.893*** (0.016)
LnAge	0.001*** (0.000)	0.004 (0.003)	−0.012*** (0.003)	0.002 (0.003)
Roa	−0.073*** (0.021)	2.563*** (0.255)	2.927*** (0.277)	2.654*** (0.261)
Tq	0.010*** (0.001)	0.046*** (0.012)	0.050*** (0.012)	0.047*** (0.012)
Tangibility	0.080*** (0.010)	−1.039*** (0.099)	−0.877*** (0.102)	−1.058*** (0.101)
Cashflow	0.082*** (0.011)	0.068 (0.143)	−0.112 (0.147)	0.045 (0.146)
Lev	0.000 (0.007)	−0.679*** (0.085)	−0.552*** (0.088)	−0.727*** (0.087)
First	−0.010 (0.009)	−0.462*** (0.098)	−0.481*** (0.100)	−0.482*** (0.100)
LnBoard	0.054*** (0.007)	0.181** (0.072)	0.264*** (0.074)	0.220*** (0.074)
时间效应	YES	YES	YES	YES

续表

变量	(1)	(2)	(3)	(4)
	一阶段	二阶段		
	LnCross	LnPatent_Apply	LnPatent_Grant	LnPatent_Total
行业效应	YES	YES	YES	YES
地区效应	YES	YES	YES	YES
_cons	−1.039***	−20.884***	−23.158***	−21.481***
	(0.036)	(0.364)	(0.448)	(0.372)
Obs.	26106	22092	22092	22092

注:括号内为使用异方差调整和公司聚类调整得到的稳健性标准误;*、**、*** 分别表示 10%、5%、1%水平上显著。

四、异质性检验

为了进一步检验连锁股东促进企业研发创新的具体机理及作用边界,我们还分别进行了如下检验。

第一,行业竞争性如何影响连锁股东与企业研发创新之间的关系。根据熊彼特创新理论,行业竞争性与研发创新的关系可以从创新能力和创新意愿两个视角来分析,行业处于竞争状态时,为逃离竞争,企业进行研发创新意愿越强,但是创新能力越弱,表现为创新动力观;反之创新能力越强,创新意愿越弱,表现为创新能力观。为此,我们进一步考察了不同行业竞争性如何影响连锁股东对企业研发创新的影响,表 7-7 报告了检验结果,其中行业竞争性使用基于营业收入计算的赫芬达尔-赫希曼指数(HHI)表示,该值越大表示行业竞争程度越弱。企业研发创新分别用专利申请量(LnPatent_Apply)、专利授权量(LnPatent_Grant)、专利总量(LnPatent_Total)表示。

表 7-7 行业竞争性、连锁股东与企业研发创新

变量	(1)	(2)	(3)	(4)	(5)	(6)
	竞争性行业	垄断性行业	竞争性行业	垄断性行业	竞争性行业	垄断性行业
	LnPatent_Apply	LnPatent_Apply	LnPatent_Grant	LnPatent_Grant	LnPatent_Total	LnPatent_Total
LnCross	**0.126***	**0.362****	**0.222*****	**0.621*****	**0.123**	**0.367****
	(0.075)	**(0.145)**	**(0.071)**	**(0.144)**	**(0.077)**	**(0.149)**

续表

变量	(1)	(2)	(3)	(4)	(5)	(6)
	竞争性行业	垄断性行业	竞争性行业	垄断性行业	竞争性行业	垄断性行业
	LnPatent_Apply	LnPatent_Apply	LnPatent_Grant	LnPatent_Grant	LnPatent_Total	LnPatent_Total
Different Test	**0.236***** **(0.000)**		**0.399***** **(0.000)**		**0.244**** **(0.050)**	
(*P*-Value)						
LnSize	0.956*** (0.019)	1.003*** (0.029)	0.787*** (0.018)	0.769*** (0.028)	0.980*** (0.019)	1.031*** (0.030)
LnAge	0.004 (0.004)	0.021*** (0.006)	−0.011*** (0.004)	−0.004 (0.006)	0.003 (0.004)	0.020*** (0.006)
Roa	2.093*** (0.305)	1.322*** (0.501)	2.995*** (0.297)	1.702*** (0.510)	2.236*** (0.312)	1.338*** (0.514)
Tq	0.070*** (0.014)	0.093*** (0.022)	0.062*** (0.014)	0.055** (0.022)	0.072*** (0.014)	0.095*** (0.023)
Tangibility	−1.740*** (0.122)	−0.429** (0.176)	−1.410*** (0.115)	−0.124 (0.176)	−1.767*** (0.124)	−0.422** (0.181)
Cashflow	0.538*** (0.169)	0.138 (0.250)	0.150 (0.161)	−0.082 (0.249)	0.503*** (0.172)	0.172 (0.257)
Lev	−0.784*** (0.099)	−0.717*** (0.162)	−0.567*** (0.094)	−0.707*** (0.162)	−0.836*** (0.101)	−0.765*** (0.166)
First	−0.813*** (0.117)	−0.613*** (0.179)	−0.514*** (0.110)	−0.564*** (0.178)	−0.831*** (0.120)	−0.650*** (0.184)
LnBoard	−0.095 (0.089)	0.403*** (0.127)	0.143* (0.084)	0.437*** (0.125)	−0.053 (0.091)	0.447*** (0.131)
时间效应	YES	YES	YES	YES	YES	YES
行业效应	YES	YES	YES	YES	YES	YES
地区效应	YES	YES	YES	YES	YES	YES

续表

变量	(1)	(2)	(3)	(4)	(5)	(6)
	竞争性行业	垄断性行业	竞争性行业	垄断性行业	竞争性行业	垄断性行业
	LnPatent_Apply	LnPatent_Apply	LnPatent_Grant	LnPatent_Grant	LnPatent_Total	LnPatent_Total
_cons	−17.561***	−21.920***	−18.836***	−20.893***	−18.168***	−22.642***
	(0.427)	(0.666)	(0.413)	(0.682)	(0.436)	(0.684)
Obs.	12224	10522	12224	10522	12224	10522

注:括号内为使用异方差调整和公司聚类调整得到的稳健性标准误;*、**、***分别表示10%、5%、1%水平上显著。

检验结果显示:当为竞争性行业时,连锁股东(LnCross)系数估计值分别为0.126、0.222、0.123;而当为垄断性行业时,连锁股东(LnCross)系数估计值分别为0.362、0.621、0.367,分别在5%、1%以及5%统计水平上显著为正;且两组系数呈显著差异。上述结果表明,相对于竞争性行业,连锁股东对垄断性行业企业创新的激励作用更显著,从而支持了创新动力观,这也进一步排除了连锁股东的“合谋协作假说”。

第二,知识产权保护如何影响连锁股东与企业研发创新之间的关系。前文理论分析认为,连锁股东可以缓解企业研发创新向同行业竞争对手的溢出效应,从而有助于促进企业研发创新,表7-3的检验结果也支持该理论推断。为进一步验证该机理,我们将检验知识产权保护如何影响连锁股东与企业研发创新之间的关系,其中采用王小鲁等编制的《中国分省份市场化指数报告(2018)》中的“知识产权保护”作为知识产权保护的替代变量,将处于上四分位的定义为知识产权保护较强地区,处于下四分位的定义为知识产权保护较弱地区,企业研发创新分别用专利申请量(LnPatent_Apply)、专利授权量(LnPatent_Grant)、专利总量(LnPatent_Total)表示,表7-8报告了检验结果。

表7-8 知识产权保护、连锁股东与企业研发创新

变量	(1)	(2)	(3)	(4)	(5)	(6)
	Low	High	Low	High	Low	High
	LnPatent_Apply	LnPatent_Apply	LnPatent_Grant	LnPatent_Grant	LnPatent_Total	LnPatent_Total
LnCross	**0.264****	**−0.068**	**0.225***	**0.147**	**0.249****	**−0.066**
	(0.117)	**(0.158)**	**(0.121)**	**(0.157)**	**(0.121)**	**(0.162)**

续表

变量	(1)	(2)	(3)	(4)	(5)	(6)
	Low	High	Low	High	Low	High
	LnPatent_Apply	LnPatent_Apply	LnPatent_Grant	LnPatent_Grant	LnPatent_Total	LnPatent_Total
Different Test	**0.332****		**0.078**		**0.315***	
(*P*-Value)	**(0.030)**		**(0.300)**		**(0.06)**	
LnSize	0.863***	0.978***	0.714***	0.672***	0.892***	1.005***
	(0.030)	(0.035)	(0.031)	(0.034)	(0.031)	(0.035)
LnAge	0.005	0.014**	−0.033***	−0.001	0.004	0.012*
	(0.007)	(0.006)	(0.008)	(0.006)	(0.007)	(0.006)
Roa	1.693***	1.941***	0.838*	4.002***	1.695***	2.056***
	(0.455)	(0.549)	(0.487)	(0.554)	(0.468)	(0.559)
Tq	0.023	0.125***	0.046**	0.049*	0.025	0.129***
	(0.022)	(0.026)	(0.023)	(0.025)	(0.023)	(0.027)
Tangibility	−1.758***	0.114	−1.522***	−0.007	−1.806***	0.122
	(0.182)	(0.218)	(0.191)	(0.209)	(0.187)	(0.222)
Cashflow	0.275	1.034***	0.108	0.268	0.268	1.021***
	(0.270)	(0.279)	(0.280)	(0.271)	(0.278)	(0.285)
Lev	−0.579***	−0.557***	−0.497***	−0.377**	−0.621***	−0.604***
	(0.156)	(0.179)	(0.163)	(0.171)	(0.160)	(0.182)
First	−0.605***	−0.649***	−0.479**	−0.371*	−0.636***	−0.679***
	(0.184)	(0.202)	(0.189)	(0.195)	(0.189)	(0.206)
LnBoard	0.358***	0.280*	0.414***	0.483***	0.401***	0.302*
	(0.134)	(0.160)	(0.138)	(0.157)	(0.138)	(0.163)
年度效应	YES	YES	YES	YES	YES	YES
行业效应	YES	YES	YES	YES	YES	YES

续表

变量	(1) Low LnPatent_Apply	(2) High LnPatent_Apply	(3) Low LnPatent_Grant	(4) High LnPatent_Grant	(5) Low LnPatent_Total	(6) High LnPatent_Total
地区效应	YES	YES	YES	YES	YES	YES
_cons	−18.959***	−21.213***	−16.845***	−23.743	−19.554***	−21.776***
	(0.651)	(1.010)	(0.681)	(1267.377)	(0.669)	(1.030)
Obs.	7055	5027	7055	5027	7055	5027

注:括号内为使用异方差调整和公司聚类调整得到的稳健性标准误;*、**、***分别表示10%、5%、1%水平上显著。

从检验结果中我们可以发现:位于知识产权保护较弱地区的企业,连锁股东(LnCross)系数估计值分别为0.264、0.225、0.249,分别在5%、10%以及5%统计水平上显著为正,而位于知识产权保护较强地区的企业,连锁股东(LnCross)系数估计值分别为−0.068、0.147、−0.066,均不显著。以上结果表明位于弱知识产权保护地区的企业,连锁股东对企业研发创新的促进作用更显著,从而支持了"研发创新溢出假设"。

第三,进一步将企业创新分为突破式创新和渐进式创新两种,基于创新质量视角考察连锁股东(LnCross)对企业创新影响的异质性。具体来说,将企业创新分为突破式创新和渐进式创新两种,其中发明专利授权量(LnPatent_Grant_Invention)和发明专利申请量(LnPatent_Invention)用来表示企业突破式创新,实用新型专利申请量(LnPatent_Utility)和外观设计专利申请量(LnPatent_Design)用来表示企业渐进式创新,表7-9报告了检验结果。

表7-9 连锁股东与创新质量:渐进式创新还是突破式创新

变量	(1) LnPatent_Grant_Invention	(2) LnPatent_Invention	(3) LnPatent_Utility	(4) LnPatent_Design
LnCross	**0.332*** **	**0.274*** **	**0.089**	**0.252** **
	(0.064)	**(0.061)**	**(0.068)**	**(0.108)**
LnSize	0.774***	0.909***	0.843***	0.837***
	(0.015)	(0.014)	(0.016)	(0.026)

续表

变量	(1) LnPatent_Grant_Invention	(2) LnPatent_Invention	(3) LnPatent_Utility	(4) LnPatent_Design
LnAge	−0.009***	0.004	0.005*	0.025***
	(0.003)	(0.003)	(0.003)	(0.005)
Roa	2.611***	1.385***	1.392***	2.738***
	(0.258)	(0.235)	(0.272)	(0.432)
Tq	0.058***	0.096***	0.010	0.108***
	(0.012)	(0.011)	(0.013)	(0.019)
Tangibility	−0.917***	−0.978***	−0.775***	−3.553***
	(0.095)	(0.092)	(0.102)	(0.174)
Cashflow	0.065	0.269**	0.295**	1.017***
	(0.135)	(0.130)	(0.145)	(0.228)
Lev	−0.611***	−0.778***	−0.333***	−0.791***
	(0.082)	(0.079)	(0.088)	(0.140)
First	−0.522***	−0.771***	−0.518***	−0.696***
	(0.093)	(0.090)	(0.100)	(0.158)
LnBoard	0.260***	0.262***	0.061	−0.334***
	(0.069)	(0.067)	(0.074)	(0.117)
年度效应	YES	YES	YES	YES
行业效应	YES	YES	YES	YES
地区效应	YES	YES	YES	YES
_cons	−23.394***	−21.834***	−23.478***	−22.124***
	(0.421)	(0.342)	(0.392)	(0.622)
Obs.	26106	26106	26106	26106

注：括号内为使用异方差调整和公司聚类调整得到的稳健性标准误；*、**、***分别表示10%、5%、1%水平上显著。

检验结果显示：当因变量为突破式创新时，连锁股东（LnCross）系数估计值分别为 0.332 和 0.274，均在 1%统计水平上显著为正；当因变量为渐进式创新时，连锁股东（LnCross）系数估计值分别为 0.089 和 0.252，分别不显著或在 5%统计水平上显著为正，其系数估计值均小于突破式创新组。研究结果表明，相对于渐进式创新，连锁股东对突破式创新影响更大，这主要源于突破式创新的溢出效应更大。

五、稳健性检验

为了进一步检验本章研究结论的稳健性，本章还分别进行了如下检验。

第一，使用研发投入度量企业创新活动，表 7-10 报告了连锁股东（LnCross）与企业创新投入之间的回归结果，其中第（1）列为使用基于营业收入标准化的研发费用（RD）作为因变量的回归结果，第（2）列为使用哑变量表示是否存在研发费用作为因变量的回归结果，即当年企业投入研发费用取值为 1，否则为 0。检验结果显示：连锁股东（LnCross）系数估计值为 0.002 和 0.003，分别在 10%和 1%统计水平上显著为正，表明关于连锁股东（LnCross）促进企业研发创新的研究结论是稳健的。

表 7-10　连锁股东与创新投入

变量	(1)	(2)
	RD	RD
LnCross	**0.002***	**0.003*****
	(0.001)	**(0.001)**
LnSize	0.001***	−0.000
	(0.000)	(0.000)
LnAge	−0.001***	−0.000***
	(0.000)	(0.000)
Roa	0.001	0.036***
	(0.004)	(0.002)
Tq	0.001***	0.000***
	(0.000)	(0.000)
Tangibility	−0.028***	−0.010***
	(0.002)	(0.001)

续表

变量	(1)	(2)
	RD	RD
Cashflow	−0.021***	−0.001
	(0.002)	(0.001)
Lev	−0.042***	−0.006***
	(0.001)	(0.001)
First	−0.013***	−0.001*
	(0.002)	(0.001)
LnBoard	0.002	0.002***
	(0.001)	(0.001)
年度效应	YES	YES
行业效应	YES	YES
地区效应	YES	YES
_cons	0.034***	0.020***
	(0.006)	(0.003)
Obs.	26106	26106

注：括号内为使用异方差调整和公司聚类调整得到的稳健性标准误；*、**、***分别表示10%、5%、1%水平上显著。

第二，使用是否存在连锁股东的虚拟变量考察连锁股东对企业研发创新的影响，表7-11报告了检验结果。结果显示：以专利申请量、专利授权量、专利总量作为因变量，连锁股东(Cross_Dum)系数估计值分别为0.102、0.159、0.098，均在1%统计水平上显著为正，表明使用虚拟变量测度连锁股东，其对企业研发创新的研究结论是稳健的。

表7-11　连锁股东与企业研发创新(连锁股东虚拟变量)

变量	(1)	(2)	(3)
	LnPatent_Apply	LnPatent_Grant	LnPatent_Total
Cross_Dum	**0.102*** **	**0.159*** **	**0.098** **
	(0.038)	**(0.036)**	**(0.039)**

续表

变量	(1)	(2)	(3)
	LnPatent_Apply	LnPatent_Grant	LnPatent_Total
LnSize	0.966***	0.776***	0.990***
	(0.015)	(0.015)	(0.015)
LnAge	0.011***	−0.009***	0.011***
	(0.003)	(0.003)	(0.003)
Roa	1.490***	2.598***	1.564***
	(0.246)	(0.258)	(0.251)
Tq	0.078***	0.059***	0.080***
	(0.012)	(0.012)	(0.012)
Tangibility	−1.097***	−0.915***	−1.112***
	(0.096)	(0.095)	(0.098)
Cashflow	0.479***	0.072	0.468***
	(0.136)	(0.135)	(0.139)
Lev	−0.851***	−0.611***	−0.900***
	(0.082)	(0.082)	(0.084)
First	−0.708***	−0.522***	−0.728***
	(0.095)	(0.093)	(0.097)
LnBoard	0.150**	0.268***	0.191***
	(0.070)	(0.069)	(0.072)
年度效应	YES	YES	YES
行业效应	YES	YES	YES
地区效应	YES	YES	YES
Obs.	26106	26106	26106

注：括号内为使用异方差调整和公司聚类调整得到的稳健性标准误；*、**、*** 分别表示 10%、5%、1%水平上显著。

第三，使用连锁股东的持股比例作为自变量检验连锁股东对企业创新的影响，表 7-12 报告了检验结果。从中我们可以发现：以专利申请量（LnPatent_Apply）、专利授权量（LnPatent_Grant）、专利总量（LnPatent_Total）表示企业创新水平，连锁股东的持股比例（Cross_Share）系数估计值分别为 0.005、0.006、0.005，均在 1%统计水平上显著为正，表明使用连锁股东的持股比例作为自变量，关于连锁股东促进企业创新的研究结论仍然是成立的。

表 7-12 连锁股东与企业研发创新（连锁股东持有股份占比）

变量	(1)	(2)	(3)
	LnPatent_Apply	LnPatent_Grant	LnPatent_Total
Cross_Share	**0.005 *****	**0.006 *****	**0.005 *****
	(0.001)	**(0.001)**	**(0.001)**
LnSize	0.964 ***	0.777 ***	0.988 ***
	(0.015)	(0.015)	(0.015)
LnAge	0.011 ***	−0.009 ***	0.010 ***
	(0.003)	(0.003)	(0.003)
Roa	1.514 ***	2.614 ***	1.589 ***
	(0.246)	(0.258)	(0.251)
Tq	0.078 ***	0.059 ***	0.080 ***
	(0.012)	(0.012)	(0.012)
Tangibility	−1.102 ***	−0.916 ***	−1.117 ***
	(0.096)	(0.095)	(0.098)
Cashflow	0.474 ***	0.068	0.463 ***
	(0.136)	(0.135)	(0.139)
Lev	−0.851 ***	−0.612 ***	−0.900 ***
	(0.082)	(0.082)	(0.084)
First	−0.745 ***	−0.565 ***	−0.765 ***
	(0.095)	(0.094)	(0.098)
LnBoard	0.147 **	0.268 ***	0.188 ***
	(0.070)	(0.069)	(0.072)
年度效应	YES	YES	YES

续表

变量	(1)	(2)	(3)
	LnPatent_Apply	LnPatent_Grant	LnPatent_Total
行业效应	YES	YES	YES
地区效应	YES	YES	YES
_cons	−23.049***	−23.449***	−23.724***
	(0.356)	(0.421)	(0.364)
Obs.	26106	26106	26106

注:括号内为使用异方差调整和公司聚类调整得到的稳健性标准误;*、**、***分别表示10%、5%、1%水平上显著。

第四,以持股比例10%为基准界定连锁股东。在基准回归的研究设计中,界定连锁股东的标准为每季度同时在两家及以上上市公司持股5%以上的投资者,本部分将持股的门槛提高到10%,重新计算因变量连锁股东(LnCross)的指标,并分别用专利申请量(LnPatent_Apply)、专利授权量(LnPatent_Grant)、专利总量(LnPatent_Total)表示企业创新,重新检验连锁股东对企业研发创新的影响,表7-13报告了检验结果。从表7-13中可以发现:连锁股东系数估计值分别为0.183、0.282、0.178,分别在5%、1%、5%统计水平上显著为正,因而关于连锁股东促进企业研发创新的研究结论仍然是稳健的。

表7-13　连锁股东与企业研发创新(10%的门槛)

变量	(1)	(2)	(3)
	LnPatent_Apply	LnPatent_Grant	LnPatent_Total
LnCross	**0.183****	**0.282*****	**0.178****
	(0.076)	**(0.075)**	**(0.078)**
LnSize	0.968***	0.775***	0.992***
	(0.015)	(0.015)	(0.016)
LnAge	0.012***	−0.008***	0.012***
	(0.003)	(0.003)	(0.003)

续表

变量	(1)	(2)	(3)
	LnPatent_Apply	LnPatent_Grant	LnPatent_Total
Roa	1.440***	2.604***	1.512***
	(0.249)	(0.261)	(0.255)
Tq	0.080***	0.061***	0.082***
	(0.012)	(0.012)	(0.012)
Tangibility	−1.135***	−0.926***	−1.151***
	(0.097)	(0.096)	(0.099)
Cashflow	0.481***	0.078	0.469***
	(0.137)	(0.136)	(0.140)
Lev	−0.852***	−0.607***	−0.902***
	(0.083)	(0.082)	(0.085)
First	−0.751***	−0.527***	−0.773***
	(0.097)	(0.095)	(0.099)
LnBoard	0.157**	0.289***	0.200***
	(0.071)	(0.070)	(0.072)
年度效应	YES	YES	YES
行业效应	YES	YES	YES
地区效应	YES	YES	YES
_cons	−23.120***	−23.453***	−23.819***
	(0.360)	(0.425)	(0.369)
Obs.	25706	25706	25706

注：括号内为使用异方差调整和公司聚类调整得到的稳健性标准误；*、**、*** 分别表示 10%、5%、1%水平上显著。

第四节 研究结论

相较于股权高度分散的西方国家资本市场，我国资本市场股权更为集中，大股东对企业经营行为具有决定性影响。近年来，同一大股东同时持有同一行业多家企业即连锁股东现象日益普遍，成为我国上市公司不可忽视的一种经济现象。与已有文献主要关注连锁股东对企业固定资产投资行为的影响不同，本章主要从企业创新行为视角探讨了连锁股东对企业行为的影响，并进一步考察了竞争性政策如何影响连锁股东对企业创新行为的影响。本章研究发现：连锁股东显著促进企业研发创新行为，即表现为企业研发投入和专利数量的显著增加，支持“创新溢出效应缓解”假说；连锁股东对企业研发创新的促进作用对于垄断性行业、地区知识产权保护更弱的企业更显著。以上研究结果经过系列稳健性测试均成立。

本章通过透视个体企业背后的连锁股东关系影响企业研发创新的具体作用机理，不仅拓展了公司股东影响企业研发创新行为的具体机理研究，而且对从企业背后连锁股东视角关注“反垄断”的实施效果具有重要启示意义，主要表现为：

第一，创新是企业构建核心竞争力的关键。连锁股东发挥公司治理效应和信息效应来提高公司的治理水平，获取创新信息及资源，提升企业创新绩效。因此，企业应积极利用连锁股东的治理优势和信息优势，提升企业的创新能力和水平。此外，企业在引入战略投资者时，尤其是公司 IPO 发行时的战略配售、再融资的定增，可以考察投资者所处的行业以及投资的其他相关企业，评估投资者的治理优势和信息优势。第二，市场垄断将有助于连锁股东发挥公司治理效应、信息效应，增强企业的创新能力和创新意愿。因此，在进行反垄断规制的过程中，要界定好反垄断规制的边界，分类规制、精准施策，实现反垄断规制与创新驱动政策的动态演进。第三，目前，我国知识产权保护强度相比发达国家仍然较低，而且地区之间差异性较大。根据本章的研究结果，连锁股东对企业研发创新的促进作用对地区知识产权保护更弱的企业更显著。因此，在实施知识产权战略、完善知识产权法律法规时，相关部门必须把握国家经济发展的不同阶段以及各地区经济的发展状况和特点。

第八章 跨行业套利与企业技术创新

第一节　研究基础、理论框架与研究假设

一、研究基础

市场套利是指通过利用资源价格在时间与空间的不均等性，将资源进行时空转移而获利的一种市场行为，本章将这一类企业称为"套利型"企业。在改革开放之初，由于市场机制的不成熟，地区与行业间发展的不平衡，企业可以通过跨行业、跨地区乃至跨时间等套利形式获取超额利润。凭借行业垄断与利率管制等特殊政策环境，中国金融行业获得了其他制造业无法比拟的超额利润，无独有偶，得益于房价的快速上涨，中国房地产行业发展也经历了历史上的黄金发展期。因此，金融业与房地产业在过去十多年间被公认为两大"暴利"行业（宋军和陆旸，2015）。正是在这种暴利驱使下，实体企业的利润逐渐被挤出，从而越来越多的实体企业通过各种方式进入金融行业或房地产行业，成为"套利型"企业。

据《财富》杂志中文网 2014 年 7 月 14 日发布的中国 500 强企业排行榜显示，29 家金融企业总利润达到 1.27 万亿元，占所有中国 500 强公司总利润的一半以上，在所有行业盈利能力排名中，金融保险与房地产行业稳居前两位。另据对中国上市公司的统计，如图 8-1 所示：2009—2014 年金融保险行业利润率远远高于上市公司平均利润率水平（其中行业分类按照 Wind 行业标准分类办法[①]），每年有将近一半的利润归属于金融业企业，且该比重还呈逐年递增趋势，房地产行业利润率也远高于行业平均水平。由以上可以得知，中国金融保险与房地产行业具有超额利润率已是不争的事实。正是在资本逐利动机驱使下，举步维艰的实体企业通过参股、并购及联营等各种形式，进入金融与房地产行业以分享其超额利润。根据对 Wind 数据库披露的企业主营业务收入分行业统计分析，自 2009 年以来，平均每年有 250 家实体企业不同程度地进入金融或房地产行业，而这些企业在房地产与金融行业获得的收入约占其主营业务收入的 20%，近年还呈不断上升趋势。可见，进入金融与房地产行业进行套利已经成为中国众多实体企业的一种重要经营战略。

① Wind 行业分类标准将上市公司分成 10 个一级行业，24 个二级行业，本章则是按照 24 个二级行业来统计金融与房地产行业利润率，其中金融行业包括银行、多元化金融与保险 3 个二级行业。

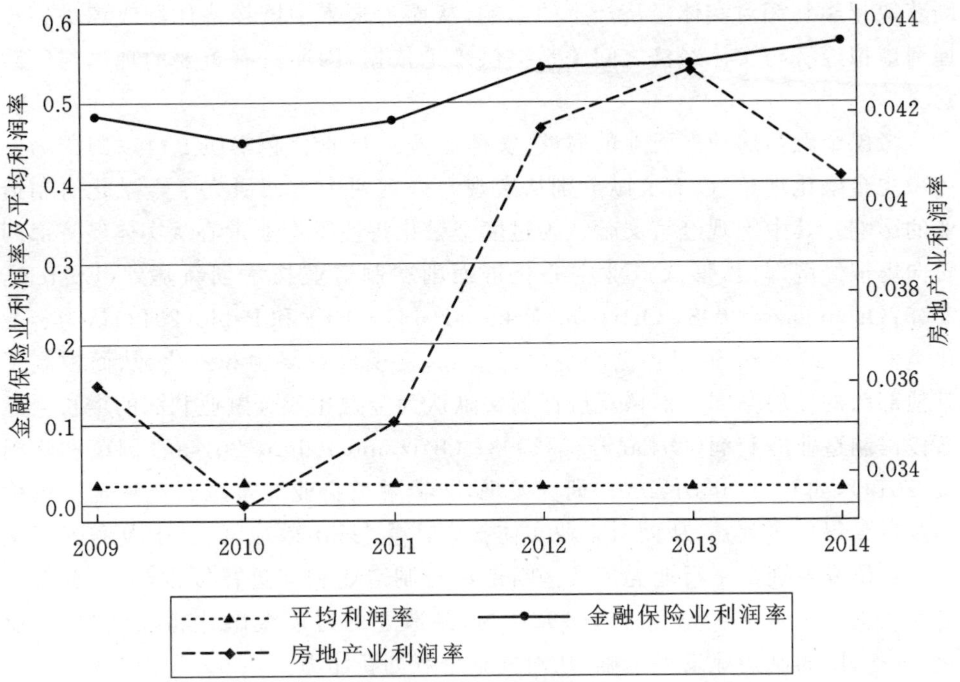

图 8-1　2009—2014 年上市公司行业利润率变化趋势

资料来源：根据 CSMAR 数据库计算与绘制。

实体企业进入具有超额回报率的金融与房地产行业的跨行业套利行为，最终使得实体企业逐渐偏离其主营业务，形成了制造业趋于空心化的现象（宋军和陆旸，2015；谢家智等，2014）。而当整个宏观经济形势步入疲软的态势时，本该由创新推动的新一轮经济增长，却因为企业创新不足而迟迟不能到来。随着供给侧结构性改革的推进，实现经济增长动力由要素增长向创新驱动转换是中国经济发展的迫切需求，因此中国企业急需从“套利型”向“创新型”转变，而这种转变的成败将直接关乎中国经济结构能否成功转型（张维迎，1998）。技术创新是提升企业竞争力、实现产业结构调整与升级的重要推动力，是企业的一种长期经营战略行为，而跨行业套利作为企业的一种短期经营策略，在资源约束条件下两者可能呈现一种“替代”关系，即跨行业套利行为可能替代企业创新成为企业战略经营发展的方向，但同时跨行业套利行为还可能通过业绩改善作用来促进企业创新活动，因此实体企业跨行业套利行为的驱动因素则是影响两者之间关系的重要机制之一。然而，尚未有权威文献对跨行业套利行为展开深入研究，很显然，对该关系的探究将不仅有助于从跨行业套利这一全新视角解释过去长期以来中国企业创新动力不足的制度诱因，而且还将进一步认识金融行业因管制垄断获取超额利润对实体经济产生的影响，从而为未来中国经济体制改革进一步厘清虚拟经济与实体经济之间关系提供理论依据，因而具有重要的理论与实践意义。

考虑金融与房地产行业的属性，实体企业跨行业套利本质上可以归结为一种微观金融化现象，已有文献分别从宏观与微观两个方面研究了金融化对制造业的影响。其中宏观经济文献认为过度金融化将使得产业重心从实体经济部门转向虚拟经济部门，形成产业空心化进而削弱制造业技术创新基础（Epstein，2005；Orhangazi，2008；Ortiz and Pablo，2014），Ortiz 和 Pablo（2014）认为金融化类似 AIDS 病毒，通过占据经济内部资源，实现自我复制和强化，从而限制了其他部门的发展空间。而微观层面的文献认为金融化或金融业利润的增长会显著侵占制造业的利润（Orhangazi，2008；Ortiz and Pablo，2014；孙国茂和陈国文，2014），如 Orhangazi（2008）研究发现，非金融类企业对金融资产和金融机构的投资获得更多利益，从而对企业实体投资产生“挤出效应”。孙国茂和陈国文（2014）研究发现金融行业凭借其垄断地位对制造业利润进行侵占，从而获得了超额回报率。谢家智等（2014）研究认为，制造业的过度金融化将加剧“去工业化”进程，削弱制造业发展基础，从而抑制企业创新能力。

以上文献为我们认识金融业与制造业之间发展的关系提供了理论依据，但仍存在以下局限性。主要表现为：第一，忽视了实体企业跨行业套利行为这种金融化的特殊之处及其具体驱动因素；第二，缺乏在市场套利框架下分析实体企业跨行业套利行为如何影响企业长期创新战略及其具体路径。本章认为金融与房地产行业的“暴利”改变了实体企业的投资机会，跨行业套利迫使实体企业必须在短期资本投资与长期创新投资之间做出权衡，当企业选择进行短期套利时，在资源约束的条件下必然减少了用于企业创新投资的资源，同时也降低了企业创新的意愿，还可能通过融资便利效应乃至业绩改善作用来促进实体企业创新。最终研究结果证实了实体企业进入金融与房地产行业的跨行业套利行为显著抑制了企业创新这一论断，而随着行业间利润率差距的缩小及市场化进程的推进，这种抑制效应会逐渐降低。

二、理论框架

改革开放之初，由于市场机制的不成熟，中国企业可以通过市场不均衡进行套利，进而获取超额利润。理论上，市场竞争的加剧会导致企业套利空间逐渐缩小，倒逼企业必须从“套利型”向“创新型”转变。然而在转型经济的制度背景下，得益于行业垄断、利率管制及房价的快速上涨，中国金融与房地产业被认为是拥有超额利润的两大“暴利”行业。这种行业间发展的不平衡性客观上为实体企业套利提供了机会。因此，实体企业仍存在较大的套利空间与套利动机，通过跨行业套利方式以分享“暴利”行业的超额利润。那么究竟是什么因素驱动实体企业参与这种短期跨行业套利行为，这又将如何影响企业的长期创新战略，已有文献较少对此做出回答。

企业创新一直是学术界关注的重要研究领域之一，企业的创新活动投资金额大、周期长及不确定性程度高等产生的高风险，致使企业创新活动受到严重的融资约束影响，而其资金来源主要依靠企业内部融资(解维敏等，2009；Hall，2002)。但使用内部资金进行创新活动会面临两个重要难题：一是企业内部现金流的不稳定性会使得创新活动随时可能因资金链断裂而被迫中止(谢家智等，2014)；二是创新活动持续性特征使得其面临较高的调整成本(谢家智等，2014)。资金链条的突然中断或再延续均会使企业创新活动遭受很大的损失(解维敏等，2009；Hall，2002；廖信林等，2013；Hall，2005)。综合以上两点，可以发现较高的调整成本以及不稳定的融资来源是制约企业创新活动的重要因素(李颖等，2009)。以银行为主导的金融体系决定了债务融资在中国企业融资中占据着重要位置，但由于商业银行的天然谨慎性，以及创新活动风险收益的不对等性，其往往不倾向于向企业提供创新所需要的所有资金，通过债务融资进行企业创新难度增大，从而阻碍了创新(Boot et al.，2000；La Porta，2002；Randall and Masao，1999；曾海舰和林灵，2015)。因此，以间接融资为主的金融体系决定了中国企业创新投资面临着较为严重的资金约束，所以实体企业跨行业套利行为影响企业创新活动，主要依赖于其对融资约束的影响。

根据资本逐利规律，当企业面临好的投资机会时应选择扩大投资规模，以抓住好的投资机会创造公司价值，而当面临较差的投资机会时应选择减小投资规模，以降低投资损失(Brenner et al.，2010)。在企业投资项目中，有长期见效且风险大的创新投资与短期快速见效且风险小的资本投资两种投资选择形式。在资金约束条件下，企业会在短期资本投资与长期创新投资之间进行权衡。当资本投资回报率更高时，企业会选择增加资本投资规模；反之会缩减资本投资规模，从而拥有更多的资本可以进行创新投资。相对于创新投资，企业进行短期资本投资可以在较短时间内获得回报，且风险更小。然而，在资金富余的情况下，跨行业套利则有助于提高资金使用效率，通过改善经营绩效来促进企业创新。

基于以上分析，本章总结出实体企业进入金融与房地产行业的套利行为影响企业创新投资的分析框架(见图 8-2)。具体逻辑为：金融与房地产行业的暴利拉大了行业间利润率差距，从而改变实体企业投资机会，实体企业通过行业进入方式进行跨行业套利，而跨行业套利的驱动因素决定了其套利动机，这促使企业在不同的资金条件下重新权衡资本投资与创新投资之间的投资策略，从而对企业创新活动产生影响。在资金约束条件下，如果实体企业跨行业套利出于一种短期套利动机，资金的挤出效应会使用于创新活动的资金减少，且创新动力被削弱，从而抑制了实体企业创新；如果实体企业跨行业套利行为基于融资约束动机，那么通过融资便利效应缓解融资约束可以促进企业创新。在资金富余条件下，套利活动可以通过改善企业经营业绩来促进企业创新。而以上效应会分别受到企业套利动机及创新动机强弱的影响。

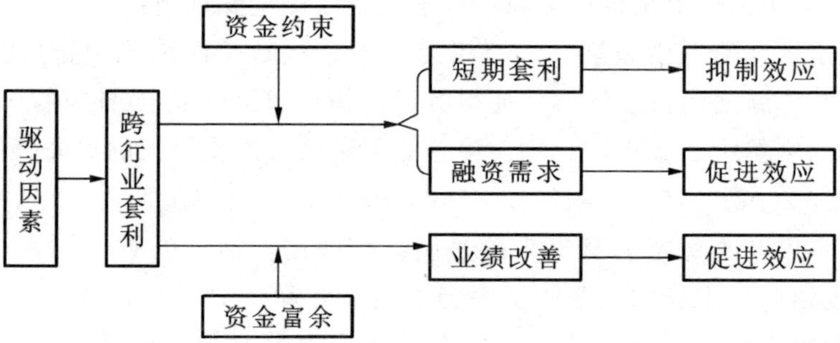

图 8-2　跨行业套利影响企业行为的理论框架

三、研究假设

理论上，实体企业进入金融与房地产行业的跨行业套利行为，本质上属于一种金融化的表现。宋军和陆旸（2015）研究发现，经营业绩高低不同的实体企业，其金融化的动机存在差异，低业绩的公司表现为"替代效应"，而高业绩的公司表现为"富余效应"。这是因为低业绩的公司由于可支配资金有限，其跨行业套利行为更多地是为了改善其经营业绩，而高业绩的公司由于资金的充足性，其跨行业套利行为则更多地是一种富余资金的合理使用，同样有助于进一步改善经营业绩。因此，在探究实体企业跨行业套利行为的驱动因素时，我们可以从影响企业经营业绩的因素来分析。

考虑两种动机的跨行业套利行为均具有业绩改善作用，而市场竞争程度又是决定企业业绩的重要因素。因此，为避免内生性，可以从市场竞争压力角度来考察实体企业跨行业套利究竟是寻求业绩改善还是配置闲散资金。市场竞争致使企业盈利能力的下降是影响实体企业进行跨行业套利的重要因素，因此市场竞争程度越大，实体企业跨行业套利的动机可能更显著，我们将其称为市场竞争假设。此外，曾海舰和林灵（2015）研究发现上市公司持股非上市银行等金融机构会获取融资便利,从而显著缓解了融资约束。考虑金融行业特殊的资金供给能力以及房地产行业强大的资产抵押能力,实体企业进入这两个行业可能还存在获取融资便利的动机,如果其基于融资约束动机,那么无疑融资约束程度越大的企业,其进入金融与房地产行业的动机越强,我们称为“融资约束动机”。为此,我们提出如下研究假设:

研究假设 8-1(a):市场竞争程度越大,企业套利动机越强;

研究假设 8-1(b):融资约束程度越大,企业套利动机越强。

根据研究假设 8-1,实体企业跨行业套利动机主要取决于资金约束程度,因此关于跨行业套利与企业创新之间的关系,我们可以区分资金约束与资金富余两种情况来分析。具体来说:在资金约束条件下,一方面,实体企业进行跨行业套利必然减少了用于创新活动的资源,同时会牺牲其生产性资本的自主原则,致使其投资决策更加考虑资本的短期流动性管理要求,从而削弱了企业创新投入的意愿与能力(谢家智等,2014);另一方面,跨行业套利行为通过分享“金融与房地产行业”的超额利润,有助于在短期内提高单位资本的回报率,从而通过改善经营业绩促进企业创新,此外考虑金融与房地产行业的金融属性,通过融资便利效应刺激创新增加,可以达到促进企业创新活动的作用。而在资金富余的条件下与资本的逐利驱动下,实体企业必然将过剩的产业资本投向具有超额回报率的金融和房地产行业,因此实体企业的跨行业套利行为表现为一种“富余效应”,增加了企业用于创新活动的资源,从而有助于促进企业创新(David and Yishay et al., 1998; Brenner et al., 2010; 靳庆鲁等,2015)。基于以上分析,本章提出以下竞争性假设:

研究假设 8-2(a):实体企业的跨行业套利行为显著降低了其创新投入,表现为抑制效应。

研究假设 8-2(b):实体企业的跨行业套利行为显著提升了其创新投入,表现为促进效应。

若跨行业套利行为抑制企业创新[假设 8-2(a),即抑制效应],那么跨行业套利的强弱不同,产生的抑制效应自然也不尽相同。根据熊彼特提出的创新理论,市场竞争程度越小的企业因可以获得超额利润而能够承受更高的创新风险,因而竞争程度越小的企业创新动机越强。在所有进入金融与房地产行业的不同企业中,其自身盈利能力存在差异。如宋军和陆旸(2015)研究企业收益与金融资产配置之间的关系,发现高低业绩的企业配置金融资产的动机不同。企业自身盈利能力也决定了其与金融房地产行业利润率的差距,而这种差距越大,不仅说明企业自身盈利能力较差,资源约束较大,而且还说明企业套利动机更强,因而当增加金融与房地产行业的资本投资时，用于企业创新投入的资源会更少，且套利动机越强，企业本身进行长期创新的动机越弱。相反，企业与金融房地产行业利润率差距越小，表明企业自身盈利状况良好，资源约束较小，而且套利动机越弱，投入金融房地产行业对创新资源的挤出效应会更弱，并且还会提高富余资金的利用效率，这类企业因更高的盈利能力而可以承担更高的创新风险，因此对企业创新的抑制效应更弱。基于此，本章提出：

研究假设 8-3：行业间利润率差距越大的企业，跨行业套利行为对企业创新的抑制效应更显著。

已有文献研究表明，对于市场经济制度发展较为成熟的国家而言，企业规模与市场结构是影响创新的重要因素（Schumpeter，1942；赵晶和孟维烜，2016；Giuliani and Arza，2009；Corsino et al.，2011）。但对于正处于转型阶段的中国而言，市场化进程在激励企业创新中则扮演着更为重要的角色（成力为和孙玮，2012；戴魁早和刘友金，2013）。从企业创新意义来说，市场化进程越高的地区，行政干预的减少会促进要素市场的成熟，降低对资源配置的扭曲（王东静和张祥建，2007），发育更加成熟的要素市场则有助于优化创新资源（包括人力资源与物质资本）在企业及行业间的转移或配置（方军雄，2006），从而引导创新资源投入企业研发活动中。市场化进程的提高还意味着发育更加成熟的产品市场，可以通过价格信号引导企业将创新资源配置至符合市场需求的新产品开发，而产品市场竞争的加剧则进一步激励了企业创新投入（方军雄，2006）。此外，市场化进程越高的地区还意味着企业面临更好的产权保护环境，而良好的产品保护也有助于激励企业创新。

前文分析表明金融与房地产行业之所以具有超额利润率，其一方面源于金融行业的垄断地位与利率管制，而房地产则得益于土地资源稀缺与快速城镇化导致的房价快速上涨。随着市场化进程的提高，市场化机制的成熟，资本的形成价格利率逐渐开始反映资本的稀缺性，存贷利差减小，金融业内部竞争加剧，其超额回报率也将逐渐减少，因此企业套利空间减小（王东静和张祥建，2007；方军雄，2006），同时，市场化进程越高的地区，随着房地产企业间竞争的加剧，超额回报率下降。综上所述，市场化进程越高的地区，不仅企业套利动机更弱，而且通过要素市场、产品市场及产权保护等能够激励企业创新，因而进入金融与房地产行业的跨行业套利行为对企业技术创新的抑制效应会更弱。基于此，本章提出：

研究假设 8-4：市场化进程越高，跨行业套利行为对企业创新的抑制效应越弱。

第二节　实证研究设计

一、样本数据来源

本章选择 2009—2014 年 A 股所有上市公司作为原始样本，并分别做出如下步骤的处理：第一，剔除金融类与房地产类上市公司；第二，剔除没有研发投入或未披露研发投入的样本；第三，剔除其他变量观测值缺失的样本。最终共获得 8196 个公司年度观测值。之所以选择 2009 年开始，是因为中国证监会要求上市公司自 2007 年开始披露其研发投入信息，但从信息披露质量来看，2007 年、2008 年的数据质量较低，因而不纳入本章的回归样本。本章所使用的财务数据均来自 CSMAR 数据库，其中研发投入数据则来源于同花顺数据库，而行业收入则依据企业披露的分行业收入来确定，其数据来源于 Wind 数据库。为了剔除异常值对回归结果可靠性可能产生的影响，本章对除虚拟变量外的所有连续变量进行上下 1% 的 Winsorize 截尾处理，而描述性统计与实证检验均使用截尾处理之后的数据。

二、研究设计与变量定义

综合已有关于企业创新的研究文献，使用以下回归模型对本章研究假设进行实证检验。具体模型如下：

$$\text{Enter}_{it}=\beta_0+\beta_1\text{HHI}_{it-1}+\beta_2\text{KZ}_{it-1}+\beta_3\text{Fundmental}_{it-1}+\varepsilon_{it} \tag{8-1}$$

$$\text{Innovation}_{it}=\beta_0+\beta_1\text{Enter}_{it}+\alpha\boldsymbol{X}+\varepsilon_{it} \tag{8-2}$$

$$\text{Innovation}_{it}=\delta_0+\delta_1\text{Enter}_{it}+\delta_2\text{Diff}_{it}+\delta_3\text{Enter}_{it}\times\text{Diff}_{it}+\alpha\boldsymbol{X}+\varepsilon_{it} \tag{8-3}$$

$$\text{Innovation}_{it}=\gamma_0+\gamma_1\text{Enter}_{it}+\gamma_2\text{Market}_{it}+\gamma_3\text{Enter}_{it}\times\text{Market}_{it}+\alpha\boldsymbol{X}+\varepsilon_{it} \tag{8-4}$$

上述模型(8-1)中，Enter 为因变量，表示行业进入的跨行业套利行为。由于金融业与房地产行业回报率的特殊性，本章重点关注企业进入这两个行业（全书均简称为“行业进入”）。本章分别设置了虚拟变量与连续变量两种方式来进行度量，当企业分行业收入中有金融行业或房地产行业收入时，虚拟变量取值为 1，表示进入这两个行业，否则取值为 0，表示未进入这两个行业，此时使用 Logit 模型回归。连续变量则使用当年度该企业金融行业与房地产行业收入占总营业收入的比重来表示，如果没有进入这两个行业，则将其取值为 0，此时使用 Tobit

回归。HHI 则是基于营业收入计算的表示企业面临的行业内竞争程度的赫芬达尔-赫希曼指数，KZ 则表示企业面临的融资约束程度①。Fundemental 表示企业基本面变量，包括存续年限(LnAge)、投资规模(Invest)、公司规模(LnSize)、经营净现金流(CFO)、资产净利润率(Roa)、财务杠杆(Lev)及主营业务收入增长率(Growth)。

模型(8-2)至模型(8-4)中，Innovation 为被解释变量，表示实体企业创新活动。目前已有文献通常使用创新投入与创新产出(如专利数量)两种方式来度量企业创新(李萍和冯梦黎，2016；刘运国和刘雯，2007；黎文靖和郑曼妮，2016)。这两个指标各具优缺点，其中创新投入相对真实可靠，但不能有效度量企业创新效率，专利数据虽然能够更好地反映企业真实创新水平，但专利数据存在统计口径不统一的问题(例如，如何计算子公司专利等)，因此用专利数量来表示企业创新在质量上难以保证。综合考虑以上因素，本章主检验中使用研发投入表示企业创新，考虑营业收入可能存在盈余管理，因此研发投入使用总资产进行标准化。本章最后还使用了基于专利数据表示的企业创新进行稳健性检验，如果结果与主检验一致，表明了本章研究结论具有一定的稳健性。Enter 为解释变量，定义与模型(8-1)相同。

对于模型(8-2)，本章重点关注 β_1 系数，若显著大于 0，则表示实体企业的跨行业套利行为会显著促进企业创新；若显著小于 0，则表示实体企业的跨行业套利行为会显著抑制企业创新。模型(8-3)为研究假设 8-3 的回归方程，其中 Diff 为调节变量，表示实体企业与金融及房地产行业的平均利润率差距(全书简称"利润率差距")，具体计算方法如下：实体企业与金融行业的年度利润率差距、实体企业与房地产行业利润率差距之和除以 2，然后与行业进入构成交互项(Diff×Enter)，表示利润率差距如何调节行业进入对企业创新影响的强弱。很显然，根据研究假设 8-3，模型(8-3)中 δ_3 为待检验系数，若其显著为正，表示利润率差距会显著增加行业进入对企业创新的促进效应或显著减弱行业进入对企业创新的抑制效应；若显著为负，则表示利润率差距会显著减弱行业进入对企业创新的促进效应或显著增强行业进入对企业创新的抑制效应。

模型(8-4)则为研究假设 8-4 的回归方程，其中 Market 表示地区市场化进

① 关于融资约束，借鉴 Kaplan 和 Zingales (1997)的计算方法：KZ ＝－1.001909×Cashflow/Aasset ＋3.139193×Lev－39.3678×Dividend/Asset－1.314759Cash/Asset＋0.2826389×Tobin's Q，其中 Cashflow、Dividend 和 Cash 分别为经营性净现金流、股利和现金持有，且均用期初总资产标准化，Lev 和 Tobin's Q 分别表示资产负债率和托宾 Q 值。

程，本章使用樊纲等编制的市场化进程指数来表示。由于樊纲等披露的市场化进程指数目前截至2009年数据，而本章回归样本为2009—2014年，考虑地区市场化进程的差异具有一定的连贯性，其在短期内不会发生较为明显的结构性变化，本章以樊纲等(2011)编制的指数报告中的2009年指数作为各地区2009—2014年的市场化进程指标值，并按中位数分组，高于中位数取值为1，表示市场化进程较高组，反之取值为0，表示市场化进程较低组，然后与行业进入构成交互项(Market×Enter)。模型(8-4)中γ_3为待检验系数，若其显著为正，表示市场化进程会显著增加行业进入对企业创新的促进效应或显著减弱行业进入对企业创新的抑制效应；若显著为负，则表示市场化进程会显著减弱行业进入对企业创新的促进效应或显著增强行业进入对企业创新的抑制效应。

X 为控制变量，根据已有文献研究结论，本章分别控制了经营净现金流(CFO)、公司规模(LnSize)、财务杠杆(Lev)、资产净利润率(Roa)、主营业务收入增长率(Growth)、存续年限(LnAge)及前五大股东的集中度(Shrcr5)等影响企业创新的变量。此外，还分别设置了行业虚拟变量与年度虚拟变量以控制行业与年度效应，具体变量定义见表8-1。

表8-1　主要变量的定义

变量类型	变量名称	变量定义
因变量	Innovation	表示企业创新，使用企业研发投入(使用总资产进行标准化)表示
解释变量	Enter	表示行业进入，其中虚拟变量，当营业收入中有金融或房地产行业收入时，取值为1，否则取值为0，而连续变量则使用金融与房地产行业收入占营业收入之比来表示
	KZ	表示企业面临的融资约束程度
调节变量	Diff	表示年度实体企业与金融行业的利润率差距
	Market	表示市场化进程，使用樊纲等披露的各地区2009年市场化进程指数。按照中位数进行分组检验，大于中位数取值为1，表示市场化进程较高；反之取值为0，表示市场化进程较低
	State	表示产权属性，根据最终控制人性质当为国有企业时取值为1，否则取值为0
	HHI	表示产品市场竞争的连续变量，使用营业收入计算的年度行业赫芬达尔-赫希曼指数(HHI)来表示，该值越小，表示企业面临的产品市场竞争程度越大

续表

变量类型	变量名称	变量定义
调节变量	Compete	表示产品市场竞争的虚拟变量，基于营业收入计算的年度行业赫芬达尔-赫希曼指数(HHI)，然后按中位数分组，小于中位数定义为产品市场竞争压力高组，取值为1，否则取值为0，表示产品市场竞争压力低组
控制变量	CFO	表示经营净现金流，等于经营活动产生的净现金流与期末总资产之比
	LnSize	表示公司规模，等于期末总资产取自然对数
	Lev	表示公司资本结构，等于期末总负债与总资产之比
	Roa	表示资产净利润率，等于当期净利润与期末总资产之比
	Growth	表示主营业务收入增长率，等于当期营业收入减去上期收入后除以上期收入
	LnAge	表示企业存续年限，等于当年减去公司注册年加1并取自然对数
	Shrcr5	表示股东集中度，等于前五大股东持股比例之和
	LnBoard	表示董事会规模，等于董事会人数取自然对数
	Lntpay	表示董监高的薪酬水平，等于董监高薪酬总和取自然对数

第三节　实证分析结果

一、描述性统计

表8-2所示为本章主要变量的描述性统计。可以发现，企业创新(Innovation)的均值为1.90%，表明样本中研发投入的平均值占总资产的1.90%，超过了中位数1.58%，表明中国上市公司中有一部分公司进行了较多的研发投入，但相对于发达国家来说，还处于较低水平。行业进入连续变量(Enter)的均值为0.92%，表明进入金融与房地产行业产生的平均收益占总收益的1%左右，最高则达到36.31%，而行业进入虚拟变量(Enter)均值为0.079，表

明回归样本中约有8%的企业进入了金融与房地产行业，占比虽然不高，但成为一种重要的经济现象，非常值得关注。其余控制变量与已有文献分布基本相同，未出现异常分布变量。

表 8-2　主要变量的描述性统计

变量	观测值	均值	标准误	最小值	Q_1	中位数	Q_3	最大值
Innovation	8196	0.0190	0.0175	0.0000	0.0056	0.0158	0.0264	0.0945
Enter(连续变量)	8196	0.0092	0.0486	0.0000	0.0000	0.0000	0.0000	0.3631
Enter(虚拟变量)	8196	0.0794	0.2704	0.0000	0.0000	0.0000	0.0000	1.0000
HHI	11706	0.0275	0.0420	0.0028	0.0038	0.0078	0.0397	0.3809
KZ	11706	1.2853	1.4165	−3.2896	0.5360	1.4342	2.1255	6.2527
Diff	8196	0.2435	0.0391	0.1376	0.2159	0.2713	0.2713	0.3480
Compete	8196	0.5270	0.4993	0.0000	0.0000	1.0000	1.0000	1.0000
CFO	8196	0.0406	0.0698	−0.1662	0.0014	0.0390	0.0819	0.2392
LnSize	8196	21.8169	1.2174	19.5029	20.9416	21.6192	22.4434	25.7313
Lev	8196	0.4177	0.2132	0.0353	0.2434	0.4126	0.5817	0.9017
Roa	8196	0.0429	0.0502	−0.1435	0.0149	0.0383	0.0681	0.2060
Growth	8196	1.1671	0.3317	0.5399	0.9843	1.1214	1.2744	2.9234
LnAge	8196	2.5898	0.4099	1.0986	2.3979	2.6391	2.8904	3.2958
Shrcr5	8 196	0.5362	0.1561	0.1856	0.4233	0.5415	0.6542	0.8847

二、单变量检验

表8-3所示为跨行业套利与企业创新的单变量结果。无论是均值检验还是中位数检验结果均显示，相对于未进入金融与房地产行业的企业，进入金融与房地产行业的企业其创新水平显著更低，支持了研究假设8-2(a)的结果，初步证实行业进入的市场套利行为会显著抑制企业创新。但更加可靠的结论及具体作用机理，还需要以更加严谨的多元回归来进行识别与判断。

表 8-3　跨行业套利与 R&D 投入(单变量检验)

	均值检验	中位数检验
进入	0.0136	0.0082

续表

	均值检验	中位数检验
未进入	0.0195	0.0163
差异性检验	−0.0059***	−0.0081***
	(−8.25)	(−11.36)

注:括号内为单变量检验报告 T 值,其中中位数检验为 Z 值;***、**、*分别表示在1%、5%、10%统计意义上显著。

三、实证过程与结果分析

为了检验研究假设8-1,即实体企业跨行业套利行为的具体驱动因素,我们分别从市场竞争程度(使用基于营业收入计算的连续变量HHI来表示)及融资约束程度(KZ指数)两个方面,检验实体企业进入金融与房地产行业的具体动机①。为了检验市场竞争程度是否可以作为企业经营业绩的替代变量,本章首先针对市场竞争程度与企业经营业绩之间的检验进行回归,然后再对跨行业套利的驱动因素进行检验。为了避免内生性,自变量均使用上一期,具体检验结果见表8-4。从中我们可以发现,表示产品市场竞争程度的HHI系数在第(1)列回归模型中显著为正,表明市场竞争程度越高的企业,其经营业绩越差。在实体企业跨行业套利模型中,表示市场竞争程度的HHI系数均显著为负,表明随着市场竞争的加剧,企业通过进入金融与房地产等更高回报率的行业来改善经营业绩;表示融资约束程度的KZ指数系数并不显著,这表明通过进入金融与房地产行业来获取资金支持的融资需求这一动机并不显著,从而初步证实了实体企业跨行业套利的市场竞争假设。

表8-4 跨行业套利的驱动因素

变量		(1)	(2)
	Roa	Enter(行业进入)	
		虚拟变量	连续变量
HHI_{t-1}	0.1364***	−29.0787***	−5.9621***
	(0.0165)	(2.3041)	(0.5400)

① 之所以选择市场竞争程度这一视角来探究实体企业跨行业套利的具体驱动因素,一方面是为了避免企业经营业绩与跨行业套利之间的内生性问题,另一方面的考虑是,实体企业之所以进入金融与房地产行业是因为该行业凭借垄断地位可以获得超额回报率,因此考察行业内市场竞争程度与跨行业套利之间的关系,有助于揭示行业内竞争与行业间竞争对实体企业经营行为的影响。

续表

变量	(1)		(2)
	Roa	Enter(行业进入)	
		虚拟变量	连续变量
KZ_{t-1}		−0.0008 (0.0007)	−0.0005 (0.0004)
$LnAge_{t-1}$	−0.0063*** (0.0012)	0.9753*** (0.1189)	0.1624*** (0.0233)
$Invest_{t-1}$	−0.0451*** (0.0088)	−4.3672*** (0.7863)	−0.9379*** (0.1715)
$LnSize_{t-1}$	−0.0033*** (0.0007)	0.0248 (0.0296)	−0.0140** (0.0063)
CFO_{t-1}	0.1917*** (0.0079)	0.0401 (0.4527)	0.0212 (0.0949)
Roa_{t-1}		2.2408*** (0.6946)	0.4483*** (0.1545)
Lev_{t-1}	−0.0512*** (0.0046)	0.9324*** (0.1618)	0.1919*** (0.0344)
$Growth_{t-1}$	0.0093*** (0.0011)	−0.0786 (0.0566)	−0.0163 (0.0127)
$LnBoard_{t-1}$	−0.0030 (0.0025)		
$Lntpay_{t-1}$	0.0193*** (0.0008)		
_cons	−0.1526*** (0.0140)	−5.1967*** (0.7280)	−0.6353*** (0.1473)
行业效应	控制	控制	控制
Adj. R^2	0.2300		
F Value	87.5202		
Sigma			0.4090*** (0.0162)

续表

变量	Roa	(1)	(2)
		Enter(行业进入)	
		虚拟变量	连续变量
Pseudo R^2		0.1685	0.1908
Wald chi^2		1091.9000	
LR chi^2			1148.4000
N	11945	11706	11706

注:括号内为使用异方差调整和公司聚类调整得到的稳健性标准误;*、**、*** 分别表示 10%、5%、1%水平上显著。

从基本面因素来看,投资规模系数显著为负,财务杠杆、资产净利润率则显著为正,成长性、企业规模与经营净现金流并没有一致性结果,表明如果企业上一期固定资产投资需求较大,受制于资源约束从而降低了进入金融与房地产行业的概率与程度;而财务杠杆程度越高,企业进入金融与房地产行业的概率与程度更高,说明实体企业为获取这两大暴利行业的超额利润,不惜通过加杠杆的方式来获取资源;经营业绩与跨行业套利呈正相关关系,则可能是因为跨行业套利本身可以获取更高回报。以上结果表明,进入金融与房地产行业,不是融资约束驱动下的一种资源获取行为,而是实体企业的一种跨行业套利行为,从而为我们揭示跨行业套利与企业创新之间的逻辑关系提供了分析框架。

表 8-4 检验发现,上一期的财务杠杆率与实体企业跨行业套利的概率及程度呈现显著正相关,这还不足以完全证明企业会通过加杠杆的方式来进行跨行业套利。根据资本资产定价理论,当企业通过进入金融与房地产行业以获取更高的回报率时,其也愿意承担更高的风险,那么在资源约束条件下企业自然有动机进行债务融资以增加跨行业套利所需的资源,而债务的增加会提高企业杠杆风险。如果以上逻辑成立,那么我们可以看到跨行业套利的实体企业会更倾向于进行过度负债。我们首先借鉴 Denis and Mckeon(2012)和陆正飞等(2015)的做法,对以下模型分年度进行 Tobit 回归,并将预测值作为企业目标负债率,具体模型如下:

$$\text{Lev}_t = \alpha_0 + \alpha_1 \text{State}_{t-1} + \alpha_2 \text{Ind\_lev}_{t-1} + \alpha_3 \text{Roa}_{t-1} + \alpha_4 \text{Zgrowth}_{t-1} + \alpha_5 \text{Tang}_{t-1} + \alpha_6 \text{LnSize}_{t-1} + \alpha_7 \text{First}_{t-1} + \varepsilon_t \tag{8-5}$$

其中,Lev 为用企业资产负债率表示的财务杠杆,控制变量分别为产权性质(State)、行业负债率的中位数(Ind_lev)、总资产净利润率(Roa)、总资产增长率

(Zgrowth)、固定资产占比(Tang)、总资产规模(LnSize)及第一大股东持股比例(First)。然后使用上述回归模型的残差表示过度负债,对跨行业套利进行回归,具体检验结果见表8-5。从中我们可以发现,跨行业套利系数均显著为正,结合前文表8-4的检验结果,说明实体企业会通过增加债务的方式获取资源来进入金融与房地产行业进行套利,本质上属于一种加杠杆的套利行为。

表8-5 跨行业套利行为与激进性负债程度

变量	(1)	(2)
	激进性负债	
	虚拟变量	连续变量
Enter	0.0256***	0.0767***
	(0.0054)	(0.0212)
Roa	−0.7245***	−0.7218***
	(0.0416)	(0.0416)
LnAge	0.0723***	0.0739***
	(0.0043)	(0.0043)
LnSize	0.0214***	0.0219***
	(0.0014)	(0.0014)
CFO	−0.0347	−0.0370
	(0.0258)	(0.0258)
RET	0.0335***	0.0335***
	(0.0035)	(0.0035)
Invest	0.1278***	0.1263***
	(0.0320)	(0.0320)
Growth	0.0241***	0.0241***
	(0.0035)	(0.0035)
_cons	−0.6236***	−0.6353***
	(0.0323)	(0.0321)
行业效应	控制	控制
年度效应	控制	控制
Adj. R^2	0.1080	0.1080

续表

变量	(1)	(2)
	激进性负债	
	虚拟变量	连续变量
F Value	42.4508	41.7134
N	13181	13181

注:括号内为使用异方差调整和公司聚类调整得到的稳健性标准误;*、**、*** 分别表示 10%、5%、1%水平上显著。

表 8-4 与表 8-5 研究结果表明,市场竞争压力驱动了实体企业的跨行业套利行为,这为我们分析跨行业套利与企业创新之间的关系提供了套利分析框架。表 8-6 则为研究假设 8-2,即跨行业套利行为如何影响企业创新的检验结果。从中我们可以发现,无论是以虚拟变量还是以连续变量表示的行业进入(Enter)系数均显著为负,表明相对于未进入金融与房地产行业的企业,选择进入的企业的创新水平显著降低,表现为跨行业套利抑制了企业创新活动,且行业进入程度越深,其抑制效应越强,这与单变量检验结果一致,支持了研究假设 8-2(a)。这也说明,实体企业进入金融与房地产行业的短期套利行为显著挤出了企业创新投入,抑制了企业创新动力,从而遏制了企业整体竞争力的显著提升。控制变量显示,盈利能力越强、现金流越高,企业创新水平越高;而企业规模越大、存续时间越久,均没有显著促进企业创新,这与已有文献的结论基本一致,这样间接说明了结论的可靠性。

表 8-6 行业进入、跨行业套利与 R&D 投入

变量	(1)	(2)	(3)	(4)
	R&D(基于总资产标准化)			
	虚拟变量		连续变量	
Enter	-0.0042^{***} (0.0005)	-0.0023^{***} (0.0005)	-0.0120^{***} (0.0033)	-0.0093^{***} (0.0029)
Growth		0.0000 (0.0005)		0.0000 (0.0005)
Lev		0.0000 (0.0012)		0.0001 (0.0012)

续表

变量	(1)	(2)	(3)	(4)
	R&D(基于总资产标准化)			
	虚拟变量		连续变量	
Roa		0.0596*** (0.0048)		0.0595*** (0.0048)
LnSize		−0.0017*** (0.0002)		−0.0017*** (0.17)
CFO		0.0174*** (0.0028)		0.0176*** (0.0028)
LnAge		−0.0043*** (0.0005)		−0.0044*** (0.0005)
Shrcr5		−0.0000 (0.0000)		−0.0000 (0.0000)
_cons	0.0047*** (0.0014)	0.0478*** (0.0040)	0.0045*** (0.0014)	0.0487*** (0.0040)
行业效应	控制	控制	控制	控制
年度效应	控制	控制	控制	控制
Adj.R^2	0.2678	0.3320	0.2651	0.3315
F Value	192.2800	158.1700	191.1600	157.9400
N	8196	8196	8196	8196

注：括号内为使用异方差调整和公司聚类调整得到的稳健性标准误；*、**、*** 分别表示 10%、5%、1%水平上显著。

表 8-7 则为研究假设 8-3，即不同利润率差距下跨行业套利与企业创新之间的关系的检验结果。在虚拟变量模型和连续变量模型中，行业进入(Enter)单项系数在连续变量模型中显著为正，而利润率差距与行业进入的交互项(Diff×Enter)系数均显著为负。该结果表明，当实体企业利润率与金融行业平均利润率差距为 0 时，行业进入的市场套利行为会显著提升企业创新水平，但随着利润率差距的加大，企业进入金融与房地产行业的套利动机逐渐削弱企业创新动力，挤出企业创新投入。这说明，当利润率差距足够小时，跨行业进入行为反而促进了实体企业创新；而利润率差距越大的公司，其跨行业套利行为则显著抑制了企

业创新。该结果不仅证实了套利动机导致实体企业进入金融与房地产行业并抑制其创新，而且还说明打破行业间进入壁垒，鼓励行业间竞争，实现不同行业利润率均等化将有助于促进企业创新。

表 8-7　利润率差距、跨行业套利与 R&D 投入

变量	(1)	(2)
	R&D(基于总资产标准化)	
	虚拟变量	连续变量
Enter	**0.0027**	**0.0520***** **(0.0181)**
	(0.0021)	**(0.0181)**
Diff	0.0378*** (0.0047)	0.0336*** (0.0083)
Diff×Enter	**−0.0213**** **(0.0087)**	**−0.2596***** **(0.0715)**
Growth	0.0002 (0.0005)	0.0002 (0.0005)
Lev	0.0000 (0.0012)	0.0001 (0.0012)
Roa	0.0807*** (0.0054)	0.0781*** (0.0067)
LnSize	−0.0016*** (0.0002)	−0.0017*** (0.0002)
CFO	0.0173*** (0.0028)	0.0176*** (0.0028)
LnAge	−0.0043*** (0.0005)	−0.0045*** (0.0005)
Shrcr5	−0.0000 (0.0000)	−0.0000 (0.0000)
_cons	0.0376*** (0.0042)	0.0396*** (0.0046)

续表

变量	(1)	(2)
	R&D(基于总资产标准化)	
	虚拟变量	连续变量
行业效应	控制	控制
年度效应	控制	控制
Adj. R^2	0.332	0.332
F Value	150.1357	148.5834
N	8196	8196

注:括号内为使用异方差调整和公司聚类调整得到的稳健性标准误;*、**、***分别表示10%、5%、1%水平上显著。

表8-8则为研究假设8-4,即不同市场化进程程度下跨行业套利与企业创新之间的关系的检验结果。虚拟变量模型与连续变量模型下的行业进入(Enter)系数均显著为负,而市场化进程与行业进入的交互项(Market×Enter)系数则均显著为正,表明在市场化进程较低的地区,跨行业套利行为会显著抑制企业创新,而随着市场化进程的推进,这种抑制效应会逐渐减弱,支持了研究假设8-4的逻辑,即市场化进程通过加剧市场竞争及引导创新资源配置,降低了跨行业套利动机的强度,最终缓解了跨行业套利对企业创新的抑制效应。

表8-8 市场化进程、跨行业套利与R&D投入

变量	(1)	(2)
	R&D(基于总资产标准化)	
	虚拟变量	连续变量
Enter	**−0.0029*** **	**−0.0128*** **
	(0.0006)	**(0.0026)**
Market	−0.0005	−0.0004
	(0.0004)	(0.0004)
Market×Enter	**0.0031** **	**0.0192** **
	(0.0013)	**(0.0096)**
Growth	0.0001	0.0002
	(0.0005)	(0.0005)

续表

变量	(1)	(2)
	R&D(基于总资产标准化)	
	虚拟变量	连续变量
Lev	0.0000 (0.0012)	0.0001 (0.0012)
Roa	0.0597*** (0.0048)	0.0597*** (0.0048)
LnSize	−0.0017*** (0.0002)	−0.0017*** (0.0002)
CFO	0.0174*** (0.0028)	0.0175*** (0.0028)
LnAge	−0.0043*** (0.0005)	−0.0044*** (0.0005)
Shrcr5	−0.0000 (0.0000)	−0.0000 (0.0000)
_cons	0.0480*** (0.0041)	0.049*** (12.09)
行业效应	控制	控制
年度效应	控制	控制
Adj. R^2	0.3323	0.3319
F Value	149.1900	149.2600
N	8196	8196

注:括号内为使用异方差调整和公司聚类调整得到的稳健性标准误;*、**、*** 分别表示 10%、5%、1%水平上显著。

四、进一步检验

为了进一步探究实体企业跨行业套利的驱动因素及其对创新影响的具体作用机理,我们还分别做了如下检验。

第一,实体企业的跨行业套利行为,从长期来看虽然抑制了企业创新,但作为一种短期资本套利行为,其是否在短期内成功改善经营业绩,是本章逻辑推理的一个重要论断，对此我们进行了实证检验。检验结果发现，实体企业跨行业套利行为，虽然对企业技术创新具有显著的抑制效应，但却在短期提升了企业经营业绩。该结果则进一步证实了实体企业进入金融与房地产行业本质上是一种短期跨行业套利，且确实有助于其分享金融与房地产行业的超额利润，这也解释了市场竞争激烈的实体企业不断选择跨行业套利的长期均衡存在的合理性。

第二，表 8-7 检验结果表明，企业面临的利润率差距越大，跨行业套利行为抑制企业创新的程度更显著。自然地，企业面临的产品市场竞争压力不同，其市场套利动机亦会存在差异。具体来说，市场竞争程度越大的公司，利润率越低，抗风险能力越弱，因而市场套利动机越强；反之，市场竞争程度越小的公司，其市场套利动机越弱，同时产品市场竞争压力还会影响企业创新的动力（张杰等，2014）。为此，本章使用基于营业收入计算的年度行业赫芬达尔-赫希曼指数（HHI），然后按中位数分组，小于中位数的定义为产品市场竞争程度高组，取值为 1，否则取值为 0，表示产品市场竞争程度低组，然后与行业进入构成交互项（Compete×Enter）进行回归。检验结果显示，行业进入（Enter）系数均显著为负，而产品市场竞争与行业进入交互项（Compete×Enter）系数则均为负，则虚拟变量模型组显著。这说明随着市场竞争压力的增大，实体企业的跨行业套利动机会变得更强，因而抑制企业创新程度更显著。

第三，既然跨行业套利行为抑制了实体企业创新投资，那么其又将如何影响企业资本投资行为，跨行业套利行为分享超额利润是否反哺了企业主营业务的投资或缓解融资约束？如果显著降低了实体企业当期资本投资，那么进一步支持了跨行业套现动机；相反，如果显著促进了企业当期资本投资，那么则需要进一步探究具体机理。为此，我们使用行业进入行为分别对实体企业资本投资及投资现金流敏感性进行回归，其中投资现金流敏感性表示企业面临的融资约束程度。检验结果发现，实体企业跨行业套利行为的确显著挤出了其资本投资额度，但未有充足证据表明跨行业套利行为分享的超额利润有助于缓解企业投资活动面临的融资约束。这表明，实体企业的跨行业套利行为虽然分享了"暴利"行业的超额利润，但是这种超额利润的分享并没有用于增加资本投资以扩大生产规模，反而不断缩小主营业务收入投资，致使实体企业逐渐空心化。

第四，本章研究假设的逻辑推理均潜在认为实体企业跨行业套利行为属于一种短期套利行为，而非长期战略行为。为了验证这一逻辑假设，本章使用 2008 年爆发金融危机这一外生冲击，来表示企业面临套利机会的减少。通过检验金融危机之后，实体企业跨行业套利动机是否减弱来进行识别。为了更好地突出金融危机的冲击作用，我们设置了金融危机变量 Crisis（仅将 2009 年定义为金融危机年,取值为 1,否则取值为 0),结合表 8-4 分别与产品市场竞争(HHI)及融资约束(KZ)进行交乘回归。实证检验发现,金融危机与产品市场竞争交互项(Crisis×HHI)系数显著为正,而金融危机与融资约束的交互项(Crisis×KZ)系数也显著为正。这表明金融危机对套利机会的外生冲击使得跨行业套利动机减弱,而融资约束的动机得到增强,这是因为金融危机爆发对金融行业产生了较大冲击,致使整个金融行业变得更加谨慎,从而融资需求成为实体企业面临的更加突出的问题,这也间接说明实体企业的跨行业套利动机是一种短期行为,而非长期经营战略行为。

第五,我们还借鉴姜付秀等(2008)的做法,将主营业务销售利润率、存货周转率及应收账款周转率作为产品市场竞争的替代变量,使用主成分分析法构造一个综合性产品市场竞争程度指标,该指标越大,则产品市场竞争程度越低,然后对研究假设 8-1 进行重新检验,发现本章研究结论依然稳健。

第六,为了使本章结论更加稳健,我们还使用了基于专利数据表示的企业创新产出,对本章研究假设 8-2 进行稳健性检验,其中专利数据来源于 CSMAR 数据库披露的上市公司专利数据,并将发明、实用新型与外观设计三种专利进行加总后取自然对数来表示企业创新产出,检验结果与前文表 8-3、表 8-6 检验结果一致,证实了本章研究结论的稳健性。

第四节 研究结论

由于市场机制发展的不完善,企业可以通过发现市场不均衡进行各种形式的套利,以期获取超额利润率。但随着供给侧结构性改革推进,实现经济增长的动力要求由要素增长向创新驱动转换,中国企业急需完成从“套利型”向“创新型”转变。得益于行业垄断、利率管制及房价快速的上涨,中国金融业与房地产业被认为是两大“暴利”行业。金融与房地产行业的超额利润率改变了制造业企业的资本投资机会,致使部分企业选择进入这两大行业进行跨行业套利,而这种跨行业套利本质上属于一种短期资本套利行为,在资源约束条件下势必对企业长期创新投资产生影响,然而已有文献较少关注实体企业这种套利行为的具体动机及其如何影响企业创新行为。

不同于以往研究主要关注市场结构、企业规模及创新补贴等对企业创新的影响,本章基于金融与房地产业超额回报率的特征事实,在跨行业套利分析框架下研究实体企业进入具有超额回报率的金融与房地产业的具体动机,以及对企业创新活动所产生的影响及其作用机理。检验结果发现，从驱动因素来看，市场竞争压力是影响实体企业跨行业套利行为的首要因素，且杠杆率越高的企业，跨行业套利程度越高，表明跨行业套利行为本质上属于一种加杠杆行为，而这种跨行业套利行为显著抑制了企业创新，且利润率差距越大，抑制效应越显著，但随着市场化进程的推进，这种抑制效应会逐渐减弱。进一步检验还显示，实体企业跨行业套利行为不仅显著抑制了企业创新，而且显著挤出了实体企业资本投资，虽然这种跨行业套利行为显著提升了企业当期经营业绩，但却未有充足证据表明其缓解了资本投资的融资约束程度。该研究结果揭示了实体企业的这种跨行业套利行为对实体企业空心化的具体影响机理。因此，该研究结论不仅有助于从跨行业套利这一全新视角解释长期以来中国企业创新动力不足的原因，而且还揭示了行业间竞争对企业创新的影响，从而进一步拓展并丰富了市场集中度与创新关系的文献。根据以上研究结论，我们可以得到以下政策启示。

(1) 当实体企业面临来自行业内部的激烈竞争时，实体企业的利润空间会逐渐受到挤压。在这种压力下，实体企业一方面可以通过选择增加创新投入，开发更具有市场竞争力的新产品，另一方面还可以通过跨行业的多元化方式进行跨行业套利来提高盈利能力。本章研究结论发现，得益于行业进入壁垒、利率管制以及土地供应限制推动的房价快速上涨，金融与房地产两大行业的“暴利”给予了实体企业进行跨行业套利的机会，在市场竞争压力的驱动下，越来越多的实体企业通过参股、并购和联营等方式进入这些超额利润行业进行套利，这种跨行业套利行为显著抑制企业自身的创新动力，从而制约了实体企业竞争能力的提升。因此，放开民营资本进入条件，让更多的民营资本有平等机会进入这些超额利润行业，将有助于实现行业间利润均等化，从而加剧行业间竞争，有助于促进企业创新动力。

(2) 套利行为本质上是企业利用资源在行业、地区或时间上的不平衡性进行转换来获取利润的一种行为。因此，除了跨行业套利行为之外，地区的不平衡性也为企业提供了跨地区套利机会。跨地区套利空间大小除了取决于地区资源分布的自然禀赋之外，还取决于地区市场化程度与市场分割程度的大小。地方保护主义下的市场分割不仅限制了地区间企业的竞争，而且限制了资本跨地区自由流动，致使地区间的资本回报率呈现不均等性，从而会激励更多企业通过各种方式进行跨地区套利。因此，更高一层级政府应努力消除地方保护，打破地区市场分割，让地区间的资本自由流动参与竞争，从而实现利润率在地区间的均等化，消除地区间套利机会。

（3）市场化进程越高的地区，不仅意味着地方政府会提供更高质量的公共服务，而且意味着拥有发育更成熟的要素市场与产品市场。企业创新的关键在于资源约束，而成熟的要素市场通过多元化金融体系可以为企业提供更多创新资源，从而有助于促进企业创新。产品市场的成熟会进一步加剧企业间竞争，缩小企业跨地区或跨行业套利空间，从而有助于激励企业进行创新，防止实体企业空心化。本章研究结论表明，市场化进程越低的地区，跨行业套利行为对企业创新的抑制效应越显著，而随着市场化进程的推进，其抑制效应逐渐减弱。因此，未来各地区应协同推进市场化进程，加快地区要素市场与产品市场的协调发展，加剧地区间企业竞争，从而有助于抑制实体企业通过套利而逐渐偏离主营业务的行为。

综上所述，中国地区与行业发展的不平衡性，为实体企业提供了跨地区与跨行业的套利机会，特别是在利润空间逐渐缩小的趋势下，越来越多的实体企业将有限资源投入具有更高回报率的地区或行业中去，其中进入金融与房地产行业则就是一种典型的跨行业套利形式，本章实证研究结论显示这种跨行业套利行为不仅显著抑制了企业创新，而且挤出了企业资本投资，从而解释了实体企业空心化的形成机理。

第九章　实体企业金融化与企业技术创新

第一节 研究基础、理论分析与研究假设

一、研究基础

当前我国经济正处于转型的关键阶段，制造业企业也正从“套利型”逐渐向“创新型”转变，而这种转变的成败将直接关乎我国经济能否成功跨越中等收入陷阱。然而，在过去相当长的时间里，我国金融业特别是银行业凭借垄断地位与利率管制政策，一直拥有着非常高的资本回报率，而房价的快速上涨更是催生了我国房地产行业近十五年的繁荣，因此金融与房地产业被称为我国过去十五年的两大“暴利”行业（宋军和陆旸，2015；孙国茂和陈国文，2014）。随着市场需求日益饱和，实体企业利润逐渐下滑，在资本的逐利驱使下，大量产业资本开始不断涌入利润丰厚的金融与房地产行业，其中在资产负债表中配置金融资产成为一种非常重要的形式，致使实体企业越来越偏离其主营业务，逐渐形成了制造业趋于空心化的现象，这种现象也被称为“实体企业金融化”（宋军和陆旸，2015；谢家智等，2014）。随之出现的就是我国上市公司配置金融资产水平呈现逐年递增趋势，如图 9-1 所示，自 2005 年开始，在超额回报率的驱动下我国上市公司配置金融资产的企业占比与金融资产配置的水平均呈现较快增长趋势。这种趋势虽然在 2008 年金融危机的冲击下出现了短暂下滑，然而在往后年份又重新呈现快速增长势头，特别是 2014 年两个指标均达到历史最高点。

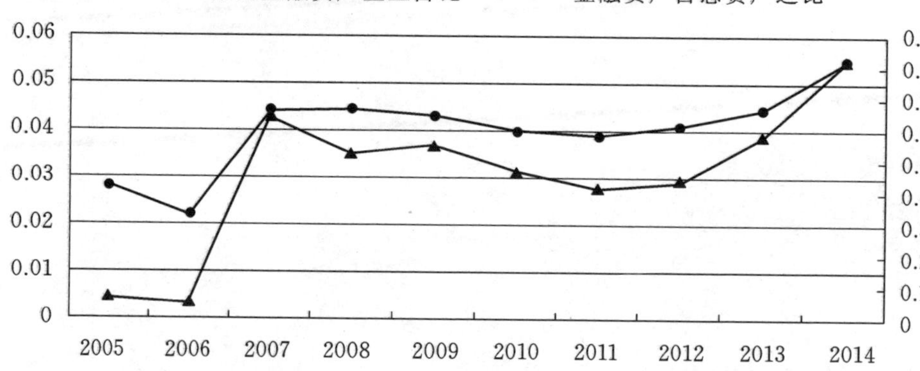

图 9-1 2005—2014 年上市公司金融资产配置趋势

注：上图中金融资产主要包括交易性金融资产、投资性房地产、长期股权投资及委托理财与信托产品四类，其具体内涵详见本章研究设计部分关于变量的定义。

此外，据安邦咨询报告的统计数据(2013)显示，国资委管辖的117家中央直属企业中，有大约77%的企业(90多家)在不同程度上涉足金融业。另据相关统计，2015年超过550家上市公司购买了理财产品，累计金额超过4000亿元，而在2014年则为412家。以华北制药为例，2012年发放委托贷款等2.64亿元，占净资产超过20%。受政策性降价及基药招标影响，华北制药当年实现净利润约0.14亿元，而投资收益有0.48亿元，为净利润的三倍之多。而截至2015年，其投资收益(0.41亿元)占净利润(0.51亿元)之比依然超过80%。可见，在制造业利润空间逐渐收窄的情况下，实体企业通过购买理财、委托贷款等方式进行市场套利，以获得超额回报。由于金融产品高额的投资收益率，大量的非金融类企业逐渐从多元化投资者角色转变为专门的“资本套利者”。可见，在金融与房地产业暴利的驱使下，企业通过配置金融资产的方式以分享其超额利润，逐渐成为我国实体企业发展的重要特征事实。

合理利用金融市场、有效配置金融资本，以促进企业进行技术创新是实现创新驱动的关键所在(Tadesse, 2002)。已有文献从多个维度讨论了金融发展如何促进企业技术创新。还有相当部分文献分别从宏微观两个维度研究了金融化对实体经济与实体企业的影响。所谓“金融化程度”，是指金融工具或金融资产在实体经济中所占的比重，该比重越高表示实体企业金融化程度越深。其中宏观层面的研究多对金融化提出了批评意见，如Ortiz等研究发现金融化类似AIDS病毒，通过对经济内部资源自我吸收与强化，致使企业产业空心化发展。微观层面的研究则多数对金融化给予了肯定，如张军等(2008)认为“金融化”有助于缓解实体企业的外部融资约束。综上可以发现，鲜有文献基于实体企业金融化的市场套利动机研究其如何影响企业创新行为，对该问题的探究不仅有助于从市场套利视角解释我国企业长期以来创新不足的制度诱因，而且对于进一步厘清制造业与金融业的关系及未来我国金融改革方向具有重要意义。

实体企业金融化是指企业资产负债中配置金融资产或对金融资产投资的比例越来越高的一种现象，致使实体企业经营利润越来越多地来源于金融渠道而非生产制造领域(Demir, 2009; Krippner, 2011; Krippner, 2005)。实体企业配置金融资产的动因主要可以总结为两类：一类是配置流动性较低但具有高额回报的金融资产，以获得超额回报率，表现为资本套利动机；另一类则是通过配置变现能力强的金融资产缓解融资约束不足，以应对企业突发情况的资金需求，即平滑企业资金需求，表现为资金储备动机。在这两种动机下，实体企业金融化对企业创新的影响存在显著性差异。因此，本章基于以上两类动机，分析实体企业金融化对企业创新究竟是表现为“挤出效应”还是“促进效应”，并进行实证检验,这对于我们深刻认识实体企业配置金融资产的动机及经济后果具有重要的理论与现实意义。

二、理论分析与研究假设

企业技术创新的长周期性、正向溢出效应及投资金额大等特征,使得企业创新面临着较高的创新风险与信息不对称等问题,特别是以银行为主导的我国金融体系致使企业创新投入面临更为严重的融资约束问题(卢馨等,2013)。如Hall(2002)认为,企业的创新活动因其长期性和不确定性,受到严重的融资约束,主要依靠企业内部融资。Hall(2005)研究还发现,企业内部资金进行创新活动面临两个难题:一是企业内部财务不稳定,创新活动可能因资金链断裂而中止;二是创新活动有很多的调整成本,突然的中断和再延续会使企业遭受更大的损失。鞠晓生(2013)等研究发现,高额的调整成本和不稳定的融资来源制约着企业的创新活动。市场失灵及信息不对称产生的融资约束致使企业创新投入严重不足,因而金融发展对企业创新具有重要的意义,已有文献均证实了金融发展具有促进企业创新投入的作用,金融化作为金融发展的一个重要维度,对企业创新活动具有非常重要的影响。然而实体企业金融化是促进企业创新还是挤出了企业创新,这显然与其具体动机显著相关。基于我国金融业超额回报率的事实,我国实体企业配置金融资产至少存在市场套利及资金储备两种动机(谢家智等,2014)。其中市场套利是指实体企业通过投资金融资产分享金融业的超额回报率;而资金储备是指实体企业把过剩的资金投资至金融资产进行资金储备,以在突发状况急需资金且外部融资比较困难之时,缓解融资约束。因此,实体企业金融化对企业创新的影响可以从市场套利与融资约束两个方面来进行分析。

基于金融业超额回报率的市场套利动机来看,在这种超额回报率的驱使下,市场套利对企业创新至少有以下三个方面的影响。第一,在融资约束条件下企业可用资本是有限的,对金融资产投资一定会减少用于企业创新投入的资源。第二,金融资产的超额回报率会削弱企业进行创新的动力,从而会进一步驱使企业侵占原本用于创新投入的有限资源,降低企业创新投入。第三,过度金融化会使企业资产泡沫化,促使企业更加关注短期利益,从而放弃关注长期创新。因此,在融资约束条件下,实体企业金融化的市场套利行为会显著降低企业创新投入,表现为一种“挤出效应”。基于金融资产配置的资金储备动机来看,其主要通过以下渠道影响企业创新。第一,以金融资产配置来储备资金具有资本成本效应,这是因为相对于现金资产,金融资产通过合适的资产管理办法可以获得一定的回报,降低外部融资产生的资本成本,从而企业可以获得更多资金,以金融资产的形式进行储备，有助于平滑企业创新投入。第二，对金融资产的投资产生的超额收益会改善企业经营业绩，从而通过收入效应促进企业创新。

综上所述，如果实体企业金融化是基于市场套利动机，那么实体企业会将更多有限资金投资至金融资产，在资源约束条件下这会减少企业创新资源并削弱企业创新，从而最终会抑制企业创新，表现为一种“挤出效应”。如果实体企业金融化是基于资金储备动机以缓解其面临的融资约束，那么实体企业可以在外部融资环境较好的条件下超额融资，或资金约束程度较低的情况下，将多余的资金投资至具有超额回报率的金融资产上。这不仅可以降低融资成本，而且可以缓解企业在外部融资环境较差的情况下研发投资所面临的资金约束，从而促进企业创新。因此，本章提出竞争性研究假设 9-1：

研究假设 9-1(a)：如果实体企业金融化水平与企业创新之间是一种负相关关系，即实体企业金融化挤出了企业创新投资，那么实体企业金融化表现为一种市场套利行为；

研究假设 9-1(b)：如果实体企业金融化水平与企业创新之间是一种正相关关系，即实体企业金融化促进了企业创新投资，那么实体企业金融化表现为一种资金储备行为。

要有效区分两者之间的关系究竟是一种市场套利动机的“挤出效应”还是资金储备的“平滑效应”，还需要结合企业面临的融资约束程度及套利动机的强弱进行进一步检验。具体来说，如果实体企业金融化是基于资金储备动机以提高企业研发投资的持续性，那么对于不同融资约束程度下的企业，这种动机的强弱会存在显著性差异。对于融资约束程度更高的企业而言，增加金融资产配置必然会降低当期企业创新投入，从而通过配置金融资产以平滑企业创新的动机更弱；反之，融资约束程度较低的企业可以通过将富余资金投资至高回报率的金融资产，不仅不会减少当期创新投入，反而有助于增加未来企业创新投入水平。如果以上逻辑成立，融资约束程度越低的企业，实体企业金融化与企业创新之间的正相关关系更显著。

如果实体企业金融化是出于市场套利动机，那么对于套利动机强弱不同的企业而言，金融资产配置水平与企业创新之间的负相关关系会存在显著性差异。具体来说，市场套利动机较强的企业，会通过降低企业创新并增加企业金融资产配置以获取更多超额利润，因而两者之间的负相关关系更显著；反之，对于市场套利动机更弱的企业而言，牺牲企业技术创新以获取金融资产超额回报率的动机更弱。据此提出竞争性假设 9-2，以检验实体企业金融化的具体动机：

研究假设 9-2(a)：如果实体企业配置金融资产是出于市场套利动机，那么对

于市场套利动机越强的企业，其金融化与创新之间的负相关关系更显著；

研究假设 9-2(b)：如果实体企业配置金融资产是出于资金储备动机，那么对于融资约束较轻的企业，其金融化与创新之间的正相关关系更显著。

第二节　研究设计与样本选择

一、研究设计

借鉴李玲和陶厚永(2013)、刘运国和刘雯(2007)、张杰等(2011，2012)的研究设计，使用以下模型对研究假设进行检验：

$$\mathrm{RD}=\beta_0+\beta_1\times \mathrm{Financial}+\sum \alpha_i \boldsymbol{X}_i+\varepsilon \tag{9-1}$$

$$\mathrm{RD}=\beta_0+\beta_1\times \mathrm{Financial}+\beta_2\times \mathrm{FC}+\beta_3\times \mathrm{FC}\times \mathrm{Financial}+\sum \alpha_i \boldsymbol{X}_i+\varepsilon \tag{9-2}$$

$$\mathrm{RD}=\beta_0+\beta_1\times \mathrm{Financial}+\beta_2\times \mathrm{Arbitrage}+\beta_3\times \mathrm{Arbitrage}\times \mathrm{Financial}+\sum \alpha_i \boldsymbol{X}_i+\varepsilon \tag{9-3}$$

在上述模型中，RD 为被解释变量，表示企业创新水平，使用研发投资与当期主营业务收入之比来表示。此外，本章还使用了总资产标准化的企业创新投入及专利产出等进行稳健性检验。Financial 为解释变量，即实体企业金融化，分别使用是否配置金融资产的虚拟变量及金融资产与期末总资产之比的连续变量来表示。借鉴宋军和陆旸(2015)的做法，金融资产具体包括交易性金融资产、投资性房地产、长期股权投资及委托理财与信托产品四类，然后加总并使用总资产进行标准化。其中，交易性金融资产除包括资产负债表中交易性金融资产外，还包括衍生金融资产、短期投资净额、可供出售金融资产净额、持有至到期投资净额和长期债权投资净额等；投资性房地产使用资产负债表中投资性房地产净额，随着我国房地产的市场化改革，房地产越来越具有金融资产的特性，逐渐成为重要的投资产品，所以将其定义为一种特殊的金融产品；长期股权投资则根据资产负债表中长期股权投资科目的明细获得；委托理财与信托产品则主要包括委托贷款、理财产品及信托产品投资余额，具体通过其他流动性资产明细获得。

根据本章研究假设，对于模型(9-1)而言，当实体企业金融化使用虚拟变量时，若 β_1 系数显著为负，表明配置金融资产的企业，其企业创新水平显著更低，从而支持了套利动机下的挤出效应；若显著为正，表明配置金融资产的企业，其企业创新水平显著更高,从而支持了资金储备动机下的平滑效应。对于连续变量表示的实体企业金融化而言,若 β_1 系数显著为负,表明实体企业金融化程度越高,企业创新水平越低,但并不能有效区分其究竟属于套利动机下的挤出效应还是资金储备动机下的平滑效应,需要进一步结合融资约束程度与套利动机强度进行分组检验,具体见模型(9-2)与模型(9-3)。

模型(9-2)用来检验不同融资约束程度下,实体企业金融化程度与企业创新间负相关关系是否存在显著性差异,FC 为表示融资约束程度的虚拟变量,融资约束程度较高的企业取值为 1,反之为 0。根据研究假设 9-2,若 β_3 显著为负,表示融资约束程度越高的企业,其金融化程度与企业创新间负相关关系更显著,则支持了实体企业金融化的资金储备动机以平滑企业创新;若 β_3 不显著为负,则更多地支持了实体企业金融化的市场套利动机,是否完全支持市场套利动机还需要进一步结合套利动机强弱的分组检验结果。

模型(9-3)则用来检验不同套利动机下,实体企业金融化程度与企业创新间负相关关系是否存在显著性差异,Arbitrage 为套利动机强弱的虚拟变量,套利动机更强的企业取值为 1,反之为 0。若 β_3 显著为负,表示套利动机更强的企业,其金融化程度与企业创新间负相关关系更显著,则进一步支持实体企业金融化的套利动机对企业创新的挤出效应,反之若不显著为负,则实体企业金融化的套利动机不足以被佐证。

$\boldsymbol{X}$ 为控制变量,根据已有文献,我们分别控制了经营净现金流(CFO)、企业规模(LnSize)、财务杠杆(Lev)、资产净利润率(Roa)、主营业务收入增长率(Growth)、存续年限(LnAge)及前三大股东的集中度(Shrcr3)等变量。此外,我们还引入现金股利支付率、产权属性等表示融资约束程度,利息收益占净利润之比与投资收益占净利润之比表示市场套利动机的强弱。具体变量的详细定义见表 9-1。

表 9-1 主要变量的描述性统计

变量类型	变量名称	变量定义
因变量	RD	企业创新指标,以研发密度来表示,等于企业当期研发投入与主营业务收入之比
解释变量	Financial	实体企业金融化虚拟变量,以企业是否配置金融资产表示,当期末持有金融资产时取值为 1,否则取值为 0 实体企业金融化连续变量,以企业当年金融资产与期末总资产之比来表示

续表

变量类型	变量名称	变量定义
调节变量	FC	使用股利支付率(包含0值)来表示,然后以未支付股利组表示融资约束程度高组,取值为1,而股利支付率最高的四分组表示受融资约束程度较低组,取值为0
	Arbitrage	分别以利息收益占净利润之比与投资收益占净利润之比来表示套利动机强弱,大于中位数表示套利动机更强,取值为1,否则取值为0。
控制变量	CFO	等于经营活动产生的净现金流与期末总资产之比,表示经营净现金流
	LnSize	期末总资产取自然对数,表示企业规模
	Lev	期末总负债与总资产之比,表示企业资本结构
	Roa	净利润与期末总资产之比,表示企业经营净利润率
	Growth	主营业务收入增长率,等于当期营业收入减去上期收入后除以上期收入
	Fixed	期末固定资产与总资产之比,表示企业资本密集度
	LnAge	等于当年减去企业注册年加1并取自然对数,表示企业存续年限
	Shrcr3	等于前三大股东持股比例之和,表示股东集中度

二、样本选择

根据CSMAR数据库标识,本文选择2009—2014年A股上市公司为原始样本。之所以选择2009年作为开始,是因为自2007年开始监管层要求上市公司披露其研发投入信息,根据年报信息披露质量来看,2007年与2008年两年数据质量较低。根据研究需要,本章还分别对原始数据做如下处理:第一,剔除金融类上市公司;第二,剔除没有研发投入或未披露研发投入的样本,第三,剔除其他变量观测值缺失的样本,最终选择了8374个公司年度观测值。为了剔除异常值对回归结果稳健性可能产生的影响,我们对所有除虚拟变量外的连续变量进行上下1%的Winsorize截尾处理。

第三节　实 证 过 程

一、描述性统计

表 9-2 所示为本章主要变量的描述性统计，企业创新(RD_income)均值为 0.036，表明样本公司中研发支出占营业收入比重达到将近 3.6%，逐渐接近发达国家水平。解释变量是否配置金融资产(Financial_dum)均值为 0.660，表示约有 66%的样本公司进行了金融资产投资，即三分之二的公司进行了金融化。金融化连续变量(Financial)均值为 0.030，表示平均意义上来看，金融资产投资占总资产 3%，最大占比约为 35%，这也说明金融化在企业资产负债表中占有越来越重要的位置。其他控制变量均值与中位数基本相当，表明其呈现正态分布。

表 9-2　主要变量的描述性统计

变量	观测值	均值	标准误	最小值	Q_1	中位数	Q_3	最大值
RD_income	8374	0.036	0.041	0.000	0.009	0.030	0.044	0.249
Financial(虚拟变量)	8374	0.660	0.474	0	0	1	1	1
Financial(连续变量)	8374	0.030	0.062	0	0	0.003	0.028	0.350
CFO	8374	0.040	0.070	−0.166	0.001	0.039	0.082	0.239
LnSize	8374	21.809	1.217	19.503	20.936	21.614	22.438	25.731
Lev	8374	0.422	0.216	0.035	0.246	0.417	0.587	0.902
Roa	8374	0.041	0.052	−0.143	0.014	0.038	0.068	0.206
Growth	8374	1.165	0.334	0.540	0.982	1.120	1.273	2.923
Fixed	8374	0.234	0.150	0.008	0.118	0.204	0.326	0.675
LnAge	8374	2.590	0.409	1.099	2.398	2.639	2.890	3.300
Shrcr3	8374	53.545	15.632	18.558	42.231	54.058	65.309	88.465

二、单变量检验

表 9-3 所示为实体企业金融化与企业创新的单变量检验结果。无论是均

值检验还是中位数检验，其检验结果均显示，相对于没有金融资产配置的实体企业，具有金融资产配置的实体企业具有更低水平的企业创新，初步证实了实体企业金融化与企业创新之间呈现一种负相关关系，表现为一种挤出效应。更加严谨的结论则还需要进一步结合融资约束及市场套利动机强弱进行多元回归检验。

表 9-3　实体企业金融化与企业创新（单变量检验）

	以营业收入标准化的企业创新		以总资产标准化的企业创新	
	均值检验	中位数检验	均值检验	中位数检验
未金融化	0.045	0.035	0.022	0.019
金融化	0.032	0.026	0.018	0.014
差异性检验	**0.013***** **(15.96)**	**0.009***** **(19.85)**	**0.004***** **(12.33)**	**0.005***** **(14.49)**

注：括号内为单变量检测报告 T 值，其中中位数检验为 Z 值，*、**、*** 分别表示 10%、5%、1% 水平上显著，本章下表同。

三、实证分析

表 9-4 所示为研究假设 9-1，即实体企业金融化与企业创新的全样本回归结果。检验结果显示：无论是以虚拟变量还是以连续变量表示的金融化程度，其回归系数均显著为负，表明实体企业金融化与企业创新水平呈现显著负相关关系。其中，虚拟变量模型结果说明，相对于未进行金融化的企业，金融化的企业其创新水平显著更低。连续变量模型结果说明实体企业金融化程度越高，企业创新水平越低，而金融化程度越低越有助于促进企业创新水平，证实了实体企业金融化程度与企业创新呈现一种替代关系，表现为挤出效应。控制变量中，经营现金流与企业创新呈现显著正相关关系，而其他控制变量均与企业创新显著负相关，与已有文献发现基本一致。

表 9-4　实体企业金融化、市场套利与企业创新

变量	(1)	(2)	(3)	(4)
	虚拟变量		连续变量	
Financial	**−0.006***** **(−3.77)**	**−0.005***** **(−4.49)**	**−0.046***** **(−4.31)**	**−0.027***** **(−3.29)**

续表

变量	(1)	(2)	(3)	(4)
	虚拟变量		连续变量	
CFO	0.034**	0.023*	0.033*	0.022*
	(2.07)	(1.85)	(1.95)	(1.73)
LnSize	−0.001**	−0.002**	−0.002***	−0.002***
	(−2.44)	(−2.32)	(−3.42)	(−2.91)
Lev	−0.063***	−0.048***	−0.065***	−0.050***
	(−11.25)	(−7.74)	(−11.72)	(−8.17)
Roa	−0.092***	−0.048***	−0.092***	−0.048***
	(−5.94)	(−2.79)	(−5.95)	(−2.86)
Growth	−0.000	−0.001	−0.000	−0.001*
	(−0.03)	(−1.55)	(−0.08)	(−1.76)
Fixed	−0.058***	−0.031***	−0.060***	−0.031***
	(−11.83)	(−7.12)	(−11.84)	(−6.88)
LnAge	−0.010***	−0.011***	−0.010***	−0.011***
	(−5.13)	(−6.02)	(−4.99)	(−6.18)
Shrcr3	−0.000**	−0.000***	−0.000**	−0.000**
	(−2.03)	(−2.62)	(−2.10)	(−2.57)
_cons	0.145***	0.111***	0.154***	0.118***
	(10.85)	(8.26)	(11.57)	(9.25)
行业效应	NO	YES	NO	YES
年度效应	NO	YES	NO	YES
Adj. R^2	0.219	0.388	0.219	0.387
F Value	177.90***	122.95***	178.00***	123.40***
N	8374	8374	8374	8374

注:括号内为单变量检验报告 T 值;*、**、*** 分别表示 10%、5%、1%水平上显著。

为了进一步检验实体企业金融化与企业创新之间是否存在促进效应,本章借鉴鞠晓生等(2013)的研究,对面临不同融资约束程度的企业,其企业创新水平与金融化之间关系是否存在显著性差异进行实证检验。我们选择股利支付率来表示企业面临的融资约束程度，股利支付率越高，表示企业融资约束程度越低，并与金融化进行交乘，具体检验结果见表 9-5。从中我们可以发现，融资约束与实体企业金融化交互项系数均不显著，从而没有支持资金储备条件下的促进效应。此外本章在稳健性检验中还分别基于资产负债率、企业规模与产权属性等多个维度检验不同融资约束程度下实体企业金融化与创新水平之间的关系，其结果依然支持表 9-5 的回归结果。以上结果表明，实体企业配置金融资产挤出了企业创新，从而间接证实了实体企业金融化属于一种套利动机，是一种实体企业资本对金融行业高回报率的逐利结果。

表 9-5　融资约束、实体企业金融化与企业创新

变量	(1)	(4)
	虚拟变量	连续变量
	全样本	全样本
Financial	**−0.004***** **(−3.14)**	**−0.032***** **(−3.63)**
FC	−0.001 (−0.39)	−0.002 (−1.44)
FC×Financial	**−0.001** **(−0.65)**	**0.017** **(1.42)**
控制变量	控制	控制
_cons	0.111*** (8.23)	0.118*** (9.22)
行业效应	YES	YES
年度效应	YES	YES
Adj. R^2	0.388	0.387
F Value	116.06***	116.46***
N	8374	8374

为了进一步验证实体企业金融化对创新挤出效应是基于实体企业对金融行业高回报率的逐利，其本质上是一种市场套利行为，本章还分别使用财务费用中

的利息收入占净利润之比及利润表中的投资收益占净利润之比来表示金融资产投资对企业净利润的重要性。很显然该占比越高,企业金融资产配置的套利动机越强,因而进行市场套利挤出企业创新的效果更显著,这是因为金融资产收益占比越高,表明实体企业越依赖于金融资产回报,其检验结果见表 9-6。从中我们可以发现,在利息收入占比高的组与投资收益占比高的组,金融化程度的系数均比较低组更显著为负,且连续变量模型在套利动机低组不显著。该结果说明金融资产收益占企业净利润比重越大,实体企业配置金融资产的套利动机越强,实体企业配置金融资产对企业创新的挤出效应越明显;相反,金融资产收益占企业净利润比越小,其配置金融资产进行套利的动机越小,因而对企业创新的挤出效应更小。表 9-6 的结果证实了我国实体企业配置金融资产的套利动机,进一步揭示了实体企业金融化挤出企业创新的具体作用机理。

表 9-6　金融资产收益占比、实体企业金融化与企业创新

变量	(1)	(2)	(3)	(4)	(5)	(6)	(7)	(8)
	虚拟变量		连续变量		虚拟变量		连续变量	
	利息占比高	利息占比低	利息占比高	利息占比低	投资收益占比高	投资收益占比低	投资收益占比高	投资收益占比低
Financial	**−0.005***** **(−2.84)**	**−0.004***** **(−3.66)**	**−0.051***** **(−5.88)**	**−0.005** **(−0.42)**	**−0.005***** **(−3.51)**	**−0.003**** **(−1.99)**	**−0.043**** **(−2.34)**	**−0.013** **(−1.57)**
控制变量	控制	控制	控制	控制	控制	控制	控制	控制
_cons	0.086*** (4.19)	0.115*** (8.12)	0.091*** (4.72)	0.122*** (9.25)	0.119*** (5.98)	0.098*** (7.69)	0.127*** (6.71)	0.101*** (7.78)
行业效应	YES	YES	YES	YES	YES	YES	YES	YES
年度效应	YES	YES	YES	YES	YES	YES	YES	YES
Adj. R^2	0.415	0.333	0.417	0.330	0.373	0.410	0.372	0.409
F Value	89.19***	65.39***	89.95***	64.64***	74.92***	67.11***	74.54***	67.29***
N	4110	4264	4110	4264	4187	4187	4187	4187

四、进一步检验

前文研究结果已经证实实体企业金融化的市场套利动机显著抑制了企业创新,为了进一步验证套利动机强弱不同的企业其金融化与企业创新可能存在显著性差异，这里选择盈利能力的差异进行横截面检验。具体来说，如果企业盈利能力本身很强，其使用有限资金进行金融资产投资的机会成本更大，从而进行套利的机会减少；反之，使用金融资产投资进行套利的机会成本更低，套利机会因而更多。其中，盈利能力使用资产净利润的中位数进行分组，具体检验结果见表 9-7。检验结果显示，相对于盈利能力强的企业，盈利能力较弱的企业由于面临更大的市场套利机会与更低的套利机会成本，因而其金融化对实体企业创新的抑制作用更显著，从而进一步验证了本章的逻辑。

表 9-7　盈利能力、实体企业金融化与企业创新

变量	(1)	(2)	(3)	(4)
	虚拟变量		连续变量	
	盈利能力强	盈利能力弱	盈利能力强	盈利能力弱
Financial	**−0.003***	**−0.006*****	**−0.012**	**−0.044*****
	(−1.95)	**(−3.78)**	**(−1.06)**	**(−4.75)**
控制变量	控制	控制	控制	控制
_cons	0.122***	0.095***	0.126***	0.104***
	(6.85)	(5.80)	(7.17)	(6.43)
Diff of Financial	**3.91****		**6.47****	
	(0.048)		**(0.011)**	
行业效应	YES	YES	YES	YES
年度效应	YES	YES	YES	YES
Adj. R^2	0.414	0.338	0.413	0.338
F Value	80.807	47.631	81.413	49.991
N	4189	4185	4189	4185

虽然前文已经证实了实体企业金融化对企业创新主要表现为一种挤出效应，但宋军和陆旸(2015)研究发现，实体企业金融化与经营收益率之间呈现“U”形关系，即高业绩的企业表现为富余效应，而低业绩的企业表现为替代效应。那么当实体企业金融化程度足够高时，其可能通过高额的金融资产收益来缓解企业创新面临的融资约束，从而促进企业创新。因此，我们预期实体企业金融化与企业创新间可能存在一种非线性关系。

为此，我们引入金融化程度连续变量的平方项进入回归方程，以检验实体企业金融化与企业创新之间是否存在拐点现象，其检验结果见表 9-8。可以发现，金融化程度的平方项显著为正，而一次项则显著为负，根据两系数关系求出极值点，在控制行业与年度效应时为 23%左右。以 23%为界进行分组回归，结果见表 9-8 第(3)与第(4)列。当金融化程度超过 23%时，金融化程度与企业创新呈现显著正相关关系，而小于 23%时，金融化程度与企业创新呈现显著负相关关系。该结果进一步说明实体企业金融化程度与企业创新之间表现为"U"形关系，当金融化处于较低水平时，金融资产配置的增加更多表现为一种挤出效应，而当金融化处于较高水平时，金融资产配置的增加则表现为一种促进效应。这也说明，只有当金融市场足够发达，实体企业通过将过剩的富余现金流配置至金融资产，不仅有助于提高资金使用效率，而且通过金融资产产生的收益及金融资本的逐利性规律驱使企业进行技术创新。

表 9-8　金融化与企业创新的非线性关系检验

变量	(1)	(2)	(3)	(4)
			大于 0.23	小于 0.23
Financial(b)	**−0.087***** **(−3.56)**	**−0.061**** **(−2.30)**	**0.126***** **(2.67)**	**−0.038***** **(−2.69)**
Financial×Financial(a)	**0.161***** **(2.61)**	**0.132**** **(2.40)**		
控制变量	控制	控制	控制	控制
_cons	0.153*** (11.61)	0.117*** (9.17)	0.150*** (3.88)	0.116*** (8.88)
行业效应	NO	YES	YES	YES
年度效应	NO	YES	YES	YES
Financial 的极大值(−b/2a)	**0.270**	**0.023**		
Adj. R^2	0.220	0.387	0.625	0.381
F Value	160.40***	119.79***	15.66***	118.18***
N	8374	8374	238	8136

既然实体企业金融化显著抑制了企业创新，那么对于高新技术企业与非高新技术企业而言是否存在显著不同？相对于非高新技术企业，高新技术企业具有研发投入的刚性需求，其将有限资本配置金融资产进行市场套利的机会成本较大，所以从理论上预期高新技术企业金融化挤出企业创新的效应更弱。对此我们进行了检验，其中高新技术企业的界定以该企业是否被认定为高新技术企业为判断标准，具体检验结果见表9-9。检验结果显示，实体企业金融化（Financial）系数在非高新技术企业样本组中更显著为负。该结果表明相对于高新技术企业，实体企业金融化主要挤出了非高新技术企业技术创新，从而进一步支持了实体企业金融化的市场套利行为对企业创新影响的作用机理。

表9-9　高新技术企业、实体企业金融化与企业创新

变量	(1)	(2)	(3)	(4)
	虚拟变量		连续变量	
	非高新技术企业	高新技术企业	非高新技术企业	高新技术企业
Financial	**−0.005****	**−0.004*****	**−0.038*****	**−0.009**
	(−2.30)	**(−3.37)**	**(−4.29)**	**(−0.59)**
_cons	0.085***	0.101***	0.091***	0.107***
	(5.60)	(4.48)	(6.28)	(4.92)
控制变量	控制	控制	控制	控制
Diff of Financial	0.19		4.77**	
	(0.664)		(0.029)	
行业效应	YES	YES	YES	YES
年度效应	YES	YES	YES	YES
Adj. R^2	0.293	0.341	0.296	0.339
F Value	24.11	64.32	24.12	116.79
N	3524	4850	3524	4850

金融化可以通过改善资源配置实现全要素生产率的提升。然而我们在前文中已经证实实体企业金融化对企业创新主要表现为一种抑制效应，如果这种效应真实存在，那么预期其可能会显著降低企业全要素生产率或至少不会显著提

升全要素生产率，我们对此进行了实证检验。我们分别使用了最小二乘法与 LP 方法估算企业的全要素生产率，其检验结果见表 9-10。其中最小二乘法借鉴鲁晓东和连玉君的做法，以主营业务收入的自然对数作为因变量，以总资产的自然对数、员工数的自然对数及购买原材料劳务支付的现金的自然对数作为自变量，使用最小二乘法估计残差项，来计算全要素生产率（鲁晓东和连玉君，2012；Schoar，2002；Giannetti et al.，2015）。LP 方法则以主营业务收入的自然对数作为因变量，以员工数的自然对数、固定资产的自然对数及原材料劳务支付的现金的自然对数作为自变量，来计算全要素生产率。检验结果显示，金融化系数均不显著，其中在 LP 方法中控制行业与年度效应时其系数甚至显著为负，这也说明实体企业金融化并没有显著提升甚至降低了企业全要素生产率，该结果进一步说明金融化主要通过企业创新挤出效应阻碍了全要素生产率的提升。

表 9-10　实体企业金融化、市场套利与全要素生产率

变量	(1)	(2)	(3)	(4)
	最小二乘法		LP 方法	
Financial$_{t-1}$	**0.040**	**−0.069**	**−0.078**	**−0.250***
	(0.55)	**(−0.97)**	**(−0.62)**	**(−1.94)**
LnSize	−0.005	−0.009*	0.637***	0.638***
	(−1.03)	(−1.79)	(70.81)	(72.19)
Lev	−0.157***	−0.142***	0.026	−0.065
	(−6.77)	(−6.58)	(0.48)	(−1.23)
Roa	1.406***	1.288***	0.442***	0.371***
	(15.41)	(14.81)	(2.81)	(2.61)
Fixed	0.236***	0.116***	−1.318***	−1.123***
	(6.27)	(3.47)	(−26.05)	(−20.04)
LnAge	0.042***	0.035**	0.056**	0.025
	(2.64)	(2.15)	(2.44)	(1.18)
Turnover	0.184***	0.196***	1.072***	1.079***
	(19.23)	(20.91)	(33.65)	(29.04)

续表

变量	(1)	(2)	(3)	(4)
	最小二乘法		LP 方法	
_cons	−0.168 (−1.35)	−0.142 (−1.10)	−0.400** (−2.23)	−0.314* (−1.79)
行业效应	NO	YES	NO	YES
年度效应	NO	YES	NO	YES
Adj. R^2	0.215	0.290	0.845	0.853
F Value	368.47***	147.20***	7491.07***	1902.83***
N	12319	12319	12369	12369

表 9-11 则为实体企业金融化经济后果的检验，即实体企业金融化是否提升了企业经营业绩，为了降低两者之间可能存在的内生性，我们取下一期经营业绩作为因变量。从中我们可以发现，实体企业金融化程度越高，其经营业绩越好，而利息收入占比越高的样本组中，其经营业绩更好，表明实体企业金融化虽然挤出了企业创新，但却提升了企业经营业绩。这也说明实体企业通过配置金融资产确实获得了超额回报率，从而提升了企业短期经营业绩，进一步支持了实体企业金融化的套利动机。

表 9-11　实体企业金融化与下一期经营业绩

变量	(1)	(2)	(3)	(4)
	虚拟变量		连续变量	
	全样本	全样本	利息收入占比低	利息收入占比高
Financial	**0.001** **(0.51)**	**0.022**** **(2.21)**	**0.015** **(1.20)**	**0.029**** **(2.23)**
Roa	0.509*** (17.41)	0.510*** (17.38)	0.455*** (8.93)	0.549*** (29.65)
CFO	0.130*** (11.44)	0.130*** (11.69)	0.119*** (6.09)	0.143*** (12.65)

续表

变量	(1)	(2)	(3)	(4)
	虚拟变量		连续变量	
	全样本	全样本	利息收入占比低	利息收入占比高
LnSize	0.001 (0.83)	0.001 (0.78)	0.002 (1.50)	0.001 (0.54)
Lev	−0.025*** (−3.23)	−0.024*** (−3.30)	−0.029*** (−3.75)	−0.016** (−2.35)
Growth	0.009*** (3.74)	0.009*** (3.75)	0.004 (1.48)	0.016*** (4.58)
Growth	−0.035*** (−2.65)	−0.033*** (−2.59)	−0.037*** (−2.94)	−0.030* (−1.86)
_cons	0.001 (0.05)	−0.000 (−0.01)	−0.011 (−0.38)	−0.000 (−0.00)
行业效应	控制	控制	控制	控制
年度效应	控制	控制	控制	控制
Adj. R^2	0.481	0.482	0.405	0.559
F Value	95.92	96.41	49.60	148.72
N	6323	6323	3170	3153

五、内生性问题

企业创新战略本身可能会对其金融资产配置水平产生影响，从而产生反向因果关系的内生性问题。为了尽可能地控制这种内生性问题，本章选择投资收益占净利润之比作为工具变量，这是因为该收益属于企业非主营业务产生的利润，其与金融资产配置水平高度相关，但不可能成为企业创新的主要资金来源。因而在经济意义上，该工具变量与企业创新不存在显著性相关关系，满足工具变量的基本条件。然后对以虚拟变量表示的实体企业金融化，以及以连续变量表示的实体企业金融化，分别进行两阶段回归，其检验结果见表 9-12。结果显示，在第一阶段回归中，工具变量系数均显著为正，表明工具变量与内生性变量实体企业金融化存在显著正相关关系，而在第二阶段回归中，实体企业金融化系数均显著为负，这与前文主检验结果完全一致，表明控制内生性结果后本章研究结论依然是稳健的。

表 9-12　实体企业金融化、市场套利与企业创新（两阶段）

变量	(1)	(2)	(3)	(4)
	虚拟变量		连续变量	
	第一阶段	第二阶段	第一阶段	第二阶段
Financial		**−0.029***		**−0.078***
		(−1.81)		**(−1.83)**
控制变量	控制	控制	控制	控制
_cons	−0.018	0.090***	−0.018	0.117***
	(−1.19)	(5.12)	(−1.32)	(14.16)
投资收益占比	**0.010*****		**0.010*****	
	(9.08)		**(8.70)**	
行业效应	控制	控制	控制	控制
年度效应	控制	控制	控制	控制
Adj. R^2	0.152	0.370	0.152	0.384
F Value	45.30***		26.73***	
Wald chi^2		3859.43***		3987.77***
N	8374	8374	8374	8374

六、稳健性检验

为了使本章的研究结论更加稳健，我们分别做了如下稳健性检验。

第一，融资约束检验实体企业金融化动机的关键所在，前文主检验中使用了股利支付率来度量企业面临融资约束程度的差异。为了使本章发现的结果更加稳健，本章还分别使用已有文献常用的资产负债率、企业规模及产权属性三个变量从多个维度来检验不同融资约束程度下，企业创新与金融化程度之间的负相关关系是否存在显著性差异，我们将资产负债率高、资产规模较大及国有企业界定为融资约束程度较低的企业，反之则界定为融资约束程度较高的企业，其检验结果见表 9-13。我们发现,融资约束程度与金融化的交互项(FC×Financial)系数有负也有正,但均不显著,但金融化程度系数均基本显著为负。该结果进一步说明在不同融资约束程度下,实体企业金融化程度与企业创新间的负相关关系并不存在显著性差异,这也再次证实了实体企业金融化的套利动机对企业创新表现为一种挤出效应,而非促进效应。

表 9-13　融资约束、实体企业金融化与企业创新(稳健性检验)

变量	(1)	(2)	(3)	(4)	(5)	(6)
	资产负债率		企业规模		产权属性	
	虚拟变量	连续变量	虚拟变量	连续变量	虚拟变量	连续变量
Financial	**−0.006****	**−0.016**	**−0.003***	**−0.032*****	**−0.005*****	**−0.042*****
	(−2.03)	**(−1.04)**	**(−1.72)**	**(−2.55)**	**(−2.63)**	**(−3.75)**
FC	0.011*	0.011*	0.008	0.006	0.001	0.001
	(1.66)	(1.70)	(1.59)	(1.57)	(0.64)	(0.92)
FC×Financial	**0.004**	**−0.029**	**−0.002**	**0.020**	**0.001**	**0.023**
	(0.60)	**(−0.82)**	**(−0.62)**	**(0.91)**	**(0.24)**	**(1.55)**
控制变量	控制	控制	控制	控制	控制	控制
_cons	0.143***	0.148***	0.0720***	0.0797***	0.105***	0.111***
	(8.25)	(9.13)	(2.99)	(3.33)	(7.61)	(8.49)
行业效应	YES	YES	YES	YES	YES	YES
年度效应	YES	YES	YES	YES	YES	YES
Adj. R^2	0.468	0.467	0.401	0.400	0.390	0.390
F Value	82.02***	84.09***	83.64***	76.45***	117.47***	118.12***
N	4183	4183	4180	4180	8374	8374

第二,我们将资产负债表中投资性房地产、交易性金融资产、长期股权投资及委托理财与信托产品四种金融资产,按其在总资产中的占比进行分别回归,其回归结果见表 9-14。根据这四类资产流动性来看,很明显交易性金融资产和委托理财与信托产品属于流动性较强的金融资产,其转换成本也更低,因此配置这两类金融资产的资金储备动机更强;投资性房地产与长期股权投资这两类金融资产流动性程度更低,相应的转换成本也更高,因而其市场套利的动机更强。其

检验结果显示，投资性房地产（Financial _estate）与长期股权投资（Financial _equity）系数均显著为负，而交易性金融资产（Financial _trade）和委托理财与信托产品（Financial _entrust）系数为负但不显著，该结果说明实体企业配置金融资产挤出企业创新主要是投资性房地产与长期股权投资发挥作用。

表 9-14　实体企业金融化、市场套利与企业创新（基于分项金融资产回归）

变量	(1) 投资性房地产	(2) 交易性金融资产	(3) 长期股权投资	(4) 委托与理财信托产品	(5) 综合
Financial _estate	**−0.063*** (−2.86)**				**−0.061*** (−2.74)**
Financial _trade		**−0.018 (−0.91)**			**−0.006 (−0.29)**
Financial _equity			**−0.156*** (−4.77)**		**−0.151*** (−4.45)**
Financial_entrust				**−0.007 (−0.41)**	**−0.007 (−0.40)**
控制变量	控制	控制	控制	控制	控制
_cons	0.120*** (9.32)	0.118*** (9.24)	0.117*** (9.14)	0.118*** (9.24)	0.118*** (9.26)
行业效应	YES	YES	YES	YES	YES
行业效应	YES	YES	YES	YES	YES
Adj. R^2	0.386	0.385	0.387	0.385	0.388
F Value	123.379	123.819	123.437	123.521	114.038
N	8374	8374	8374	8374	8374

第三，实体企业金融化挤出了企业创新投入，从而改变了企业主营业务，如果这一逻辑成立，那么实体企业金融化是否挤出了企业资本投资？如果同样挤出了资本投资，将更加有力地证实实体企业金融化对企业主营业务收入的影响。为此，我们对实体企业金融化如何影响企业资本投资进行检验，其中资本投资变量使用现金流量表中构建固定资产、无形资产等支付的现金，并使用期末总资产

进行标准化，检验结果见表9-15。检验结果显示，实体企业金融化(Financial)系数显著为负，表明实体企业金融化的市场套利行为不仅显著抑制了企业技术创新，而且显著降低了企业当期资本投资，从而进一步证实了本章的研究结论。

表9-15　实体企业金融化、市场套利与资本投资

变量	(1)	(2)	(3)	(4)
	虚拟变量		连续变量	
Financial	**−0.011***** **(−5.38)**	**−0.009***** **(−5.76)**	**−0.082***** **(−5.13)**	**−0.065***** **(−4.78)**
控制变量	控制	控制	控制	控制
_cons	0.069*** (3.54)	0.076*** (3.51)	0.086*** (4.16)	0.090*** (4.19)
行业效应	NO	YES	NO	YES
年度效应	NO	YES	NO	YES
Adj. R^2	0.140	0.162	0.139	0.161
F Value	138.60***	66.73***	151.69***	67.97***
N	8373	8361	8373	8361

第四，使用专利产出数据表示企业创新水平，对研究假设9-1进行重新回归，检验结果见表9-16。检验结果显示，以金融资产占比表示的金融化程度(Financial)系数依然显著为负，表明实体企业金融化依然会显著降低企业创新水平，这与使用研发投入表示的企业创新结果一致，说明本章研究结论是稳健的。

表9-16　实体企业金融化、市场套利与企业创新(创新产出：专利)

变量	(1)	(2)	(3)	(4)
	虚拟变量		连续变量	
Financial	**−0.050*** **(−1.55)**	**−0.039*** **(−1.68)**	**−2.117***** **(−2.75)**	**−1.090***** **(−2.66)**
控制变量	控制	控制	控制	控制

续表

变量	(1)	(2)	(3)	(4)
	虚拟变量		连续变量	
_cons	−3.010** (−2.31)	−5.304*** (−5.84)	−3.036** (−2.38)	−5.268*** (−5.80)
行业效应	NO	YES	NO	YES
年度效应	NO	YES	NO	YES
Adj. R^2	0.049	0.268	0.054	0.269
F Value	40.183	133.58	44.83	134.93
N	8374	8374	8374	8374

第五,考虑营业收入可能存在盈余管理的问题。刘运国和刘雯(2007)使用了基于总资产进行标准化的研发投入作为企业创新指标,本章也使用该指标对主要检验进行稳健性检验,其检验结果见表9-17。研究发现,无论是以虚拟变量还是以连续变量表示的金融化程度系数均显著为负,进一步证实了前文结论的可靠性。

表9-17 实体企业金融化、市场套利与企业创新(基于总资产标准化的企业创新)

变量	(1)	(2)	(3)	(4)	(5)	(6)
	全样本		连续变量			
			融资约束		金融资产收益占比	
	虚拟变量	连续变量	融资约束高	融资约束低	占比高	占比低
Financial	**−0.001**** **(−2.15)**	**−0.013***** **(−4.30)**	**−0.014**** **(−2.24)**	**−0.019***** **(−4.03)**	**−0.019***** **(−5.53)**	**−0.010**** **(−2.35)**
控制变量	控制	控制	控制	控制	控制	控制
_cons	0.054*** (7.07)	0.055*** (7.30)	0.056*** (5.15)	0.057*** (4.82)	0.043*** (5.59)	0.061*** (7.21)
行业效应	YES	YES	YES	YES	YES	YES
年度效应	YES	YES	YES	YES	YES	YES

续表

变量	(1)	(2)	(3)	(4)	(5)	(6)
	全样本		连续变量			
			融资约束		金融资产收益占比	
	虚拟变量	连续变量	融资约束高	融资约束低	占比高	占比低
Adj. R^2	0.304	0.305	0.214	0.274	0.303	0.317
F Value	139.881	141.981	49.079	25.67	55.22	60.87
N	8375	8375	2399	2093	4110	4265

第六，我们在原有除金融化之外的控制变量基础上，增加了企业多元化程度（由于上市公司无法获取企业产品特征数据，我们选择多元化及行业特征来表征企业产品特征）表示的产品特征来估算企业最优研发投入水平。然后使用实际研发投入水平减去最优投入水平后取绝对值，并据此得到企业研发投入的偏离水平，很显然残差大于 0 表示超过最优研发投入水平，研发投入过度，反之则表示研发投入不足。以此作为因变量对企业金融化进行回归，检验实体企业金融化如何影响企业研发投入，我们还分别控制了产权属性（State_ownership）、独立董事占比（InDep）及董事规模（Board）等变量，具体检验结果见表 9-18。检验结果显示，在研发投入过度组，实体企业金融化水平（Financial）系数均为负，且在第(2)列显著为负，而在研发投入不足组，实体企业金融化水平（Financial）系数均为正，且在第(5)列显著为正、第(3)列边际显著为正。表明实体企业金融化不仅会显著加剧企业研发投入不足，而且对过度研发投入具有显著抑制作用，从而进一步支持了实体企业金融化的套利行为会显著抑制企业创新行为的结论。

表 9-18 实体企业金融化与企业研发投入偏离

变量	(1)	(2)	(3)	(4)	(5)
	最佳研发估算	虚拟变量		连续变量	
		研发过度	研发不足	研发过度	研发不足
CFO	0.021*** (3.64)				

续表

变量	(1)	(2)	(3)	(4)	(5)
	最佳研发估算	虚拟变量		连续变量	
		研发过度	研发不足	研发过度	研发不足
LnSize	−0.002***				
	(−5.80)				
Lev	−0.048***				
	(−20.91)				
Roa	−0.047***				
	(−5.23)				
Growth	−0.001				
	(−0.93)				
Fixed	−0.029***				
	(−10.33)				
LnAge	−0.011***				
	(−11.29)				
Shrcr3	−0.000***				
	(−4.16)				
Div	0.001				
	(0.84)				
Financial		**−0.007*****	**0.001**	**−0.005**	**0.006***
		(−5.38)	**(1.62)**	**(−0.51)**	**(1.91)**
State_ownership		0.007***	0.002***	0.008***	0.003***
		(5.67)	(5.60)	(6.52)	(5.99)
InDep		0.010	−0.011***	0.009	−0.011***
		(0.84)	(−2.80)	(0.74)	(−2.73)
Board		−0.004	−0.003***	−0.006*	−0.003**
		(−1.31)	(−2.60)	(−1.83)	(−2.44)

续表

变量	(1)	(2)	(3)	(4)	(5)
	最佳研发估算	虚拟变量		连续变量	
		研发过度	研发不足	研发过度	研发不足
_cons	0.117***	0.030***	0.027***	0.030***	0.026***
	(14.18)	(2.92)	(7.28)	(2.87)	(6.91)
行业效应	控制	控制			
年度效应	控制	控制			
Adj.R^2	0.385	0.025	0.011	0.017	0.012
F Value	160.03	22.93	15.42	15.63	15.68
N	8374	3378	4970	3378	4970

第四节　研究结论

本章选择 2009—2014 年 A 股非金融类上市公司作为研究样本，基于我国金融资本超额回报率的事实，在市场套利分析框架下实证检验实体企业金融化是促进了企业创新还是挤出了企业创新。实证检验结果发现，整体上实体企业金融化与企业创新表现为显著负相关关系，对于融资约束程度不同的两类企业，两者之间关系并不存在显著性差异；套利动机越强的企业，实体企业金融化与企业创新负相关关系更显著，表明实体企业金融化的套利动机挤出了企业创新。进一步检验还发现，实体企业金融化挤出企业创新存在拐点，当实体金融化程度超过 23%时，两者之间开始呈现正相关关系，表现为一种促进效应。此外，从全要素生产率来看，实体企业金融化并没有显著提升全要素生产率，但从经济后果来看，实体企业金融化却提升了下一期经营业绩。综上说明，由于过去我国金融资本的超额利润率，实体企业通过对金融资产投资分享了金融业的高额利润，表现为一种市场套利行为，长期来看，实体企业金融化的套利动机会显著抑制其技术创新的动力。

因此，本章的政策意义主要表现为：第一，突破金融等行业的垄断地位，放宽行业准入，鼓励行业间的竞争，促使行业间利润均衡，从而提升企业创新动力；第二，未来金融业改革必须面向市场化，改变金融行业垄断超额利润的现状，防止金融业对实体企业的过度掠夺，有效引导金融资本支持实体企业发展，是我国未来金融改革必须考虑的重要议题。当然本章还存在以下局限性：第一，本章仅间接给出了金融业高回报率对实体行业利润的侵蚀效应，而并未给出直接的经验证据及其产生的经济后果；第二，本章证实了实体企业金融化与企业创新呈现"U"形关系，但对于金融化促进企业创新投资的具体机理及其经验证据还不够充分。以上问题将是未来需要继续努力探索的方向之一。

第十章　政策建议

第一节 推动各地区市场化进程，营造良好的制度环境

新制度经济学强调制度因素的重要性，认为制度决定着一个国家的经济增长和社会发展。良好的制度环境可以激发市场活力，调动企业参与经济活动的积极性，从而促进国家的经济增长。制度环境所称的制度包括市场制度、产权制度、企业制度、货币制度、司法制度、国家制度等。市场制度是制度环境中的重要组成部分，关乎经济发展的根本问题。我国在1992年党的十四大提出建立社会主义市场经济体制，并逐步认识到市场在经济发展过程中的重要作用，不断推动各地区的市场化进程，然而由于各地区资源禀赋和产业基础等条件的不同，各地区的市场化进程差异较大，制约着国家许多经济政策的实施。

一、推进各地区市场化进程，发挥市场的内生动力

我国市场化改革已经经历了相当长的时间，但我国的市场经济体系仍然不健全，依旧存在着有形无形的制度限制着生产要素的自由流动，甚至部分地方政府不断扩权，压制了市场的成长空间，对微观经济直接干预或管制，在某种程度上形成了对市场的替代，导致市场资源错配，效率低下。根据《2020年全球创新指数》，中国的市场成熟度与发达国家相比仍然存在较大差距。

王小鲁等编制的《中国分省份市场化指数报告(2018)》显示，各省份和地区间的市场化指数仍然存在较大差异，排名第一的江苏省得分8.51，而排名最后五位的西藏、青海、新疆、甘肃和海南仅分别得分1.56、3.35、3.93、3.95、4.27。东部、中部、东北部和西部分别得分7.12、6.17、5.33、4.65。因此，必须推动各地区的市场化进程，尤其是落后地区的市场化进程。第一，进一步发挥市场在资源配置中的决定性作用，正确处理政府和市场的关系问题，构建有效政府和有效市场关系。政府要全面转变政府职能，进一步强化政府效率，实现向服务型政府的角色转变。政府的主要职责就是创造公平的制度环境，通过公共政策，避免“市场失灵”，使市场富有效率。政府要积极介入市场，帮助市场进一步提高效率，提升整个社会的竞争力。第二，采取有效措施促进非国有经济高质量发展。进一步放宽民营企业市场准入，破除招投标等领域的各种壁垒。创新金融支持民营企业政策工具，健全融资增信支持体系。完善促进中小微企业和个体工商户发展的政策体系，加大税费优惠和信贷支持力度。鼓励民营企业改革创新，提升经营能力和管理水平。引导有条件的民营企业建立现代企业制度。支持民营企业开展基础研究和科技创新、参与关键核心技术研发和国家重大科技项目攻

关。第三，健全市场体系基础制度，坚持平等准入、公正监管、开放有序、诚信守法，形成高效规范、公平竞争的国内统一市场。第四，推进生产要素市场的改革，健全资本市场、资源市场等制度规范，提高要素市场交易的透明度，健全要素市场运行机制，完善交易规则和服务体系，深化公共资源交易平台整合共享，实现土地、劳动力、资本、技术和信息等生产要素的自由流动。第五，进一步培育市场中介组织，建立归属清晰、权责明确、保护严格、流转顺畅的现代产权制度，实行严格的知识产权保护制度，完善知识产权相关法律法规，加快新领域、新业态知识产权立法，加强知识产权司法保护和行政执法，提升知识产权保护水平。

二、依据各地区市场化进程，实施差别性政策

我国地区之间的市场化进程差异较大，东部沿海地区市场化进程较高，西部地区市场化进程较低。市场化进程更高的地区，不仅意味着地方政府会提供更高质量的公共服务，而且意味着拥有发育更成熟的要素市场与产品市场。成熟的要素市场通过优化资源配置，会引导更多资源被投入企业创新项目中去，企业创新的关键在于资源约束，而成熟的要素市场可以为企业提供更多创新资源，从而有助于促进企业创新。产品市场的成熟会进一步加剧企业间竞争强度，为企业的创新产品尽早被消费者接受创造条件，从而有助于激励企业进行创新。因此，必须依据各地区的市场化进程，实施差别性政策。制定的补贴政策，要在补贴资金的分配、项目的审批等方面向市场化进程较高的地区倾斜，更好地发挥补贴资金的激励效果，提高补贴资金的利用效率。在制定货币和利率等方面政策时，充分考虑各地区市场化进程的差异，实施差异化的存款准备金率、存贷款利率、贴现率等金融政策，充分调动金融要素参与企业创新过程，缓解企业融资约束问题，激励企业技术创新。

第二节　发挥政府补贴的杠杆作用，引导企业技术创新

一、继续加大政府补贴力度

为了促进企业技术创新，提升企业创新能力，我国各级政府先后出台了一系列相关政策，这些政策对于补贴的资金来源、补贴的对象及方式进行了规定。中央及各级地方政府对核心技术攻关、重大核心装备研制等项目的技术创新进行了补贴，促进了高新技术产业的快速发展。然而，我国的技术发展水平与发达国

家相比仍然有较大差距，时常面临“卡脖子”“断供”等问题。因此，必须加大政府补贴的力度，引导企业技术创新，加速产业的转型升级。

数据宝《A股政府补助排行榜》显示，近些年上市公司政府补贴金额呈现上升趋势。2010—2013年政府补贴上市公司的数额分别为400亿元、470亿元、564亿元和716亿元，2015年首次突破千亿元大关后，2020年历史性地突破2000亿元，达到2116亿元，获政府补贴上市公司数量首次突破4000家，占A股上市公司总数的98.45%。分行业来看，电子、化工、汽车行业连续五年占据前三名。2020年，电子行业政府补助金额突破250亿元，芯片产业龙头中芯国际政府补贴金额达到24.89亿元，补贴资金发挥了重要的杠杆作用，激励企业技术创新。但部分上市公司的非研发补贴占据了补贴的较大份额，2020年，中国石化以86亿元问鼎榜首，每年的补贴资金主要来源于进口原油的税收补贴，而非研发的补贴。因此，政府补贴应该以技术创新为导向，降低非研发补贴的比重，在加大政府补贴力度的同时，完善相关的补贴制度，发挥政府补贴的杠杆作用，真正起到激励企业技术创新的作用。此外，我国正处于经济转型升级的关键时期，中央及各级地方的财政资金略显不足，必须拓展补贴资金的来源渠道，保证补贴资金及时下达。拓展补贴资金的来源渠道必须吸引社会资本资金的参与。政府公布补贴资金的目的、用途、使用方式和收益的分配方式等信息，吸引投资基金、企业和公众等的广泛参与，以此拓展补贴资金的来源渠道。

二、采用多样化与灵活化的补贴形式

目前，我国的补贴形式相对单一，主要以资金或实物补贴为主，采用先审批后拨款的方式进行。这种形式要求政府较好地掌握企业信息，对企业的诚信状况要求较高。由于政府掌握的信息不对称，一些企业会利用种种手段来骗取补贴资金，同时这种补贴形式也增加了政府的监管难度，难以控制补贴资金的实际用途和流向，降低了补贴资金的利用效率。因此，政府可以根据企业的具体情况，采用多样化与灵活化的补贴形式，保证补贴资金发挥引导企业技术创新的作用。

改变先审批后拨款的单一方式，增加事中补贴和事后奖励方式的使用。事中补贴是指政府应跟进企业的项目研发，企业研发的首期补贴资金到位后，监督资金的实际使用情况。根据项目的进度，决定后续资金的形式和额度。这种方式工作量较大，但能够有效地保证补贴资金的使用方向。事后奖励是指企业在获得研发成果之后，政府给予奖励来支持下一代技术的研发。这种方式由于发生在事后，对于当期的企业技术创新不能起到较好的引导作用。因此，政府要根据企业和技术的发展情况灵活使用这三种方式。同时，丰富资金或实物的补贴形式，如可以政府出资组织企业的研发团队到高校或国外去学习，提高团队的科研能力，也可以利用技术创新研讨会等形式，为企业与国家的科研机构和高校的科研院所进行研发合作搭建平台，为企业的技术创新提供较为全面的支持。

改变主要以资金或实物补贴为主的补贴方式，引入其他更加灵活的补贴方式。例如，上海市要求补贴资金只能用于设备购置等项目建设支出以及新产品研究设计费。广东省政府补贴除了采用无偿补助以外，重点采用股权投资和以奖代补的方式。这些方式都能够在一定程度上保证补贴资金用于企业技术创新活动，保证了补贴资金的使用效率。

三、完善补贴相关制度

企业是研发的主体，政府需要利用补贴等形式引导企业增加技术创新的投入，以此促进技术的发展，然而仅依靠增加政府补贴，不能提高企业的研发效率，还需要完善相关的制度。关键性技术对我国经济社会全局和长远发展有重大引领带动作用，政府补贴可以降低企业技术开发风险和成本支出，鼓励和引导企业对此类技术创新项目进行投资，并带动企业技术创新投入的增加，使企业的技术创新能力得到有效提升。尤其需要注意的是，政府在选择补贴对象并实施补贴时，有必要密切关注企业为技术创新所做的前期准备，包括初期的投入及技术开发的进展等方面，另外，补贴的实施过程中必须有跟进措施，以此来平衡政府和企业掌握的信息情况，确保政府补贴的规模和时机适当，起到激励和引导企业扩大自主研发的作用。健全的政府补贴制度，必须建立事前、事中、事后一系列相关制度，保障政府补贴能够有效地促进企业技术创新，提高企业的技术创新效率。

（一）健全补贴对象的筛选机制

高新技术产业各个产业的发展极不平衡，高端装备制造产业、新能源和电动汽车产业发展相对较快，而新材料、节能环保产业发展相对落后，但各个产业的发展高度相关，只有均衡发展才能带动实现产业的转型升级。因此，在保障优势产业的同时也要兼顾相对落后产业的发展。

政府在对不同产业进行补贴时，要分清该产业技术创新所处的环节，有差别地进行补贴，引导技术向更高的层次发展。在补贴项目的选择上，应考虑项目的先进性和创新性，筛选出有较强影响力的技术给予扶持和引导。在企业的选择上，应根据企业的规模、盈利能力和负债状况综合分析，不能依靠企业的所有权性质来决定，补贴的公平与否会直接影响企业技术创新的积极性。

（二）改革科技评估和评审体制，保障补贴资金的有效使用

由于政府和企业的信息不对称，仅依靠政府在对象筛选和方式选择上实现补贴的公平是不够的，必须有科学合理的评估和评审体制，才能鞭策企业合理地利用政府的补贴资金。科研成果的评价体系，不仅可以对企业的技术创新成果进行鉴定，而且可以增加企业的“违约成本”。如果技术创新成果与申报的不一致，或者离预期的目标差距较大，企业会为此而受到处罚，这相应就产生了威慑效果。改革科技评估和评审体制，正确区分企业的自主创新和模仿创新，公正地评价和鉴定企业的技术创新成果是否具有创新水平。科技项目的评审要贯彻公开、公正、公平的原则，建立和完善评审专家信用制度及同行专家评审机制，防止出现“关系户”评审，并公开科研成果的评审过程，增强社会和舆论对评审过程的监督，保障补贴资金的有效使用。

（三）建立和完善政府补贴的信息披露制度

目前我国政府对于补贴的实际用途和流向披露得较为模糊，造成了补贴难于监管。企业的信息披露不完善和不全面，容易导致企业将补贴挪作他用，降低补贴资金的利用效率。因此，必须从政府和企业两方面来建立和完善政府补贴的信息披露制度。政府应利用官方网站对重点扶持的技术进行公布，并对获取补贴的项目和企业信息进行披露，并对项目最终的进展情况进行公示，便于社会各界的监督。目前我国仅上市公司有义务对企业的部分信息进行披露，但上市公司对于 R&D 信息披露不充分、不积极，对于政府补贴也往往公布的是总的补贴数额，不利于对企业补贴使用的监督。因此，应以上市公司为试点，建立企业获取政府补贴的信息披露制度，鼓励企业自愿增加披露的内容。如至少要求企业披露获取政府补贴的方式和金额，研发项目的进展情况等内容。

（四）完善政府补贴的退出机制

政府补贴是促进企业技术创新的重要手段，高新技术研发初期更加需要政府补贴的引导与扶持，但最终的发展必须由市场来决定。政府对补贴产业的过度干预，最终会导致产业缺乏竞争力，抑制该产业的发展。因此，随着技术的不断成熟、产品的不断完善，政府补贴的退出机制必须及时、有效地发挥作用。政府可以根据技术生命周期或产品生命周期，完善评判指标和评价体系，决定补贴政策的退出时间和路线，发挥市场自身的力量来推动企业技术创新，真正做到“政府引导、市场决定、企业自主”。

（五）建立企业技术创新的信用机制

信用机制是工业企业发展到一定程度必须采用的一种制度，应将这种信用机制引入政府补贴的对象选择中，使真正需要扶持的企业和技术得到扶持，促进企业的技术创新。建立企业申请补贴的信用记录，可以使企业考虑补贴方面的“声誉”，企业需要权衡是“违约”获取和使用补贴资金还是发挥补贴的效用建立“声誉”。目前，我国推进各项工作的信息化建设，为信用机制的建立奠定了一定的基础。引进信用机制，才能更好地发挥政府补贴的作用，引导企业的技术创新，为国家的创新体系建设服务。

第三节 深化国有企业改革，激发企业活力

一、优化治理结构、持续推进国有企业混合所有制改革

公司治理通过一套正式的或非正式的、内部的或外部的制度（或机制）来协调公司与所有利益相关者之间的利益关系，以保证公司决策的科学化，从而最终维护公司各方面的利益。公司治理结构是指为实现资源配置的有效性，所有者（股东）对公司的经营管理和绩效进行监督、激励、控制和协调的一整套制度安排，它反映了决定公司发展方向和业绩的各参与方之间的关系。典型的公司治理结构是由所有者、董事会和执行经理层等形成的一定的相互关系框架。根据国际惯例，规模较大的公司，其内部治理结构通常由股东会、董事会、经理层和监事会组成，它们依据法律赋予的权利、责任、利益相互分工，并相互制衡。股权结构是公司治理结构的基础，公司治理结构则是股权结构的具体运行形式。不同的股权结构决定了不同的公司组织结构，从而决定了不同的公司治理结构，最终决定了公司的行为和绩效。

（一）优化治理结构

公司治理要解决的关键问题不是如何监督和控制经理人，而是什么样的公司治理结构有助于经理人最大化地发挥其才能，使公司业绩得到有效的提升。治理结构首先需要确立经理人的地位，保证他们拥有充分的权利。合理的股权结构有助于建立高效的内部治理结构，激励经理人发挥各项才能，提升公司绩效。企业应积极利用连锁股东的治理优势和信息优势，提升企业的创新能力和水平。企业在引入战略投资者时，尤其是公司 IPO 发行时的战略配售、再融资

的定增，要考察投资者所处的行业以及投资的其他相关企业，评估投资者的治理优势和信息优势。另外，结合产业发展需要，引导境外机构投资者作为战略投资者，参与公司 IPO 发行时的战略配售、再融资的定增，优化上市公司的公司治理结构，实现上市公司的长远健康发展。

（二）持续推行混合所有制改革

混合所有制改革是 20 世纪 90 年代提出的改革方案，目的是引入民资促进生产力发展。20 世纪 90 年代开始，我国允许国内民间资本和外资参与国有企业改组改革。经济改革的实践证明，混合所有制能够有效促进生产力发展。2013 年 11 月，十八届三中全会通过《中共中央关于全面深化改革若干重大问题的决定》，提出积极发展混合所有制经济，国有资本、集体资本、非公有资本等交叉持股、相互融合的混合所有制经济，是基本经济制度的重要实现形式，有利于国有资本放大功能、保值增值、提高竞争力，有利于各种所有制资本取长补短、相互促进、共同发展。2015 年 9 月，国务院发布了《关于国有企业发展混合所有制经济的意见》，提出了分类、分层推进国有企业混合所有制改革，建立健全混合所有制企业治理机制和依法合规的操作规则，为国有企业和各类资本参与国有企业混合所有制改革指明了方向和实施路径。然而，在实施过程中代理问题仍然比较突出，非国有经济参与到国有企业中，但股份仍然偏低，缺乏话语权。同时，国有企业的高层管理人员由国资委任命，容易出现经理人与控股股东合谋，此外，对经理人的经营业绩往往以任期内考核为主，容易导致经理人注重短期利益，不利于创新项目的决策，间接损害了非国有股东的经济利益。因此，要加快完善中国特色现代企业制度，深化国有企业混合所有制改革。要以企业为主体，充分发挥市场机制作用，把引资本与转机制结合起来，把产权多元化与完善企业法人治理结构结合起来，切实保护混合所有制企业各类出资人的产权权益，调动各类资本参与发展混合所有制经济的积极性。针对国有企业功能定位建立分类管控模式，完善市场化选人用人机制，推行职业经理人制度。处理好国有企业出资人和国有企业之间的关系，落实国有企业的经营自主权。对国有企业集团公司二级及以下企业，以研发创新、生产服务等实体企业为重点，引入非国有资本，加快技术创新、管理创新、商业模式创新，合理限定法人层级，有效压缩管理层级。

二、完善优胜劣汰的竞争机制

（一）推进国有企业并购重组

实行国有资本调整和国有企业重组，完善国有资本有进有退、合理流动的机制，是经济体制改革的一项重大任务。2006 年 12 月，国资委发布了《关于推进国有资本调整和国有企业重组的指导意见》，明确了国有企业重组的基本原则和主要目标，提出依法推进国有企业强强联合，形成合理的产业集中度，培育一批具有国际竞争力的特大型企业集团，优势国有大企业要通过增加投资以及资产、业务整合等措施，充分发挥资产的整体效能，促进重组后的企业加快发展。2020 年 10 月，国资委发布了《国企改革三年行动方案（2020—2022 年）》提出根据不同行业集中度要求，推动形成比较好的市场结构，国企民企要相互配合，推进兼并重组和战略性组合。突破所有权性质，在国有企业和民营企业之间、中央企业和中央企业之间，中央企业和地方国有企业之间推动并购重组。根据行业发展需要并购重组，能够比较好地提升行业集中度，实现创新要素的整合，发挥政府补贴对企业技术创新投入的促进效果，同时，避免企业之间的无序竞争，提升企业竞争力。

（二）完善退出机制

市场主体退出制度是现代化经济体系的重要组成部分。畅通市场主体退出渠道，降低市场主体退出成本，完善优胜劣汰的市场机制，有助于激发市场主体竞争活力，推动经济高质量发展。2019 年 6 月，国家发展改革委、国资委、工业和信息化部等联合出台了《加快完善市场主体退出制度改革方案》，提出推动国有“僵尸企业”破产退出。对符合破产等退出条件的国有企业，各相关方不得以任何方式阻碍其退出，防止形成“僵尸企业”。不得通过违规提供政府补贴、贷款等方式维系“僵尸企业”生存，有效解决国有“僵尸企业”不愿退出的问题。强化国有企业的信息披露义务，建立企业信用综合评价机制，健全国有企业退出甄别和预警机制。对退出的国有企业，在防范国有资产流失的同时，注重保护债权人和职工的合法权益。完善信用记录与信用修复、资产资源优化利用等配套制度。在信贷资金的投放过程中，避免将信贷资金投向“僵尸企业”。国有企业以及地方政府投融资平台是信贷资金的主要投向，部分低效率国有企业的长期生存以及地方政府的过度投资行为等问题会严重损害信贷资金的配置效率。进一步推进国企改革，让低效率的“僵尸企业”退出市场，同时加快优化地方政府融资平台的资本布局，能够更好地发挥有为政府在经济发展中的作用，这样才能保证经济的高质量可持续发展。

第四节 推进金融市场化改革，提升资本市场开放水平

一、协调推进利率市场化改革

（一）进一步完善利率决定体系

通过加快商业银行企业化改革，进一步完善利率决定体系，强化市场利率的基础地位。在市场化改革导向下，商业银行的企业化程度决定了信贷资金的商品化，而信贷资金的商品化是利率执行价值规律的前提。目前中央银行制定基准利率，基准利率变化灵活性不够，商业银行在基准利率水平上浮动权限不足。中央银行要逐步放开利率决定权，只提供指导性的利率水平，同时加强商业银行的利率随行就市应变能力。

（二）完善计划与市场相结合的利率调节体系

利率的完全市场化与市场化改革相一致，而目前我国的产业政策与市场经济具有一定的差异性，因而部分产业发展政策与利率市场化的需求有一定差距，这种情形在某些效益不够显著但具备较好发展前景的行业及产业领域尤为明显。因此，要保证利率杠杆的市场化，就应当在市场化改革条件下，在不影响银行经济利益的前提下灵活机动地执行差别利率、优惠利率。此外，在更好地发挥金融宏观调控对价格的引导作用的同时，形成市场供求决定利率水平的市场化机制，完善利率的市场化形成机制，逐步放开存款利率管制。健全市场利率定价自律机制，提高金融机构自主定价能力，从优化资源配置的高度来理解和把握利率市场化改革的重大意义。

（三）优化利率市场化的改革路径

利率市场化的改革进程要充分考虑宏观经济环境和货币政策的导向。加强利率市场化路径的事前设计，详细考察市场化改革路径每一步所需的前提条件，不仅要精准研判利率市场化改革的风险，而且要准确评估利率市场化改革能否有效改善资源的配置效率。同时，对改革的进程进行持续的观察和评估，对利率市场化改革的路径、条件和绩效进行持续的评价和反馈。

二、不断推进多层次资本市场建设

目前我国金融结构仍以银行间接融资为主,银行业本身竞争并不充分。由于投融资渠道相对狭窄,企业缺少与银行谈判时的议价能力。同时,在资本市场开放、个人资本交易等诸多方面限制依然比较明显。因此,应建设统一开放的多层次资本市场,优化金融结构,着力提高直接融资的比例,降低创新企业技术开发风险,并缓解创新企业的融资约束问题。

(一)加快多层次股权市场建设

优化现有股权市场的管理制度,加大放宽金融体系市场准入的力度,完善股票注册发行管理制度,优化股票发行注册制改革,推进以信息披露为中心的股票发行制度,加快完善全国中小企业股份转让系统。完善金融机构破产处置,优化市场退出制度。逐步形成公司进退有序、市场转板顺畅的良性循环机制。同时,加快建设层次结构丰富的股票市场系统,发展主板、中小企业板市场,改革并壮大创业板市场。

(二)发展和规范债券市场

针对中小微企业、不同投资者设计开发差异化的债券品种,不断完善公司债券的公开发行制度,持续推进各类符合条件的资产证券化。优化债券交易场所布局,合理分工,突出特色,不断完善不同品种的债券在不同市场的交叉挂牌机制,积极推进债券的自主转托管机制,保证债券跨市场的顺畅流转。

(三)发挥期货市场的价格发现和风险管理功能

就商品期货而言,要持续推进大宗资源性产品期货的品类开发,加强交易工具如商品期权、商品指数、碳排放权等的发展。就金融期货而言,要推进股指期货、股指期权和股票期权品种的丰富化发展,推进国债期货的发展,健全反映市场供求关系的国债收益率曲线。积极响应资本市场风险管理的需求,在利率市场化的推进下协同人民币汇率形成机制改革,平稳有序地推进金融衍生产品的开发。

三、构建创新型金融体系

进一步开放金融体系,鼓励互联网金融等创新活动,在适度监管的情况下确立并完善更具包容性、开放性的竞争性金融体系。推进中小金融机构的壮大,完善多种所有制，同时加强负面清单管理，完善科学监管，进而构建多种业态和大中小型机构并存的金融体系，为支持企业技术创新，推动实体经济持续发展培育新的增长动力。

（一）继续放宽民营金融机构的准入条件

在提升金融业的开放程度，完善监管机制的同时，着力推进扩大民营银行试点，放宽民间资本依法发起金融机构的限制，如合理放宽民间资本设立中小型银行的条件等，进而在合理进行防范风险的同时进一步推动金融体系对内对外开放。

（二）持续推进金融业综合经营

近年来，我国金融业逐渐形成综合经营的发展态势，正逐步实现保险、证券、银行的渗透发展，未来应持续积极有序地推进金融业综合经营，同时进一步改善监管机制，整体提高金融业竞争力。

（三）鼓励互联网金融、小额信贷组织等创新性金融业态的发展

近年来，我国互联网金融呈现出迅猛发展的态势，各种业态如小额贷款公司、NGO 微型金融、P2P 融资平台、第三方支付、资金互助社等小额信贷组织都得到了较快速度的发展。应在加强引导和监管的基础上，积极推进这些创新性金融组织和业务的发展，更好地发挥其在改善小微企业等弱势群体金融服务方面的有益作用。

（四）大力发展普惠金融

大力发展普惠金融，使更广泛的人民群众能够受惠于金融改革的成果，使金融改革的导向能够更多地关注经济社会发展的薄弱环节。未来金融改革要密切关注国有企业、新型城镇化、农村经济、财税体制、科技体制等重点领域改革；对于新型金融业态，应明确分类监管、创新监管、适度监管、协同监管的监管原则，平稳有序地推动新型金融业态健康发展。进一步提高金融改革的整体性、协同性、系统性，进一步提升金融服务的覆盖面、加强金融服务的可获得性，发展消费金融、绿色金融等多样化形式。

四、进一步完善金融监管体制

我国金融市场化程度日益提高，市场化改革进程与日俱进，因此建立与之相

适应的金融监管体制势在必行。未来应着眼于为金融市场化改革提供开放政策保障,积极推进统筹兼顾、协调有力、符合现代金融特点的金融监管模式。

(一) 保持审慎监管与行为监管的协同作业

面对金融市场相对开放、金融产品相对复杂的市场环境,应保持审慎监管与行为监管的协同作业。目前,银保监会、证监会与中国人民银行监管仍存在监管权限方面的矛盾和摩擦,因此,未来应积极推动完善中国宏微观审慎监管体系,通过宏观审慎监管机构建设保持金融系统稳定,通过微观审慎监管机构保持个体金融机构稳健。

(二) 加强对交叉金融产品的系统监管和跨境资本流动监管

我国金融市场近年来呈现出明显的交叉金融特征,具体表现为银信、银证、银基、银保等各类业务实现了跨机构、跨市场运作,这种趋势增加了金融市场的风险性。根据以往国家和地区的发展经验,监管部门应当针对潜在的系统性风险制定有针对性的预防措施,如绘制银行和非银行金融机构的风险传染路线图,将跨机构金融产品纳入审慎监管框架内等,旨在防止风险的传导。除此之外,还应加强对跨境资本流动的监管力度,对于兼营境内外业务的金融机构,应重点加强对境内外机构和境内外业务的并表监管。

(三) 强化金融稳定发展委员会职能

我国于 2017 年 7 月第五次全国金融工作会议上设立了国务院金融稳定发展委员会,目标是强化中国人民银行宏观审慎管理和系统性风险防范的职责,并强化金融监管问责机制。未来应强化金融稳定发展委员会的职能,面向未来更加复杂的金融市场格局,在信息对称性上做文章,着力解决中国人民银行、银保监会、证监会监管标准不统一、存在监管真空的问题,从资本监管逐步转型为资本监管与透明度监管并重,构建更加和谐、健康、透明、合规的中国金融市场。

(四) 建立和完善金融监管法律法规

金融监管改革的重要内容之一是不断推进完善金融法律法规,及时调整金融市场规则,使监管有法可依,以应对金融市场的发展变化。近年来随着金融创新产品不断出现,监管法制在一些金融领域未能及时跟进,因此要做到有法可依,必须及时出台有关的法律法规。同时,对现行的监管法律法规要提高其可操作性。根据金融市场化发展的需求,对现有的法律法规进行修订完善。对于一些较为粗放的法律法规，应加快推进具体实施细则的出台，提高法律法规的可操作性，以全面解决金融监管“有法难依”的问题。

（五）扩展金融监管的国际化视野

金融全球化加强了国家之间经济联系的密切程度，为了满足金融全球化发展的需求，应吸收发达国家先进的监管经验，在推动国内金融机构国际化进程的同时，积极应对外资金融机构的进入。积极推进金融监管的国际化改革，加强金融监管机构的国际合作，将国外先进的监管经验与中国实际国情相结合，探索适合中国国情的金融监管道路和模式。

五、大力推进科技金融生态系统建设

统筹行政和市场两种力量，在尊重科技创新发展规律的基础上，加快推进跨机构、跨领域、跨市场的金融服务综合体系。积极推进科技金融与金融生态的协同发展，大力推进彼此互补、相互依存的科技金融生态系统的形成和发展。在此过程中，应着力推动科技银行发展，出台相关财税政策体系以支撑科技金融全生命周期的发展，加强科技保险公司、科技金融研究院、科技融资担保公司等主体建设。

（一）全力打造科技金融新业态

加快推进建设专门的科技银行，可以与商业银行对接，对萌芽初创期的科技型企业提供信用贷款服务；也可以与科技创投机构合作，通过跟进前端科技型企业进行投资后的发展情况，对具有发展潜质的企业提供信用贷款服务。此外，科技银行在负债端不吸收公众存款，它的资本构成可以是政府财政资金、公募和私募、风险投资基金、合格投资者投资以及社会捐赠等，从而能够防止科技型企业对系统外产生高风险的影响。为了保证科技银行长期的健康稳定发展，科技银行在资产端应以信用贷款利息作为主要收益，还应补充创投基金分享红利和政府性科技贴息、补贴收益等收入来源，并尝试从成熟期科技型企业吸收一部分资金作为“反哺资金”。

（二）大力推进科技金融市场主体建设

应以中前端科技金融生态链为基础，构建配套服务的各类市场主体。首先，要设立科技保险公司、科技融资担保公司，为科技型企业提供增信，分担科技信贷风险。将科技保险和科技融资担保作为准公共产品，针对科技创新活动中的损失提供补偿服务，这样有利于分散和化解创新风险，将贷款等外部融资引流至科技型企业。其次，设立数字征信实验室来解决信息不对称的问题。面对科技型企业的财务信息采集难、采信难的情况，可以提供科技型企业征信服务、顾问服务、评级服务。可以通过集中整合、对外公布部分政府、司法、金融等各部门的信用数据来进一步实现信息共享，并对外提供可信的信用评估和咨询。同时，有效推进大数据风控、区块链、云计算、人工智能等技术为科技金融服务提质增效，广泛调动实验室平台的作用，开展金融科技应用实验。最后，推动产学研一体化布局，广泛调动科技金融研究院、高校和科研院所的力量，积极推进科技金融信贷、征信、增信服务标准和机制的系统研究，将科技金融理论、政策研究与实践操作落在实处。

（三）着力完善科技金融政策体系

进一步厘清政府与市场的关系，构建支持全生命周期科技金融发展的财税政策体系。首先，在科技型企业萌芽初创期，政府要以财政支出方式直接向企业进行资金支持，制定系统化的税收优惠政策支持科技金融服务企业的发展，同时引导商业银行、风投机构等机构加大对中前端科技型企业的支持力度。其次，着力完善科技金融市场服务体系，提供完善的知识产权登记、评估、质押系统等服务，帮助科技企业与金融机构进行方便有效的对接和交易，增强信息共享，降低交易成本。再次，加大对符合条件的科技型企业到科创板上市的支持力度，通过对科创债券、基金和政府引导基金的支持体系进行深入研究来为科技企业融资提供更为便利的服务，对于首次公开融资的科技型企业提供业务指导和培训，进一步培育多层次资本市场。最后，建立科技金融监管政策体系。对金融创新进行“强监管”，针对科技创新高风险的特征，着力完善科技金融信贷服务的风险隔离、风险分担、风险补偿等监管办法。一方面督促科技型企业加强自身合规与内控管理；另一方面采用柔性监管策略，完善创新管理机制，营造有利于科技金融发展的良性政策环境。

六、构建开放性资本市场环境

近年来，随着我国改革开放的进一步深化，资本市场进一步开放的需求日益增加。2014 年、2016 年、2019 年，沪港通、深港通、沪伦通相继开通，实现了中国资本市场的双向开放，中国资本市场的投资者结构正逐步优化，然而，市场机构投资者特别是长期机构投资者占比仍然较低，个人投资者仍是市场交易主体。从全球经验来看，机构投资者的存在会使得资本市场更趋成熟，这是因为机构投资者往往由专业的团队构成，更具专业素养和投资经验，且倾向于长期持股，投资理念偏向价值投资，能够有效降低短期冲击所带来的不利影响。

（一）建立有效的定价机制

加快推进创业板改革试点注册制，减少上市过程中行政审批和管制，降低上市资源的制度溢价，同时完善并严格实施退市制度，发挥市场优胜劣汰机制。完善做空机制，发挥市场价格发现功能，促进股价回归合理价值，实现资源的优化配置，有助于优胜劣汰，提升上市公司质量，提高投资回报。

（二）完善信息披露制度

实行以投资者需求为中心的信息披露制度，规范公司治理，增加中小投资者话语权，保护投资者合法权益。随着发行制度市场化改革逐步推进，投资者将逐步掌握上市资源选择权，上市公司信息披露也将逐步转变为以投资者为中心。引导上市公司充分有效披露相关信息，有助于投资者更好发现其真实价值。

（三）完善强有力的监管执法

进一步完善立法，加强执法，严厉处罚，形成震慑，可以提升市场参与者违反“游戏规则”的成本，维护公平正义和市场有效性，有助于切实减少市场违法违规行为，提高投资者长期持股的信心。

（四）优化投资者的队伍结构

在培养和壮大机构投资者队伍的同时，加强对散户投资者的保护教育，通过二者相互补充和制衡提升中国股市稳定性。扩大社保和养老基金、企业年金，避免同质化发展。优化机构投资者的队伍结构，积极引导市场发现并培育高质量的机构投资者，鼓励以价值投资作为投资理念，同时限制短期逐利等投机行为，打击内幕消息和操纵股价行为，形成规范化市场。

（五）持续引入优秀的境外机构投资者

目前，外资参与国内金融市场的渠道和方式已经得到一定程度的拓展。境外机构投资者对于引入中长期资金、深化市场互联互通、优化投资者结构和推动债市开放方面带来发展机遇，同时也会带来一定的挑战。因此，在制度建设等方面全方位落实优化方案、切实贯彻“放得开、看得清、管得住”势在必行。只有在全面和深度放开资本市场的同时着力防范其中的风险，才能实现优质增量境外资金进入国内资本市场。不断完善体系化的制度建设，进一步为合格境外投资者的合法权益提供保障，鼓励境外投资者在我国资本市场进行长期投资。

1. 建立有效抵御外部联动风险的监管措施

外国机构投资者的进入一方面增加了国内金融市场之间以及国内市场与国际市场的关联度，另一方面也提升了我国受到全球金融风险冲击的概率。在为国内外投资者提供便利的同时，必须建立有效的风险防范措施，建立风险抵御的底线。站在国内自身角度，在宏观方面防范系统性风险，要通过完善相关制度、法律来进一步提升监管效能和防控风险能力；在微观方面，要加大对外汇市场流程审批环节的管控力度，进行合规性监管，建设国家高水平的金融救援力量，积极提供投资者教育服务，着力加强对金融应急管理人才的培养。站在国内与国际对接的角度，需要稳步推动国内相关规则制度与国际成熟规则的接轨，以国内监管、风险防范能力为基础，为投资者参与国内资本市场提供更宽渠道，为境外投资者提供更便利、更全面的合作方式和保护措施。

2. 建立外资进出风险预警机制

首先，进一步完善金融体系建设，进一步探索资本开放的创新渠道。完善外汇管理机制，对短期资本流动出台监管措施，对跨境资本采取科学监测，进而规避资金大进大出带来的短期冲击，维护金融安全。其次，建立、健全针对外资的监测分析框架和风险预警机制，对跨境资金的流动风险进行检测和预警，有效抵御系统性金融风险的发生。再次，立足于我国金融风险承受能力，结合我国发展环境等宏观因素的自身特点，把握开放节奏，走中国特色的发展路径。站在我国企业的角度，密切关注国内投资者和境外投资者之间发生风险联动的可能性，提前预估外资的进入与撤离所可能导致的风险，防止对外资的过分依赖。

第五节　精准实施反垄断规制，以合理竞争推进创新策源

创新是市场中竞争力量的主要来源，是推动经济实现高质量发展的重要途径。要制定科学的反垄断规制，分类对待、合理定界、精准施策、务求实效，从而达到反垄断规制与创新驱动政策的动态演进。

一、更新高质量发展背景下反垄断规制观念

（一）客观评价垄断势力的来源并予以妥善处置

正确认识到企业为了提升劳动效率、提高产品质量而开展的创新机制有利

于产业竞争力的增强和社会经济的发展，对基于上述行为所产生的企业联盟要予以鼓励；充分认识到源自创新行为和合法经营的市场势力不会损害消费者个体剩余价值和社会公共利益，对通过上述行为而取得的合理的市场地位要予以认可；认识到基于合谋、搭售和兼并等策略的垄断行为会对市场效率产生损害，对依赖上述行为而产生的垄断势力要予以严格规制。

（二）制定合适的判定标准

客观看待市场份额占比作为判别标准的作用；充分关注垄断对创新态势的影响，依据“是否阻碍创新”作为判断标准；更多地依据市场进入门槛、市场行为及其影响等直接作用于市场地位的事实和依据进行界定，从而通过反垄断措施予以区别而又有效地对待，进而推动市场中各类企业的创新行为。

（三）严格禁止行政性垄断行为

严格限制政府机构和其他具有管理公共事务职能的组织滥用公权力，禁止因妨害竞争性行为而阻碍创新的各种措施，避免国有垄断性企业的优势地位和优势待遇损害市场的公平环境，从而推动创新发展；用法制化、系统化、精细化、常态化的监管理念和措施取代人治化、片面化、粗放化、运动化的监管模式。

（四）积极开展反垄断规制的国际治理合作

充分认识到垄断性结构、行为和结果具有全球开放性和高度复杂性，敢于并积极融入反垄断规制的国际治理体系中，持续提升适应和使用国际反垄断规则的能力；主动参与到现有的全球治理体系中，在政策制定、规则协调、执法协作、信息共享、经验分享等领域开展有效合作，不断提升合作的广度和深度，提升反垄断规制的国际化程度和先进性水平，共享发展成果；积极构建有中国特色的反垄断合作体系，扩大反垄断规制的中国力量，提供有效的中国模式，贡献积极的中国智慧。

二、构建系统的反垄断规制体系

（一）适时修订并完善《反垄断法》的法律体系

加快修订《反垄断法》，确立包含垄断结构、垄断行为和垄断结果的系统性规制；适时制定《反垄断法》的配套立法，以适应当前垄断问题的新特点带来的新挑战；为反垄断规制奠定坚实的法律基础；加快制定更完善、更细致、更有针对性的相关配套性法律法规、政策条例和有关指南，强化规制体系的可操作性。

（二）建立科学合理、切实有效的知识产权政策体系

充分发挥知识产权对创新的刺激作用，强化知识产权强国战略的建设力度；建立健全知识产权领域的政策法规，合理界定知识产权的边界和期限，防止知识产权的滥用和误用，维护合理的竞争态势和社会利益；制定相关的反垄断规制执法指南，禁止滥用知识产权的行为；健全知识产权的督察体系，严禁利用知识产权实行垄断市场的有关行为。

（三）构建系统完善的反垄断规制机制

不断健全市场准入制度、降低进入市场的门槛，积极开展公平竞争审查机制与监管机制，预防和制止滥用公权力的机制，以及废除妨碍竞争与创新的制度体系，完善市场竞争态势监测和预警制度，增强对垄断和竞争失序行为的预警能力，放开自然垄断性行业的竞争性业务；采取积极有效的事前防控策略，通过对并购等行为的审查防止市场结构的高度集中，同时要把事前的结构性预防与事后的违法行为督察相结合，通过有效的垄断查处措施杜绝垄断行为的产生，通过构建全方位、多层次和立体化的监管体系为创新营造良好的市场氛围；在面对企业实行市场封锁策略时，采取行为性救济政策和结构性救济政策相结合的措施，实现市场的有效竞争性；强化反垄断规制和竞争保护相结合，政府监管和行业自律相结合，竞争政策和产业政策相结合。

（四）严格执行各类反垄断政策

强化反垄断审查，防止以垄断为目的的并购行为，控制资本的盲目增值；强化对科技创新等重点领域竞争行为的保护力度，尤其要严控损害创新行为和弱化创新能力的垄断行为，严禁以控制对手搜寻并获取核心创新要素为目的的垄断行为；严禁以削弱甚至排除竞争对手获取合理消费者和市场占比为目的的交易协议、自我优待、捆绑销售等垄断性行为，严厉惩处基于垄断协议或直接垄断行为而产生的滥用市场支配地位的措施；严禁企业基于市场势力而对第三方收取高于行情的佣金以及一系列违规的剥削性行为。增强对法律法规和行政条例的宣传力度和培训程度，提高政策成效的透明性和可预期性，使政策法规等规制措施产生震慑力和长久效果。

三、建立高效完善的反垄断机构

（一）强化反垄断机构的建设

科学设置反垄断机构的行政体系，建立高效廉洁、结构完善的机构体系，增强反垄断机构的反应速度、处理效果以及处置能力；增强对理论知识的学习，提高对反垄断行为预研预判的能力；强化案例研究和专题调研的能力，能对垄断地位的态势等问题做出主观研判；增强对《反垄断法》及其相关配套法律政策体系的熟知度和理解度，能利用《反垄断法》等一系列反垄断规制对垄断行为及其社会影响进行分析，并通过构建技术驱动型执法体系实现对反垄断问题的妥善解决，从而实现创新政策和反垄断规制的有效均衡；扩大专家库的人员来源，扩大技术专家与经济学家、管理学家和社会学家等权威人士担任第三方评估力量，为垄断性结构、行为和结果的确定提供专业化的意见并给出有效的建议；进一步提高反垄断机构的行政层级，提高反垄断机构的话语权，为反垄断规制的各种举措提供有力的保障；扩大反垄断领域工作队伍，提高处置反垄断问题的效果和效率；完善并培养独立严明的反垄断执法队伍。

（二）充分发挥第三方力量的监督作用

引导构建成员来源广泛的行业协会、商会、消费者协会、媒体界、学者论坛等群众组织，开展行业结构监督，直接或间接参与行业市场结构的督察，着力建设多元、协同的反垄断共治共享格局；鼓励行业协会等自治性机构出台实施行业自律公约，强化对垄断企业的监督以及对垄断性行为的监督、检查和治理，维护市场的竞争性结构，推动创新行为的有效开展；强化消费者协会对垄断性企业侵害消费者权利和收益的接待、维权乃至诉讼能力，合理维护消费者的正当权益；充分发挥媒体对垄断性企业和垄断性行为的监督功效，对于有损市场竞争、妨害创新驱动的结构和行为及时报道并跟踪处理结果，营造反垄断规制的良好氛围。

（三）强化新技术对反垄断规制的推动作用

深化对新思想、新模式的理解，加强对大数据、云计算、区块链、人工智能等因素的考量和使用，注重对新工具的系统研究和综合使用，强化基于数据分析能力的规制分析效果，充分发挥技术、规则、政策、法律等工具的集成效果，力争实现智能化监管，以达到反垄断的规制效果和实施效率的有效结合。

第十一章　提升河南省企业技术创新能力的实践

新时代全球竞争格局发生了深刻变化。新技术、新工艺正在加速改变人类的生活，并重塑全球的竞争格局。技术创新已成为各国抢占新高度的重要途径和手段。习近平总书记指出，我国科技实力正在从量的积累迈向质的飞跃、从点的突破迈向系统能力提升。“形势逼人，挑战逼人，使命逼人”，必须坚持科技创新。企业是科技创新的主体，是推动创新和创造的动力，必须激发企业的创新活力，培养其创新能力。

河南省通过不断深化科技体制改革，在制度安排、政策保障、环境营造等方面持续发力，不断地激发企业等创新主体的活力，取得了一定的成绩。但是，河南省科技创新综合水平仍然较低，高新技术产业发展仍然相对滞后，高新技术产业比重仍然较低，高端人才仍然短缺，企业技术创新能力不强的局面尚未根本改变，创新政策的实施效果有待进一步加强。处于经济转型期的河南省，如何有效运用政府的创新政策引导企业技术创新、提升企业技术创新能力具有重要意义。因此，本章以河南省为例，研究提升企业技术创新能力的相关政策，期望为中部地区发挥区域特色、实现创新发展提供经验借鉴。

第一节　河南省企业技术创新的现状和实践特征

一、河南省企业技术创新的外部分析

近年来，河南省立足提升企业技术创新水平，提高企业技术创新能力，在载体建设、体制机制建设、产业集聚区建设、人才环境建设等方面取得了一定的成绩。

在载体建设方面，自 2016 年开始，河南省围绕创新孵化、产学研协同创新等方面出台了相关政策，取得了较好的效果。根据统计资料显示，截至 2020 年，河南省共有国家级企业技术中心 97 个，国家级工程技术研究中心 10 个，并拥有国家级重点实验室 16 个；全年共授予专利 12 万余项，签订技术合同 1 万余份，技术合同成交额约 400 亿元；国际联合实验室总数已达 232 个，国家级国际科技合作基地已达 17 个。2020 年，河南省又实现了“零的突破”：全国首家互联网医疗系统与应用国家工程实验室顺利通过验收。

在体制机制建设方面，河南省建立了财政和税收政策体系，促进企业自主创新，引导企业加大技术创新力度，并采取各种措施吸引创新人才，初步建立了有

利于创新的政策环境。

在产业集聚区建设方面，河南省自2009年开始，结合各地区经济发展阶段和产业结构，加大区域性产业集聚区建设力度，目前已初见成效，对经济社会发展、创新资源集聚发挥了重要作用。经过十多年的建设和发展，河南省产业集聚区总体规模持续增长，实现了由零散布局向集中布局的有序发展，带动了农村人口向城镇就业和居住的转变。十几年来，河南省产业集聚区通过"四集一转""二次创业""提质转型""高质量发展""百园增效"等一系列专项行动计划，成为河南省创新资源集聚、产业转型升级的重要区域。2018年，产业集聚区占河南省工业增加值约70％，对全省工业增加值的贡献率为97.3％，发挥了核心带动作用。

在人才环境建设方面，河南省不断加大人才引进和培养的力度。完善创新创业制度，吸引国内外高层次优秀人才扎根河南、服务河南。各类创新人才逐年增多，2020年河南省科研和实验开发人员达到30多万人。河南省推进创新的人才机制已经初步形成。

从《中国区域科技创新评价报告2020》和《中国区域创新能力评价报告2020》可以看出，河南省综合科技创新水平指数达到56.59％，河南省研发经费保持快速增长，特别是企业技术创新投入快速增长，其中研发人员数量居全国第5位、研发经费支出居全国第6位、研发经费投入强度居全国第13位。高新技术产业化水平居全国第8位、中部地区第1位。河南省各项指标稳步推进，企业创新水平显著提高，从第19位上升到第14位，创新绩效和创新环境分别排在第6位和第11位。基础数据显示，高新技术产业新产品销售收入占主营业务收入的60.25％，居全国第2位。

二、河南省企业技术创新的内部分析

据工业和信息化部公布的《2020年国家技术创新示范企业名单》，河南省有4家企业确定为国家技术创新示范企业，数量处于全国第一梯队。此前，河南省有21家企业荣获国家技术创新示范企业称号。这些企业成为河南省创新活动的主体，成为驱动河南省企业创新的中坚力量。

河南省利用政策引领企业创新，采用培育和孵化并举，不断集聚创新资源，加大对科技企业的扶持力度，逐步巩固企业的创新主体地位。重点培育一批科技创新能力强，具有行业领导能力，并拥有国际领先技术的龙头企业100余家。这些企业具有制定国际和国家标准的能力，产业带动能力强，在全球产业链中具有一定的话语权，发挥了全省产业转型升级的示范引领作用。

积极采取各类措施，推动全省高新技术企业数量和质量双提升。2020年，河南省高新技术企业总数达到6000余家，高新技术企业的贡献率达22.6%，占规模以上工业企业的12.2%。高新技术企业规模不断扩大，科技成果不断丰富，科技创新能力得到了有效提升。不断有高新技术企业在主板及科创板成功上市，企业融资能力不断提升，加速企业科技创新能力的提升。

2020年，河南省科技型中小企业达到11000余家，同比增长近40%，居中部地区首位，其中，28家中小企业成为“专精特新”小巨人企业，共实施科研项目近4万个，累计研发投入近170亿元，累计获得知识产权近10万件。

三、河南省企业技术创新的实践特征

（一）创新资源供给不足

科技创新具有高投入、高风险、不确定性强等特征。科技创新活动对创新资源的要求极高。创新资源为创新活动的开展、创新体系的有效运转提供了保障。科技时代，创新资源更加稀缺。创新资源的优化配置成为创新的关键点，成为产业转型升级的重要方面。

近年来，河南省不断修订完善各类政策，采取资金、人才等方面的措施，加速创新资源的集聚，优化各类创新资源的配置。以科技研发投入为例，河南省科技研发投入持续增长，2013—2018年均增长13%，2018年达到670亿元。科技研发资金的投入强度从2013年的1.11%增加到2018年的1.40%。截至2018年底，全省有效发明专利达到33.5万项，比2013年增长2.98倍，年均增长24.5%。技术合同成交额149.74亿元，是2013年3.62倍，年均增长29.3%。然而，在2018年，河南省研发投入强度仅为1.40%，不仅低于全国平均水平(2.19%)0.79个百分点，而且低于安徽、湖北、湖南，位列中部6省第4名。同时，公共财政科技支出仍然较少，与湖北、安徽等中部省份也存在较大差距。此外，在科技人员、科技平台、科技设施等创新资源的投入上也存在类似问题。创新资源的短缺制约了科技创新成果的数量和质量，难以满足高质量经济发展对高层次创新的内在需求。

（二）高端创新要素缺乏

经过几十年的发展，河南省在创新资源的积累中已经形成了一定的基础，但高端元素仍然稀缺。高新技术企业数量少、龙头企业发展质量低、高水平高校空白度高等问题十分突出。高端创新要素的缺乏已成为制约河南省提升企业创新能力的关键因素。与东部发达省市相比，河南省创新型企业规模较小，技术竞争力较弱。以高新技术企业为例，到 2018 年底，中国高新技术企业总计 12.97 亿家，河南省只有 2329 家，仅占全国的 1.7%，居全国第 15 位，中部 6 省排名第 4 位，河南省高新技术企业总数不到广东 2018 年年均增长的四分之一，与先进省份相比差距很大，此外，与湖北（5177 家）、安徽（4325 家）和湖南（3211 家）等中部省份的差距也较大。

另外，河南省缺乏高水平大学，在科技创新的生态体系中缺少关键的一环。大学在科技创新的生态体系中处于引领作用，对企业创新发挥了至关重要的作用。高水平的大学能够发挥技术引领、成果转化等重要作用，对企业创新具有不可替代的价值。早期河南省在“985 工程”“211 工程”等高校建设中严重落后于发达地区。近年来，在“双一流”建设中发展也相对较慢，难以满足经济强省对人才的迫切需求。

（三）创新载体建设滞后

创新载体是开展科技创新活动的物理空间、组织形式或产业形式，通常包括区域载体、平台载体和产业集群载体。近年来，河南省持续关注创新载体建设，不断加大投资力度，取得了一定的成效，但问题仍旧突出，创新成果交流合作平台等方面建设仍然相对滞后，难以满足河南省不断变化的创新需求。

2019 年，河南省国家级工程技术研究中心占全国总数的 7.6%，国家级企业技术中心占全国总数的 6.2%。工程技术研究中心和企业技术中心的总体数量仍然偏少，与发达地区相比，差距很大，与安徽省等中部省份也有较大差距（于善甫，2020）。

此外，企业家在创新活动中发挥了关键作用。河南省缺乏企业家培育的政策体系，而且企业家交流合作的平台建设也相对滞后。据相关调查显示，企业家参加河南省各类专业技术协会的不到 18%，参加企业家俱乐部的约占 11%。

（四）体制机制柔性不够

合理的科技体制机制是创新活动顺利开展的根本保证。河南省为了激发企业创新活力，进行了一系列的科技体制机制改革，但仍然存在以下问题。

第一，科技决策机制有待进一步完善。科技创新需要以市场为导向，加快发展“揭榜挂帅”制度，但长期的科技决策机制存在惯性，对一些重大的科技计划还存在“行政主导”的现象。另外，在科技成果评价中引入市场机制不够，市场在科技资源配置中未能够充分发挥作用。

第二，科技人才机制灵活度不够。河南省科技体制中人才培育、流动、评价等方面仍然存在较为突出的问题。高校、创新型企业、科研机构之间的人才流动机制不够健全，难以最大化地发挥创新人才的作用。近些年，河南省虽加大了国内外人才引进的力度，但对现有人才的培育、提升机制不够健全，人才流失也较为严重。科技人才评价中更多关注学术成果，忽视科技成果转化，不能够充分调动科技创新人才的积极性。

第三，科技金融机制发展相对滞后。科技创新具有高投入、高风险、不确定性强等特征。企业是科技创新的主体，但企业往往面临融资约束，因此，科技创新活动离不开完善的科技投融资体系。但河南省的科技风险投资规模数量较少，投融资体系不够健全，中小型科技企业面临融资难的问题较为明显，而中小型科技企业恰恰是科技创新的生力军。

四、“十四五”时期河南省推进企业技术创新的思路

“十四五”期间，河南省科技创新面临的形势正在发生深刻变化，必须坚持高质量的发展方向，瞄准竞争第一线，抓住重点领域，集中力量，整合力量，汇集要素，全面提高科技创新能力，在新一轮区域竞争中赢得第一机会，掌握主动权。

（一）注重集中创新资源

坚持以厚植创新资源为核心和关键，促进经济高质量发展，努力弥补创新创业发展的不足，高水平推进开放创新，吸引高端创新资源到中原土地集聚，推动高端研发机构和先进成果落地。

（二）着力完善创新体系

坚持把发展壮大创新型企业、创新型人才、创新型平台、创新型事业单位作为重要抓手，进一步推进创新创业，梯次培育“微成长、小崛起、高实力”的创新型企业集群，加快完善产学研紧密结合、上下游有机融合的创新体系。

（三）着力增强创新载体功能

加大郑洛新国家自主创新示范区建设力度，引领全省创新创业深入发展。

高水平规划建设郑开科创走廊，打造科技创新的重要源泉和国内一流的数字经济发展高地。加快高层次创新平台建设，引进和培育一批新的研发机构，加强对创新创业的支持和保障。

（四）着力完善创新体制机制

继续深化郑洛新国家自主创新示范区体制机制改革，深化科技体制机制改革，加快科技成果评价改革和科技成果所有权改革，充分激发科研人员创新活力。加大政策支持力度，创造最佳营商环境，打造创新创业升级版。

第二节 河南省企业技术创新政策的体系、特点和存在的问题

河南省通过不断深化科技体制改革，在制度安排、政策保障、环境营造等方面持续发力，不断激发企业等创新主体的活力，取得了一定的成绩。然而，河南省的综合科技创新水平仍然较低，新技术和新产业发展仍然相对滞后、高新技术产业占比仍然偏低、高端人才仍然短缺、企业创新能力不强的状况尚未根本改变，创新政策的实施效果有待进一步加强。

在新时代，河南省必须从科技创新的现状出发，形成创新资源集聚，优化创新资源配置，建立创新生态体系，发挥创新载体作用，完善科技创新各项机制。尽管河南省出台了一系列的创新政策，但需要从创新政策体系的分析框架加以研究，用系统性的角度探寻政策调整的空间和方向。

一、河南省企业技术创新政策的体系

（一）创新要素政策

在《国家中长期科学和技术发展规划纲要（2006—2020 年）》中，中央明确提出建设国家创新体系，随之创新型省份和创新型城市建设也逐步加快。创新型省份建设需要成熟的创新体系作为支撑，需要以创新要素发展为基础。创新政策深刻地影响创新体系的各个层面。目前，河南省创新要素政策（见表 11-1）的目标主要集中在科技人才的培养和引进、科技投入体系的完善和科技创新基础设施的整合上。

表 11-1 河南省创新要素政策

创新要素	创新政策目标	创新政策工具
科技人才	合理布局各级各类人才，使人才队伍有序衔接，引进和支持“高精尖缺”型人才，赋予其更大的自主权，建立人才培养新模式，消除人才流动障碍，充分利用人才	颁布实施《关于深化人才发展体制机制改革加快人才强省建设的实施意见》； 颁布实施《中原学者管理办法》； 颁布实施《中原科技创新领军人才管理办法》； 颁布实施《中原产业创新领军人才管理办法》； 颁布实施《中原科技创业领军人才管理办法》
科技投入	建立多元化的科技投入体系，提高任务与资源的配置和衔接，提高资源配置效率	协调风险投资、风险补偿、贷款贴息等多渠道金融手段； 通过科技创新战略规划引导科技投入资源配置的体制和机制； 建立科研基金信用管理制度、预算执行制度和监管机制
科技创新基础设施	系统布局和建设科技资源共享平台，提高科研条件及其保障能力	实施《科学数据管理办法》； 实施《国家科技资源共享服务平台管理办法》； 整合和完善科研仪器设施、科技文献、生物资源和实验材料共享服务平台体系； 建立科技资源公示制度和资源共享平台绩效考核监督机制； 推进科学机器设备、实验动物、科研试剂、基础质量技术等科研条件建设

首先，科技人才政策一直是创新政策的重中之重，创新驱动的本质是人才驱动。河南创新人才政策的主要目标是合理布局各级各类人才，使人才队伍有序衔接，引进和支持“高精尖缺”型人才，赋予其更大的自主权，建立人才培养新模式，消除人才流动障碍，充分利用人才。

其次，科技投入政策的主要目标是建立多元化的科技投入体系，提高任务与资源的配置和衔接，提高资源配置效率。实现上述目标的创新政策工具包括：协调风险投资、风险补偿、贷款贴息等多渠道金融手段；通过科技创新战略规划引导科技投入资源配置的体制和机制；建立科研基金信用管理制度、预算执行制度和监管机制。

最后，科技创新基础设施政策的主要目标是系统布局和建设科技资源共享平台，提高科研条件及其保障能力。实现上述目标的创新政策工具包括：落实

《科学数据管理办法》;落实《国家科技资源共享服务平台管理办法》;整合和完善科研仪器设施、科技文献、生物资源和实验材料共享服务平台体系;建立科技资源公示制度和资源共享平台绩效考核监督机制;推进科学机器设备、实验动物、科研试剂、基础质量技术等科研条件建设。

(二)创新主体政策

创新主体政策(见表11-2)的目标主要是促进双创,提高高校和科研院所的创新能力,完善企业、高校和科研院所的创新政策和科技创新基地政策等。

表11-2 河南省创新主体政策

创新主体	创新政策目标	创新政策工具
企业	培养创新型省份领军企业,支持中小企业科技发展,促进创新资源向企业集中	推动创新型企业百强项目,完善和落实以企业技术创新为导向的绩效考核体系; 落实《关于推动民营企业创新发展的指导意见》; 支持企业率先承担国家级和省级科技项目; 为创新龙头企业设立国家级和省级重点实验室; 培养掌握"专精特新"技术的中小微企业; 利用国家和省级风险投资引导基金实现资源的有效配置; 开发创新服务平台,为中小企业科技提供各类指导和服务
高校和科研机构	提高人才培养、学科建设、科研和社会服务等方面的创新导向综合能力,强化科研院所在基础研究和产业技术上的主导作用,培育新的研发机构	实施"河南省高校科技创新团队支持计划"; 实施"河南省高校科技创新人才支持计划"; 落实国务院《关于深化高等学校创新创业教育改革的实施意见》; 加快现代大学和现代科研院所建设; 推进高校科研体制改革和科研院所分类改革; 支持发展社会化、市场化、专业化的新型研发机构
科研基地	加强高层次创新人才和资源的整合和优化,着力完成国家和河南省域发展目标和重大科技任务,形成引领发展的战略科技力量	执行《国家科技创新基地优化整合方案》; 颁布实施《国家技术标准创新基地(郑洛新)建设方案》; 整合现有基地,完善管理和评价机制; 布局和建设面向未来的国家级和省级实验室; 优化现有重点实验室布局; 聚集产业导向技术创新中心,形成动态调整和有序退出机制

（1）企业创新政策的主要目标是培养创新型省份领军企业，支持中小企业科技发展，促进创新资源向企业集中。实现上述目标的创新政策工具包括：推动创新型企业百强项目，完善和落实以企业技术创新为导向的绩效考核体系；利用国家和省级风险投资引导基金实现资源的有效配置；等等。

（2）高校和科研机构创新政策的主要目标是提高人才培养、学科建设、科研和社会服务等方面的创新导向综合能力，强化科研院所在基础研究和产业技术上的主导作用，培育新的研发机构。实现上述目标的创新政策工具包括：实施“河南省高校科技创新团队支持计划”和“河南省高校科技创新人才支持计划”；加快现代大学和现代科研院所建设；落实国务院《关于深化高等学校创新创业教育改革的实施意见》；推进高校科研体制改革和科研院所分类改革；等等。

（3）科研基地政策的主要目标是加强高层次创新人才和资源的整合和优化，着力完成国家和河南省域发展目标和重大科技任务，形成引领发展的战略科技力量。实现上述目标的创新政策工具包括：执行《国家科技创新基地优化整合方案》，颁布实施《国家技术标准创新基地（郑洛新）建设方案》；优化现有重点实验室布局；整合现有基地，完善管理和评价机制；聚集产业导向技术创新中心，形成动态调整和有序退出机制；等等。

（三）产业创新政策

现阶段，河南省产业创新政策强调以关键技术为重点，促进产业技术进步，增强产业竞争力，支持民生改善和可持续发展，维护国家安全和战略利益。产业创新政策的主要目标是通过发展现代农业、信息、智能绿色服务业、新材料、清洁能源、交通装备、生物现代服务业等技术，提高产业竞争力，改善民生并促进可持续发展。

实现上述目标的创新政策工具包括深入实施省级重大科技专项和部署“十百千”转型升级创新工程，推动重大专项成果的部署，实现新技术产业化，并围绕创新链条，根据不同产业的创新发展规律和需求因产施策，如实施《促进汽车动力电池产业发展行动方案》。现阶段，河南省区域创新政策强调区域创新高地建设，引导创新资源积聚，促进产业协调可持续发展。

（四）创新网络政策

目前，河南省创新网络政策的主要目标是促进创新主体之间的联系和互动，形成创新资源的有效配置，达到协作创新的效果。深化产学研合作创新机制，建立以“南水北调”为基础的协作创新共同体，整合和布局全省创新网络，提升科技服务发展水平，构建创业孵化体系，完善科技成果转让转化机制，完善支持科技创新的金融体制。

实现这些目标的创新政策工具包括：在大学和研究机构设立流动工作站，供企业人才进行兼职合作；"南水北调"沿线城市将共同建设联合研究中心和技术示范基地，在"南水北调"沿线城市建设数据共享平台和技术信息网络；实施"科技合作计划"，结合省市优势，共同建设科研技术转让中心和研发基地，完善创新链条周边科技服务标准体系，培育科技服务龙头企业；建立技术交易标准化流程和技术交易网络平台，支持科技服务机构"走出去"和"引进来"；建立知识产权质押融资市场化风险补偿机制，开展专利保险试点。

（五）创新环境政策

河南省创新环境政策的主要目标是深化科技管理体制改革，完善和落实创新政策法规，提高公民科学素质，加强科技能力建设，营造激励创新的文化氛围。

实现上述目标的创新政策工具包括：落实《深化科技体制改革实施方案》，促进全面创新；促进科技资源共享立法；以普惠性财税政策为主要手段支持企业技术创新；建立创新政策协调审查机制和调查评价体系；开放实验室等科研设施，支持大学生创业实践；开展农村科技活动；举办政府部门科技讲座；因地制宜建设科普活动设施，拓宽科普渠道，加大对优秀科普作品的奖励力度；完善科研诚信体系，加强监管，培育创新文化，通过宣传、树立典型等方式培育创新文化、弘扬企业家精神。

二、河南省企业技术创新政策的特点

（一）内容具有系统性

随着企业创新的地位日益提高，河南省个人、企业、高校与科研院所的创新意识和积极性不断提高，逐步形成了较为完善的科技创新政策体系，科技政策的评价、监督机制也日趋成熟。

系统性主要体现在顶层设计上。区域创新发展离不开各个阶段的顶层设计政策，区域"战略"或"规划"系统地部署了区域创新发展。近年来，河南省迎来了千载难逢的发展机遇，郑洛新国家自主创新示范区、中原城市群等一系列国家级发展战略落户河南。为此，河南省实施了多种创新政策来落实这些重大发展战略。

（二）决策主体具有多样性

在政策出台的主体上看，河南省人民政府办公厅和河南省科技厅是制定科技创新政策的主要部门。河南省科技厅作为科技创新活动的主体，可以从决策者的角度评价科技创新政策的有效性，而河南省人民政府的积极参与有助于提高在科技决策方面的有效性。总体而言，多角度协调、多部门协同是河南省科技创新政策制定的重要特征。

（三）作用对象具有完整性

河南省科技创新政策以企业为主要对象，在政策涉及的大中小型企业中，从事高新技术产业的企业处于领先地位，表明企业（特别是高新技术企业）是河南省科技创新领域创新活动的主体。此外，河南省高度重视发挥科技中介在科技创新体系、技术市场需求、支持服务体系等政策中的作用，明确各类科技中介在科技领域创新活动中的地位。

河南省企业技术创新政策的特点见表 11-3。

表 11-3　河南省企业技术创新政策特点

类别	企业技术创新政策	特点
政策内容	为了成功实施郑洛新国家自主创新示范区、中国（郑州）跨境电子商务综合试验区、中国（河南）自由贸易试验区、中原城市群等一系列国家级发展战略，河南省推出了各种不同性质的创新政策	具有系统性
决策主体	中共河南省委、河南省人民政府办公厅、河南省科技厅、河南省税务局、河南省财政厅、郑洛新国家自主创新示范区领导小组、河南省人民检察院、河南省人民政府外事办公室、河南省人力资源和社会保障厅、河南省审计厅等	具有多样性
作用对象	企业、大专院校、科研院所、政府部门和科技中介机构等	具有完整性

三、河南省企业技术创新政策存在的问题

从创新政策的角度看，一是创新政策工具层面的问题，二是创新政策作用对象层面的问题。首先，体制改革是河南省创新政策的重要举措之一，其成效不能充分发挥，将影响河南省创新体系的发展乃至创新进程。其次，科技创新人才资

源是源头上限制创新活动的主要因素。此外，创新网络建设不完善，导致科技成果转化缓慢，不仅影响了技术的应用，而且阻碍了科技成果的应用和进一步发展。创新环境对文化、法律、金融、税收等领域的创新活动产生直接和间接的影响，创新环境不佳也是影响河南省创新体系高效运行的一个重要因素。因此，河南省要调整创新政策力度，选择和使用合适的政策工具，提高政策的针对性，更好地在体制改革进程中发挥关键作用，助力创新型省份建设。

第三节　创新政策体系分析框架的构建

一、创新政策工具分类

（一）企业技术创新政策工具的分类

政策工具是政府为了实现既定目标而采取的方式方法，从而达到政策效果并实现其预设价值。根据不同的研究目的和角度，政策工具可以被分为不同的种类。Rothwell 和 Zegveld(1981)创造性地将政策工具分为供给面、需求面和环境面三类，这种分类方式得到了学者们的普遍认同。赵筱媛等(2007)则研究和提出了战略性政策的含义和价值。政策评估在政策体系中发挥着重要的作用，决定着政策体系的成熟度。刘秀玲等(2018)借鉴并综合前人研究成果，系统地将政策工具分为战略面、供给面、需求面、环境面和评估面五大类，这也符合我国创新体系发展与实践的时代背景和现实特征，见表 11-4。

表 11-4　五类创新政策工具的定义及组成

政策工具	定义	组成
战略面	承担与上级政府相对应的区域创新驱动型发展定位目标，制定区域中长期创新驱动发展战略目标，通过战略整合引领未来区域发展方向，全面引导具体政策工具的应用	各种规划、纲要文件、意见等具体政策工具
供给面	由政府提供的人才、资金、技术、信息、公共服务等要素构成的创新驱动型发展的供给市场，改善创新活动相关要素的供给状况，促进创新产品或创新服务的发展，最终促进区域经济的创新驱动发展	人力资源、财政支持、信息支持、技术支持和公共服务等具体政策工具

续表

政策工具	定义	组成
需求面	政府通过政策引导企业在市场需求中开发创新产品或服务，限制非创新需求产品的生产，从而减少产品需求市场的不确定性，刺激企业开拓新市场，扩大市场份额，最终通过市场需求冲击带动区域经济发展	政府采购、服务外包、市场控制、境外机构等具体政策工具
环境面	政府通过财税、产业战略、法律、政府服务等措施培育和创造良好的创新驱动发展的市场环境和政府环境，通过环境整体影响创新驱动的发展因素和创新活动	金融政策、财政税收、法律法规、战略措施、政府服务等
评估面	政府定期或不定期地对创新政策的制定、实施过程、实施效果等内容进行评估，目的是及时监督反馈政策的落实情况，为政策的未来走向提供决策依据	包括对创新政策修订和完善的意见以及规范管理办法等

（二）企业技术创新政策工具的关系

就创新政策工具之间的关系来说，战略面政策工具在创新体系中发挥着非常重要的引领作用，为其他各类型政策的制定提供了导向；评估面政策工具则起到了反馈和调节的作用，其功效更加广泛和深刻。这两者通常都独立于创新活动。相对应地，供给面政策工具往往对创新活动发挥直接的推动作用，需求面创新工具也呈现了巨大的推动作用，这两者的作用直接而显著；环境面政策工具的特点是渗透性强，作用广泛，对几乎所有的创新活动都能产生明显的保障作用。供给面工具、需求面工具和环境面工具都能直接地作用于创新活动。这五类政策工具相互影响促进，形成了一个比较完美的闭环系统，如图 11-1所示。

二、创新政策分析框架的构建

随着我国创新政策体系的不断发展，系统理论及原理逐步应用到政策发展体系中，创新政策框架逐步完善，体系更加清晰。政策工具成为创新政策框架中的核心部分，政策分析框架与创新政策工具深度融合（Flanagan et al.，2011）。

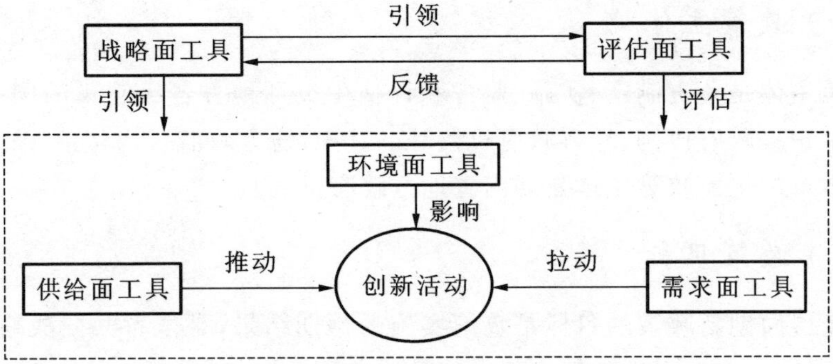

图 11-1　创新政策工具的关系

政策框架中的创新政策工具有助于体系中的参与主体理解和把握政策目标。本章基于系统理论及原理，从政策主体、政策目标、政策领域和政策工具四个维度构建创新政策分析框架，如图 11-2 所示。

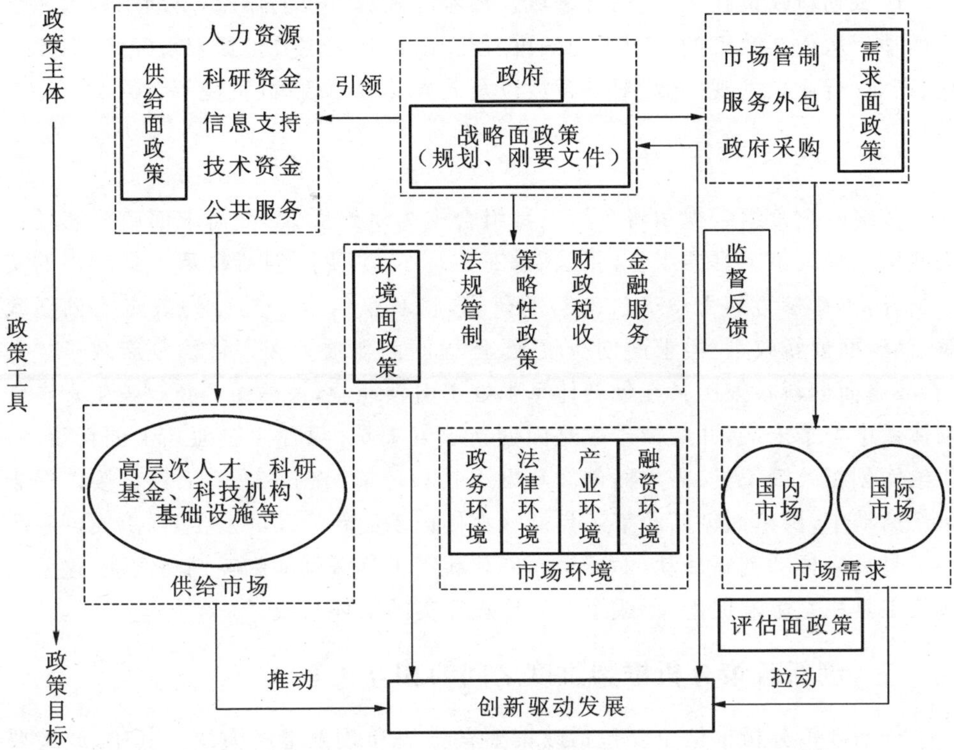

图 11-2　创新政策分析框架

（一）政策主体

政策主体是负责制定、实施、监督和评估中央和地方各级政策的国家组织，主要包括中央政府机构、地方政府机构等。其中，地方政府机构包括“条”“块”两方面。本章的主要政策主体是河南省地方政府机构。

（二）政策目标

省级层面创新政策的目标是政策实施的预期结果，是全省共同战略目标和子目标的结合，有针对性地落实每一个具体的子目标，为实现共同的战略目标做出贡献。省级战略的总体目标是根据本省的发展水平等实际情况确定的，子目标是解决本省的具体发展挑战，以在产业、科技、金融等领域实现共同的战略目标。

（三）政策领域

区域创新政策在各行业、各领域发挥着越来越重要的作用，不断引领区域创新活动。从创新政策的作用方向来讲，创新政策领域主要包括宏观经济、财税金融、产业（行业）、微观企业、对外开放以及人才等方面政策（黄曼等，2016）。

（四）政策工具

传统的政策组合视角将政策工具组合视为供给面政策、需求面政策和环境面政策三种政策工具的组合（张韵君，2012）。根据我国创新政策工具应用的实际情况，本章参考刘秀玲等（2018）的研究，将政策组合工具分为战略面创新政策、供给面创新政策、需求面创新政策、环境面创新政策和评估面创新政策。其中，战略面创新政策工具在创新体系中处于引领地位，评估面创新政策工具在创新体系中处于末端，并反馈于战略面创新政策工具，两者往往独立于创新活动。供给面创新政策工具、需求面创新政策工具和环境面创新政策工具直接作用于创新活动中，供给面创新政策工具能够直接推动创新活动的发生，需求面创新政策工具直接拉动创新活动，而环境面创新政策工具深刻地影响创新活动，这五类政策工具相互影响促进，形成了一个比较完美的闭环系统。

三、创新政策分析框架维度之间的相互关系

创新政策分析框架主要包括政策要素模块和政策维度模块。其中，政策要素模块主要涵盖了政策目标、作用领域、保障措施等方面的组合，是政策框架的核心。三者关系是：政策目标为导向和宗旨，作用领域是内容和方式，保障措施

是手段和着力点；保障措施通过作用领域发力以实现既定的政策目标。政策维度模块是主体、时间、空间等方面的集合，其中主体是发力者，时间体现了持续度，空间表明了着力点；主体通过对特定空间领域发力并持续一定时间，从而产生预定效果。在诸多要素中，政策目标发挥着举足轻重的引领和导向作用，并随着创新活动的不断发展而逐步修订完善，并通过政策体系中的各种政策工具的合理及有效发挥作用而得以实现。比如，推动经济社会高质量发展的目标导向会引导创新向绿色、共享等方向发展。

第四节　创新政策体系分析框架的应用

一、样本选择与政策分析维度编码

（一）样本选择

河南省创新政策体系是河南省支持创新型省份建设的系统性政策工具，措施得力，效果显著。本章以河南省创新政策体系为研究对象，对其分析框架进行了重点研究。具体而言，本章梳理了河南省创新政策体系，其由 283 项文件构成，时间跨度为 2004 年 1 月 1 日到 2020 年 12 月 31 日，见表 11-5。

表 11-5　河南省创新政策部分政策一览表

政策	时间	印发单位
《关于加强科技创新促进中原崛起的意见》	2004.06	省委、省人民政府
《河南省中长期科学和技术发展规划纲要(2006—2020 年)》	2006.05	省人民政府
《关于加强企业研发中心建设提高企业创新能力的意见》	2006.12	省人民政府
《河南省创新型企业试点工作实施方案》	2007.04	省科技厅等
《河南省科技创新人才计划管理办法》	2008.08	省科技厅、财政厅
《河南省高新技术企业认定管理实施细则》	2008.09	省科技厅、财政厅等
《河南省自主创新体系建设和发展规划(2009—2020 年)》	2009.09	省人民政府
《关于增强自主创新能力建设创新型河南的决定》	2006.05	省委、省人民政府
《关于进一步推进自主创新体系建设的实施意见》	2011.03	省人民政府
《关于加快自主创新体系建设促进创新驱动发展的意见》	2013.05	省委、省人民政府

续表

政策	时间	印发单位
《关于支持郑州航空港经济综合实验区发展的意见》	2013.11	省人民政府办公厅
《河南省企业创新能力培育科技工程实施方案(修订)》	2012.05	省科技厅
《关于进一步激发高校科技创新活力提高支撑经济社会发展能力的实施意见》	2015.12	省人民政府办公厅
《关于创新机制全方位加大科技创新投入的若干意见》	2014.08	省人民政府办公厅
《关于发展众创空间推进大众创新创业的实施意见》	2015.05	省人民政府
《河南省科技创新"十三五"规划》	2016.11	省人民政府办公厅
《郑洛新国家自主创新示范区建设实施方案》	2016.05	省委、省人民政府
《"中原学者"管理办法》《河南省科技创新杰出人才管理办法》等	2017.09	省科技厅、财政厅
《河南省省级科技创新体系(平台)建设专项资金管理办法》	2018.07	财政厅
《河南省新型研发机构备案和绩效评价办法(试行)》	2019.01	省科技厅、财政厅
《河南省加快培育创新型企业三年行动计划(2020—2022年)》	2020.09	省科技厅、财政厅等

(二)政策分析维度编码

本章以内容分析法为分析工具对政策文件进行梳理。编码原则如下:政策标题是主要编码对象,维度关键字为编码准则,政策全文为补充编码对象。若政策分析维度包含相应的编码关键字则记为1,并把政策文本信息转换为结构化数据,否则记为0。以该原则对上述283项政策文件进行编码后,结果如表11-6所示。

表11-6　政策文件编码原则表

政策分析维度	编码关键字	政策分析维度	编码关键字
1 政策目标	战略、发展目标	3.2 供给面	资金、人才、技术
2 政策领域		3.3 需求面	政府采购、科技成果转化、产品保护、海外机构
2.1 经济政策	发展、示范区、新区、试验区、开发区等	3.4 环境面	金融、财政、税收、政务服务等

续表

政策分析维度	编码关键字	政策分析维度	编码关键字
2.2 产业(企业)政策	产业、行业及企业等	3.5 评估面	检查、汇报、督查、评估等
2.3 科技创新领域	科技、创新、实验室等	4 政策主体	国务院及办公厅和所属部门、河南省级政府
2.4 财税金融政策	资助、金融、税收、银行、投资等	5 空间地理	
2.5 区域开放政策	开放、对外、对口合作、国际、国家等	5.1 省级区域	省级行政区域名称
2.6 人才政策	人才、博士等	5.2 临近跨区域	中原地区、邻近两个省级行政区域
2.7 其他	组织机构、领导小组等	5.3 非临近跨区域	两个及以上非临近省级区域名称
3 政策工具		5.4 跨国家区域	国际及国家、沿边等名词
3.1 战略面	规划、中原崛起等	6 时间	2001—2020 年

二、创新政策统计分析

(一) 创新政策发展阶段分析

河南省创新政策体系是在不同政策工具的不断完善发展的基础上逐步建构起来的,并发展成为现在的包含战略面、供给面、需求面、环境面和评估面五大类的政策体系。基于年颁布的有关政策数量的角度,河南省创新政策的发展过程可以分为以下四个阶段,见图 11-3。

萌芽阶段(2001—2005 年),其特征是颁布的政策数量很少,原因主要在于尚未重视创新;发展阶段(2006—2010 年),其特征是政策数量快速增加,其中 2010 年已经增至 84 项,原因在于开始关注并强调创新的带动和引导作用;激增阶段(2011—2018 年),特征是年颁布的政策数量增长迅猛,而大多数政策是对现有政策体系的补充完善;成熟阶段(2018 年至今),政策文本数量逐步增加,框架不断丰富完善。

对五大类别的政策工具分析发现:战略面工具呈现“少而精”的特征,原因在

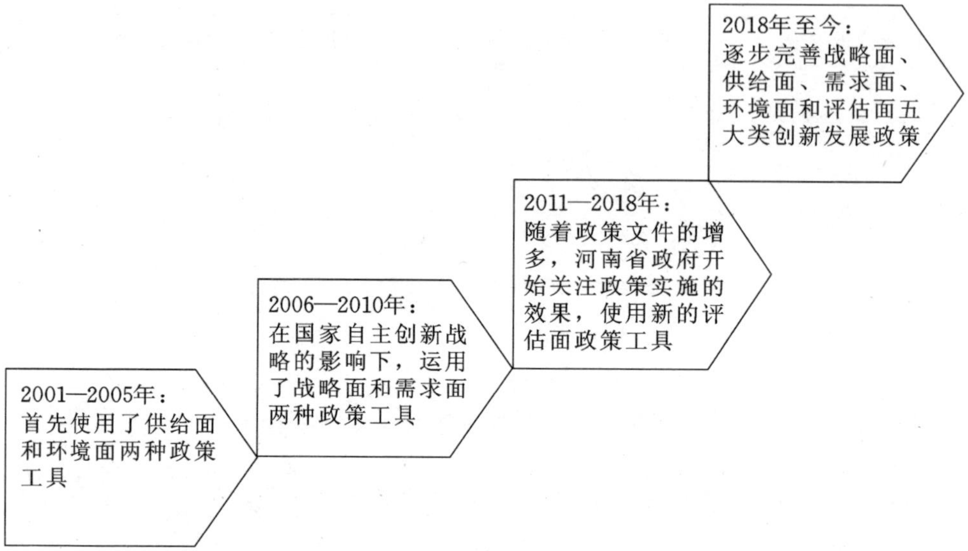

图 11-3　河南省创新政策发展的四个阶段

于随着全国创新驱动战略的深入实施，河南省也将创新驱动发展提到了崭新的高度，加大了对战略面工具的制定和实施；供应面工具持续增加，2011 年后增加幅度更加明显，原因可能是对战略面工具的对接和落实；需求面工具呈现折线上升的态势，拐点出现在 2011 年，原因在于随着战略面工具的引导以及供给面工具的发展失衡，政府强化了需求面工具的使用力度；环境面工具的年颁布量远高于其他类型的工具，并在 2006 年、2011 年、2015 年呈现三个峰值，其原因既在于政府对自身调控作用的重新认识，又在于环境面工具的作用涵盖面广和渗透性强等特征；评估面工具起点“低和晚”，水平低的主要原因是评估面工具尚未真正独立，主要以嵌入其他政策文件的形式存在，而“晚”体现在河南省的评估面政策 2012 年才提出，主要原因是 2012 年随着创新政策工具的快速增加，政府开始重视政策的实施效果。

（二）创新政策应用目标分析

总体上，河南省的创新政策体系与国家创新战略是一致的。2005 年 12 月，国务院颁布了《国家中长期科学和技术发展规划纲要（2006—2020 年）》，标志着中国创新发展将加快推进，每个阶段的政策重点各不相同。第一阶段，创新学科的培养和人才的招聘与培养是主要目标。第二阶段，随着“创业带动就业”理念的引入和创新服务环境在区域创新体系中作用的日益增强，与创业和知识密集型服务相关的政策数量显著增加。第三阶段，人才和学科仍然是地方政策的重点，但与第一阶段相比，知识密集型服务业政策成为热门话题。总体而言，2001—2020年，与河南省创新政策相关的优先事项从创新主体转向人才，然后转向知识密集型服务业政策，表明河南省发展的核心竞争要素正从创新资源转向创新环境。

（三）创新政策应用领域分析

基于政策作用领域的角度，河南省创新政策可以分为产业政策、财税政策、金融政策、开放政策、科技创新政策、人力资源政策、社会文化政策等种类。其中，以财税政策、产业政策和开放政策三个领域的政策为主体，金融政策、科技创新政策、人力资源政策等为辅助，其他评估政策则为补充，从而构成了一个层次分明、内容完善、功能协调的创新政策体系，而各领域的政策体系又相互依赖、互相作用、共同交融在河南省创新发展的时代环境中。

三、河南省创新政策工具应用现状

（一）战略面创新政策工具

河南省2004年出台了《关于加强科技创新促进中原崛起的意见》，表明政府已经开始重视战略创新和发展政策工具的主导作用。结合国家对河南省的创新驱动发展定位，河南省政府先后制定了国家自主创新示范区、中原城市群、智慧城市、跨境电商综合试验区、自由贸易试验区等战略目标，并基于此规划出了政策配套体系。在此过程中，战略面工具由于其在落实国家重大发展战略中所具有的迅速反应能力而发挥着综合性区域政策的功效，引导着其他政策工具的制定实施。

（二）供给面创新政策工具

供给面创新政策工具一直是河南省各级政府提供或引导市场提供创新人才、资金、技术、信息、公共服务等创新活动的重要政策工具，其发挥功效的途径是直接支持创新以推动供给市场的扩大，继而引导全省创新要素的供给。供给面工具主要有人力资源扶持政策、财政金融扶持政策、公共服务政策、信息支持政策和技术支撑政策。具体而言，人力资源扶持政策有：①引进和培养国内外高层次人才；②科研人员的绩效奖励；③支持人力资源服务；④创业激励。财政金融扶持政策主要有：①公共基础设施救济金；②工农业发展基金；③知识产权专项资金等。公共服务政策主要有:①高新技术园区、各类示范基地和创新中心、孵化器等基础设施和管理;②公共服务项目规划建设;③公共服务基地建设的国际合作等。

(三)需求面创新政策工具

河南省从2009年开始启动需求面创新政策工具,这在很大程度上是受当时创新要素供给市场持续扩大的影响。之后,需求面政策和供给面政策在创新市场机制的作用下,相互影响,互相促进,共同推动了河南省创新活动的开展。具体来说,河南省实施的需求面工具主要有外包政策、政府采购政策、市场调控政策等类型。外包政策是扩大公共服务创新需求的重要方式。河南省在2016年开始实施服务外包,而后基于此建立了关于人才、资金、平台等一系列配套措施。政府采购是通过购买公共产品来刺激市场需求的有效途径。河南省开始逐步重视政府采购的途径,于2002年颁布了《河南省政府采购管理暂行办法》,并围绕此出台了一套关于通过政府采购扶持中小企业以实现创新发展的政策建议。

(四)环境面创新政策工具

环境面政策工具在河南省创新政策工具体系中逐步发挥出越来越重要的作用。其主要作用途径是通过财政、金融、税收、法律、公共服务等方式,营造优良的市场环境和政务条件,从而通过其广泛的渗透性和普遍的适应性提升全省创新主体的能力和创新活动的效率。环境面政策工具主要有财政、金融政策、战略规划、法律法规、政府服务等方面。以财政金融政策为例,其主要有:①金融扶持体系建设;②金融机构、外资股权投融资担保发展;③支持中小企业发展或风险投资贷款等;④支持创新领域的重点行业和重点企业的投融资建设。而战略规划则主要有全省宏观产业和微观企业的有关发展战略的规划体系和政策措施。

(五)评估面创新政策工具

评估面政策工具的产生是随着创新政策的持续增加而逐步出现的,其主要功能是对创新政策的制定、执行和效果进行评价,并提出建议以供后续政策调整。其中又可以根据评估方式的不同而分为两种情况:一是直接模式,即直接对供给面、需求面、环境面等方面的政策进行直接的评估;二是嵌入模式,主要表现在将评估政策融入上述各种具体类型的政策内部,从而保证了评估工具能有依据地及时对有关政策进行测评和提出修正意见,保证了各项政策工具能够按预期发挥作用。

四、河南省创新政策体系建设目标

整体目标是要为创新型河南的建设和发展提供有力的政策保障和外部动力,为郑洛新国家自主创新示范区、中国(郑州)跨境电子商务综合实验区等诸多国家级战略的落地和实施提供制度支撑。具体而言,要统筹规划战略面、供给面、需求面、环境面和评估面政策措施的制定和实施,充分发挥各种政策工具相互依赖、相互作用、相互促进的功能,并以此刺激并扩大创新要素的供需均衡,活跃创新市场,从而为强化和深化创新活动提供有力的政策保障。

五、河南省创新政策体系建设思路

整体而言,要建立覆盖领域广泛的战略面、供给面、需求面、环境面、评估面等领域的创新政策,充分发挥各种政策的应有功效。同时,要注重对政策体系协调功效的发挥,重视战略面政策工具对其他类型工具的指导作用,供给面工具、需求面工具和环境面工具的协同共生、互促发展作用,评估面工具对其他各种工具实施效果的评价和改进功能;还要注意不同政策类型间的相互重叠,使各种政策类型在自身发展、外部协调的环境中发挥出应有的功效,共同交融在全省科技创新的实践中。

建立各自内容简明、功效明显的各项政策工具。单一的创新政策是政策体系的构成基础和功能单元。基于全省省情建立有力的政策法规,建立指导性强的战略面工具、刺激作用明显的需求面工具、驱动效果强劲的供给面工具、渗透性强的环境面工具以及针对性强的评估面工具。

平衡各项政策工具的颁布和使用。各项政策工具的平衡使用能有效提升整体政策的实施效果。要稳定对战略面工具的制定和执行,维持对供给面工具的有效使用,扩大对需求面工具的实施,强化对环境面工具的颁布和执行,鼓励评估面工具的深入发展,从而为平衡各项政策提供基础。

重视各项政策工具的相关性,构建网络化的政策体系。各项政策发挥作用的过程不是孤立的,而是互相依存、相互促进的。同时,不同政策工具的协同作用会产生不同的政策效果,要从协同共生的角度去规划建设各项政策工具,构建层次分明、内容互补、功能显著的网络化和系统化的创新政策体系。

第五节　提升河南省企业技术创新能力的政策建议

一、构建系统协调的创新政策体系

（一）制定系统完善的创新政策体系

首先，完善鼓励大众创业、万众创新的政策文件，孵化并扶持有市场前景的创新创业企业，扩大初创型创新企业的规模。其次，健全支持创新型企业发展的政策体系，为其提供人才保障到位、资金扶持有力、政策氛围良好的外部条件，同时着力解决其发展的瓶颈问题，优化营商环境，推动其稳步发展壮大。最后，颁布实施鼓励创新型企业实现规模化发展和聚集化发展的政策措施，形成科技创新产业集群，构建结构合理、配合融洽、互利共赢的产业集群新模式。同时，提升政策对现有企业技术改造的激励力度，以提升企业的自主创新水平为目的，增强新科技的使用广度和强度，提高科技创新对企业发展的驱动力。此外，建立针对创新型产业基地和园区发展的政策体系，通过营造良好的商业环境和服务氛围强化其集聚和带动作用，推动整个创新链条的共同进步。

（二）强化不同政策体系的协调性

增强各种政策间的协调力度，通过丰富和完善全省科技创新政策的组织载体，激发各类创新主体的积极性和活跃度，推动创新要素的集聚化和规模化发展等一系列有力措施，引导创新市场的扩大。制定并完善有自身特色的战略面、供给面、需求面、环境面和评估面的创新政策体系，充分发挥各项政策的协调性。结合省情特征、广泛吸收其他省份的先进经验，共同构建结构完善、功能互补、覆盖面广、渗透性强、协调度高的科技创新政策体系，为全省的科技创新发展提供良好的外部动力和政策保障。

二、优化科技创新政策的宏观政策环境

（一）制定完善的政策体系，强化政策的针对性

制定内容广泛、功能互补的创新政策服务体系，从财政税收、金融投资、人才支撑、政策法规、战略规划等各个角度对政策体系进行细化和完善；从战略面、供

给面、需求面、环境面、评估面等角度制定相关的政策体系，强化政策的完备性。在此基础上，根据当前全省发展的实际困境和劣势特征，结合自身优势，强化政策的实施效果，有针对性地解决创新型企业的发展困难、创新型人才的工作制约条件等；突出不同环境中不同政策类型的优势，尤其要注意战略面政策的统领作用。

（二）强化政策的监督和评估机制

一是制定并实施规范政策体系执行的保障措施，使整个政策的执行过程有章可循，从根本上保证政策能产生预期效果。二是针对创新政策发挥作用的关键环节进行监督，比如前期制定考察、中期执行情况、后期实施效果等环节，以及对人、财、物等内容进行重点把控，强化监督的功能和功效。三是实施全流程的评估机制，既重视后期结果的评估，也重视中期评估的改进性作用，还重视制定前的可行性评估，而且重视评估结果对后期改进甚至其他同类项目的启示作用。四是大力发动社会力量进行监督和评估，把能交给社会的工作交由第三方评估机构完成，同时把内部评估和外部评估结合起来，充分发挥内部评估的丰富性和外部评估的客观性。五是建立依据监督和评估结果的奖惩机制，建立专门的监督和评估机构，优化全省科技创新政策实施氛围，保证政策能发挥应有的功效。

三、完善政府补贴政策体系

企业是创新的主体，关乎国家的创新能力建设，如何发挥政府补贴的杠杆作用激励企业创新成为重要的研究课题。政府补贴可以激励技术创新，应充分发挥政府补贴的杠杆作用，引导企业的技术创新，激励企业增加技术创新的投入和产出，促进产业结构转型升级。市场化进程越高的地区，政府补贴对企业技术创新投入和产出激励作用越显著。在不同的产业市场结构中，研究政府补贴对企业技术创新投入和产出的影响发现：产品市场竞争越弱的行业，政府补贴对企业技术创新投入和产出的促进效果越好。因此，应考察各地区的市场化进程和产业结构，实施差异化的补贴政策。

（一）根据各地区的市场化进程状况实施差异化的补贴政策

市场化就是市场机制在一个经济中对资源配置发挥的作用持续地增大，经济对市场机制的依赖程度不断加深和增强，市场机制从逐步产生、发展到成熟的演变过程（陈宗胜和吴浙，1999）。一个地区市场化程度越高，市场机制越成熟，政府补贴对于企业技术创新的激励作用越明显。因此，国家在利用政府补贴引导企业创新时,也会重点向市场化进程较高的地区倾斜。

河南省在实施补贴政策的过程中,要根据各地区的市场化进程状况实施差异化的补贴政策,优先向市场化进程较高的地区倾斜。刘荣利(2009)对河南省各地区的市场化进程进行了研究,并将各地区的市场化进程进行了排序,如图 11-4 所示,郑州、济源、洛阳、焦作属于第一梯队,漯河、许昌、新乡、三门峡、开封属于第二梯队。因此,在实施政府补贴时,优先向第一和第二梯队的地区倾斜,以更好地发挥政府补贴引导产业结构优化升级的杠杆作用。

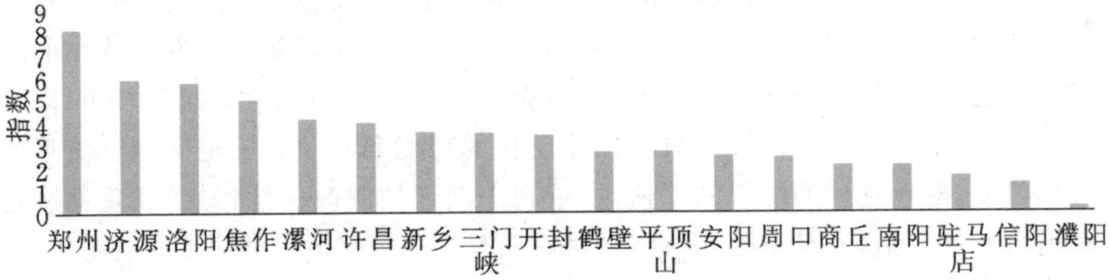

图 11-4　河南各地区市场化进程

(二) 根据产业结构,实施政府补贴

产品市场竞争是产业组织理论和公司治理理论关注的重要问题,产业组织理论认为产品市场竞争可以表示企业进入和退出市场的难易状况以及现有市场的集中程度。产品市场竞争就是在同一空间内,竞争对手的集聚程度和竞争状况,可以反映产业结构状况。熊彼特认为,垄断与企业技术创新活动存在着密切的联系,市场集中度的提高将有利于企业从事技术创新活动;垄断是创新孕育和产生的基础。随着行业的产业集中度不断提高,产品市场竞争程度将逐渐减弱,企业技术创新的风险和成本更加可控,企业技术创新的动力和意愿也增强,政府补贴会强化这种动机和意愿,促使企业增加技术创新的投入。因此,产品市场竞争越弱的行业,也就是产业的集中度越高,政府补贴对企业技术创新投入和产出的促进效果越好。政府补贴对于垄断行业的激励作用发挥得更好,因此,须根据河南省各产业的结构及集中度,实施差异化的政府补贴政策。

根据已有相关研究和实践的做法,采用赫芬达尔-赫希曼指数(HHI)测度产品市场竞争强度(姜付秀和黄磊,2009)。根据以上的计算方法,得出河南省部分产业的集中度,如图 11-5 所示。指数数值越大代表该行业集中度越高,也表明垄断程度越高,补贴的效果发挥得越好。因此,河南省在采取补贴政策引导产业结构转型升级的过程中,电子元器件制造业由于行业集中度最高,政府补贴发挥杠杆作用的效果越明显；非金属矿物制品业和化学原料及化学制品业行业集中度最低，政府补贴发挥杠杆作用的效果相对较差。

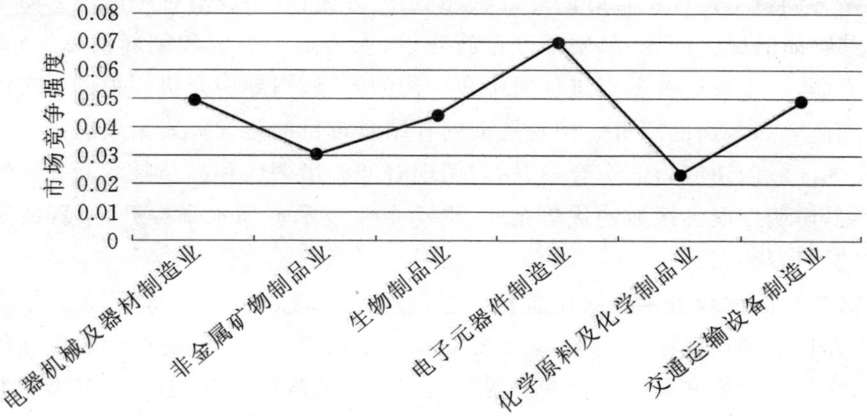

图 11-5　2013 年河南省部分产业行业集中度

（三）建立政策分类机制

企业技术创新能力决定了国家的创新地位，各个国家都在积极利用创新政策激励创新活动。政府补贴政策发挥着引导、激励创新的作用，已经成为重要的创新政策。长期以来，尤其是 2018 年中美贸易摩擦以来，美国频频打压中国的高新技术产业，力图通过不同的方式扼杀中国的创新能力，因此，在创新领域，加大政策扶持力度，使政府补贴政策成为重要的政策工具。

河南省的政府补贴政策由来已久，从中央到地方各层次补贴政策同时实施，不同产业、不同地区、不同企业存在较大的差异。因此，亟待建立政策分类机制，形成政府补贴的政策体系。在政策体系建立的过程中，可以将政策按照宏观、中观和微观政策进行分类。

宏观层面的政策主要站在全球价值产业链的视角来设计，在开放条件下激发企业自主创新的动力，提升企业自主创新的能力，促进对先进技术的引进、消化吸收和再创造，从而引起行业内产业结构的变动，实现产业结构优化升级。目前，全球市场正在由产品全球化向产业全球化转变，河南省要发挥后发优势，利用政府补贴实现省内产业与全球价值链和产业链对接，尽快融入全球产业链，不断提升产业链的层级，实现河南省产业结构的优化升级。

中观层面的政策主要站在区域创新系统的培育方面，利用政府补贴对高校、科研院所等主体的创新活动进行激励，并引导构建产学研开展协同创新，促进产业内部和外部之间人才、技术和资本等要素的流动，降低创新成本与风险，促进产业结构优化升级。政府作为区域创新系统中创新活动服务的提供者，通过政府补贴为创新主体提供良好的外部软环境：一方面，利用政府补贴解决创新系统中公共物品的提供问题，鼓励基础设施建设、人力资本投资和创新信息发布等；另一方面，利用政府补贴促进创新中介机构的发展，引导中介机构为创新主体提供更加高效和全面的服务。中观层面的补贴政策目的是发挥集聚效应和规模效应，实现区域创新能力的综合提升，利用现有产业集聚区和高新技术开发区等区域优势，协调发展各区域的优势企业，推动企业技术创新水平提升，实现河南省产业结构优化升级。

微观层面的政策主要站在激发企业技术创新能力的角度，驱动企业技术创新、产品创新和商业模式创新，从而提高企业的创新能力，形成外溢效应和集聚效应，实现河南省产业结构优化升级。微观层面的政策是基础，通过降低企业研发费用和风险，激励企业创新，实现引导企业研发投入，激发企业的研发产出，鼓励企业攻坚克难，实现重大技术的突破、新产品层出不穷、迎合消费者的商业模式不断涌现。

（四）构建区域创新主体的互动机制

政府作为区域创新系统中创新活动规则的制定者，基于微观层面上各创新主体与政府补贴的互动关系，通过政府补贴对企业、高校、科研院所等主体的创新活动进行直接激励。政府补贴能够引导创新链与产业链的交互融合，实现“科技研发—技术转化—产业发展”三个子系统之间的良性互动，从而维护区域创新系统的稳定性，使区域创新系统对产业结构升级发挥显著且稳定的促进作用。

企业是创新成果的应用者，是技术的需求方，因此应以企业为补贴对象引导开展产学研协同创新。河南省的政府补贴应直接给予作为技术需求方的企业，高校和科研机构应根本性转变身份，作为企业创新活动的服务者和协作方配合企业开展创新活动。

另外，河南省应利用政府补贴，引导高校培养创新型人才。政府补贴不仅能够帮助高校弥补新增成本，还能够通过对补贴对象和环节的选择引导高校提升创新型人才培养水平。同时，还应加大对创新服务中介机构的补贴力度。目前政府利用补贴为创新主体提供服务，主要是直接对产学研机构进行补贴和直接对为产学研机构提供服务的政府相关部门进行补贴这两种方式，一定程度上忽视了中介机构在区域创新系统的作用。作为区域创新活动服务主体，中介机构在市场化条件下能够为各创新主体提供更加全面的创新服务，也能更加有效地帮助其实现成果转化。目前河南省创新成果转化的效率较低，因此，河南省应当适当对中介机构为创新主体提供的创新服务进行补贴，或直接对为创新主体提供服务的中介机构进行补贴，引导中介机构提升创新服务能力，进而推动区域创新能力的提升，实现产业结构优化升级。

四、完善科技创新活动建设经费投入机制

（一）完善科研投融资体系

完善参与广泛、多方协同、效果显著的科研创新活动投融资体系。首先，政府要强化对投融资体系的监管和引导，为科技创新的健康发展提供良好的外部保障；其次，聘请专门的风险评估机构对项目进行风险评估，对科研机构进行信用评估，鼓励和刺激银行、基金管理机构等各类市场主体为科技创新活动提供有效的资金支持；再次，广泛开展宣传活动，吸引更多、更广泛的社会资本和社会资源进入科技创新领域，推动创新型企业的成长和创新型项目的进展；最后，企业通过对所获取的财政扶持、税收减免、金融支持等资金进行科学合理的使用，实现其良性运转，从而为创新活动提供充足的资金基础。

（二）完善创新项目资金审批和使用的体制机制

政府要对创新项目的资金建立严格的审批体制，要依据立项评估结果实行资金批准和拨付；对于评估后确定可以立项的创新项目，尤其对于有重大社会前景的项目，加快对项目资金的批准和拨付速度；对于不适合立项或者风险过大的创新项目，延缓或者暂停资金拨付。在市场化竞争的前提下，尽量寻找信用度高、实力过硬的企业进行合作，督促有关机构制定并遵照实施严格的资金使用方案，从而提供有效保障。聘请第三方机构对创新项目的资金使用进行监督，实行全流程的监督方式，任何环节违背资金使用方案的举措都要予以调整，严重的要追究相应责任。

五、强化优秀科技人才引进和激励政策

（一）强化人才的引进力度，建立健全科技人才服务体系

首先，要依据科学合理的思路，从长远的角度出发，结合河南省的省情特征，制定有关人才政策，强化人才引进力度，尤其针对创新型河南发展的进程，通过提供优厚的物质条件吸引外地人才，通过良好的服务环境和文化氛围留住人才；

建立人才数据库，广泛引进未来发展所需要的各种优秀人才。其次，根据河南省未来发展的目标定位和现实基础，根据不同行业或企业的人才需求，充分吸收借鉴其他省市的先进经验，尤其要突出优秀人才具体的个性化需求，制定并实施有针对性的科技人才服务体系，营造良好的外部氛围，为优秀人才安心工作提供保障。

（二）建立多层次的人才政策体系，培养实力过硬的科技团队

建立层次广泛、内容互补、功能交错的人才政策体系，既要包含院士、长江学者等高层次引领性人才的引进和服务政策，也要包含对青年科研人员、重点技术人员等发展潜力大的基础性人才的服务政策，培养结构合理的人才梯队。建立针对性强的人才服务政策和激励政策，着力解决各类人才的实际困难，大力提高人才的生活质量和归属感，以利于其安心尽力地开展工作。制定强有力的奖惩措施，根据成果重要度、贡献程度等指标确定奖励的方式以及级别；对学术不端和道德不良等原则性问题实行一票否决制，保证团队能在正确的导向下健康发展。对于有突出贡献的优秀人才，给予重大的奖励和发展机会，打破常规大力使用，为人才成长和发挥力量提供充分的条件和保障。随着科研团队重要性的日益彰显，河南省在人才引进的过程中需要格外注意对科研团队的引进和培养，通过生活条件吸引和工作环境保障，尤其是科研设备等硬件基础设施的提供来引进和培养团队，尤其培养团队核心人物的成长壮大，注重提升团队的凝聚力和向心力，强化对团队的支持力度，实现人才队伍的可持续发展。

参考文献

References

[1] 安同良,周绍东,皮建才.R&D补贴对中国企业自主创新的激励效应[J].经济研究,2009,44(10):87-98,120.

[2] 白俊红,刘宇英.金融市场化与企业技术创新:机制与证据[J].经济管理,2021,43(04):39-54.

[3] 白重恩,刘俏,陆洲,等.中国上市公司治理结构的实证研究[J].经济研究,2005(02):81-91.

[4] 鲍宗客,施玉洁,钟章奇.国家知识产权战略与创新激励——“保护创新”还是“伤害创新”?[J].科学学研究,2020,38(05):843-851.

[5] 毕克新,孙金花,张铁柱,等.基于模糊积分的区域中小企业技术创新测度与评价[J].系统工程理论与实践,2005(02):40-46,61.

[6] 蔡地,黄建山,李春米,等.民营企业的政治关联与技术创新[J].经济评论,2014(02):65-76.

[7] 蔡海静,谢乔昕,章慧敏.权变抑或逐利:环境规制视角下实体企业金融化的制度逻辑[J].会计研究,2021(04):78-88.

[8] 蔡庆丰,陈熠辉,林焜.信贷资源可得性与企业创新:激励还是抑制?——基于银行网点数据和金融地理结构的微观证据[J].经济研究,2020,55(10):124-140.

[9] 蔡庆丰,田霖.产业政策与企业跨行业并购:市场导向还是政策套利[J].中国工业经济,2019(01):81-99.

[10] 曹春方,张超.产权权利束分割与国企创新——基于中央企业分红权激励改革的证据[J].管理世界,2020,36(09):155-168.

[11] 曹建海,邓菁.补贴预期、模式选择与创新激励效果——来自战略性新兴产业的经验证据[J].经济管理,2014,36(08):21-30.

[12] 陈斌开,陈琳,谭安邦.理解中国消费不足:基于文献的评述[J].世界经济,

2014,37(07):3-22.
[13] 陈斌开,林毅夫.金融抑制、产业结构与收入分配[J].世界经济,2012,35(01):3-23.
[14] 陈德球,魏刚,肖泽忠.法律制度效率、金融深化与家族控制权偏好[J].经济研究,2013,48(10):55-68.
[15] 陈胜蓝,马慧.贷款可获得性与公司商业信用——中国利率市场化改革的准自然实验证据[J].管理世界,2018, 34 (11): 108-120,149.
[16] 成力为,孙玮.市场化程度对自主创新配置效率的影响:基于 Cost-Malmquist 指数的高技术产业行业面板数据分析[J].中国软科学,2012(5):128-137.
[17] 程聪,谢洪明,陈盈,等.网络关系、内外部社会资本与技术创新关系研究[J].科研管理,2013,34(11):1-8.
[18] 程新生,谭有超,许垒.公司价值、自愿披露与市场化进程——基于定性信息的披露[J].金融研究,2011(08):111-127.
[19] 储德银,刘文龙.政府创新补贴、企业文化与创新绩效[J].经济管理,2021,43(02):71-87.
[20] 褚剑,胡诗阳.利率市场化进程中的银企互动——上市公司购买银行理财产品的视角[J].中国工业经济,2020(06):155-173.
[21] 褚敏,踪家峰.政府干预、金融深化与经济结构转型——基于"新东北现象"的考察[J].中国软科学,2018(01):63-76.
[22] 戴魁早,刘友金.行业市场化进程与创新绩效——中国高技术产业的经验分析[J].数量经济技术经济研究,2013(09):37-54.
[23] 杜勇,谢瑾,陈建英.CEO 金融背景与实体企业金融化[J].中国工业经济,2019(05):136-154.
[24] 樊春良.科技政策学的知识构成和体系[J].科学学研究,2017,35(02):161-169,254.
[25] 樊纲,王小鲁,马光荣.中国市场化进程对经济增长的贡献[J].经济研究,2011, 46 (09): 4-16.
[26] 方军雄.市场化进程与资本配置效率的改善[J].经济研究,2006(05):50-61.
[27] 方军雄.所有制、制度环境与信贷资金配置[J].经济研究,2007 (12): 82-92.
[28] 方显仓,曹政.行业融资依赖、地区金融深化与中国制造业出口优势[J].世界经济研究,2018(08):17-27,135.
[29] 冯根福,韩冰,闫冰.中国上市公司股权集中度变动的实证分析[J].经济研

究,2002(08):12-18,93.
[30] 冯根福,温军.中国上市公司治理与企业技术创新关系的实证分析[J].中国工业经济,2008(07):91-101.
[31] 冯海波,刘胜.所得课税、风险分担异质性与创新[J].中国工业经济,2017(08):138-155.
[32] 耿强,江飞涛,傅坦.政策性补贴、产能过剩与中国的经济波动——引入产能利用率 RBC 模型的实证检验[J].中国工业经济,2011(05):27-36.
[33] 苟琴，黄益平，刘晓光.银行信贷配置真的存在所有制歧视吗？[J].管理世界,2014 (01)：16-26.
[34] 顾元媛,沈坤荣.地方政府行为与企业研发投入——基于中国省际面板数据的实证分析[J].中国工业经济,2012(10):77-88.
[35] 郭春野,庄子银.知识产权保护与“南方”国家的自主创新激励[J].经济研究,2012,47(09):32-45.
[36] 郭晓玲,李凯,石俊国.买方市场势力、市场竞争环境与研发投入——基于高新技术上市公司的经验证据[J].科研管理,2021,42(11):129-136.
[37] 韩凤芹,陈亚平.税收优惠真的促进了企业技术创新吗？——来自高新技术企业 15%税收优惠的证据[J].中国软科学,2021(11):19-28.
[38] 何孝星,余军. 资本市场开放、本币升值与居民资产结构调整——分析中国股市上涨的三重视角[J]. 金融研究，2008 (1)：42-52.
[39] 贺德方,唐玉立,周华东.科技创新政策体系构建及实践[J].科学学研究,2019,37(01):3-10,44.
[40] 黄灿,李善民.股东关系网络、信息优势与企业绩效[J].南开管理评论,2019,22(02):75-88,127.
[41] 黄桂田,何石军.结构扭曲与中国货币之谜——基于转型经济金融抑制的视角[J].金融研究,2011(07):1-13.
[42] 黄俊,陈信元.集团化经营与企业研发投资——基于知识溢出与内部资本市场视角的分析[J].经济研究,2011,46(06):80-92.
[43] 黄曼,朱桂龙,胡军燕.创新政策工具分类选择与效应评价[J].中国科技论坛，2016(01):26-30.
[44] 纪晓丽.市场化进程、法制环境与技术创新[J].科研管理,2011,32(05):8-16.
[45] 纪洋，谭语嫣，黄益平.金融双轨制与利率市场化[J].经济研究,2016，51(06)：45-57.
[46] 纪洋，王旭，谭语嫣，等.经济政策不确定性、政府隐性担保与企业杠杆率

分化[J].经济学(季刊),2018, 17 (02): 449-470.
[47] 纪彰波,臧日宏.资本市场开放能够提高股票价格稳定性吗?:基于沪港通的经验证据[J].世界经济研究,2019(05):14-26,52,134.
[48] 贾军,张卓.中国高技术产业技术创新与能源效率协同发展实证研究[J].中国人口·资源与环境,2013,23(02):36-42.
[49] 简泽,谭利萍,吕大国,等.市场竞争的创造性、破坏性与技术升级[J].中国工业经济,2017(05):16-34.
[50] 江曙霞,陈玉婵.金融约束政策下的金融发展与经济效率[J].统计研究,2011,28(07):21-26.
[51] 江希和,王水娟.企业研发投资税收优惠政策效应研究[J].科研管理,2015,36(06):46-52.
[52] 江轩宇.政府放权与国有企业创新——基于地方国企金字塔结构视角的研究[J].管理世界,2016(09):120-135.
[53] 姜付秀, 屈耀辉, 陆正飞, 等. 产品市场竞争与资本结构动态调整[J]. 经济研究, 2008(04):99-110.
[54] 姜付秀,黄磊,张敏.产品市场竞争、公司治理与代理成本[J].世界经济,2009,32(10):46-59.
[55] 蒋海,张小林,陈创练.利率市场化进程中商业银行的资本缓冲行为[J].中国工业经济,2018(11):61-78.
[56] 蒋瑜洁,郭婷,王尚可,等.新兴国家如何实现突破性技术创新——基于中美 V2X 专利数据对比分析[J].科学学研究,2021,39(10):1882-1896.
[57] 解维敏,唐清泉,陆姗姗.政府 R&D 资助,企业 R&D 支出与自主创新——来自中国上市公司的经验证据[J].金融研究,2009(06):86-99.
[58] 靳庆鲁, 侯青川, 李刚, 等.放松卖空管制、公司投资决策与期权价值[J].经济研究, 2015,(10):76-88.
[59] 鞠晓生,卢荻,虞义华.融资约束、营运资本管理与企业创新可持续性[J].经济研究,2013,48(01):4-16.
[60] 孔东民,刘莎莎,王亚男.市场竞争、产权与政府补贴[J].经济研究,2013,48(02):55-67.
[61] 孔令文,徐长生,易鸣.市场竞争程度、需求规模与企业技术创新——基于中国工业企业微观数据的研究[J].管理评论,2022,34(01):118-129.
[62] 黎文靖,彭远怀,谭有超.知识产权司法保护与企业创新——兼论中国企业创新结构的变迁[J].经济研究,2021,56(05):144-161.
[63] 黎文靖,汪顺,陈黄悦.平衡的发展目标与不平衡的发展——增长目标偏离

与企业创新[J].管理世界,2020,36(12):162-175.
[64] 黎文靖,郑曼妮.实质性创新还是策略性创新?——宏观产业政策对微观企业创新的影响[J].经济研究,2016,51(04):60-73.
[65] 李春涛,郭培培,张璇.知识产权保护、融资途径与企业创新——基于跨国微观数据的分析[J].经济评论,2015(01):77-91.
[66] 李俊青,苗二森.不完全契约条件下的知识产权保护与企业出口技术复杂度[J].中国工业经济,2018(12):115-133.
[67] 李俊生,姚东旻.财政学需要什么样的理论基础?——兼评市场失灵理论的"失灵"[J].经济研究,2018,53(09):20-36.
[68] 李玲,陶厚永.纵容之手、引导之手与企业自主创新——基于股权性质分组的经验证据[J].南开管理评论,2013,16(03):69-79,88.
[69] 李萍,冯梦黎.利率市场化对我国经济增长质量的影响:一个新的解释思路[J].经济评论,2016(02):74-84,160.
[70] 李沁洋,许年行.资本市场对外开放与股价崩盘风险——来自沪港通的证据[J].管理科学学报,2019,22(08):108-126.
[71] 李善民,黄灿,史欣向.信息优势对企业并购的影响——基于社会网络的视角[J].中国工业经济,2015(11):141-155.
[72] 李伟.金融深化、金融约束与中国金融发展[J].经济管理,2002(03):81-83.
[73] 李文贵,余明桂.民营化企业的股权结构与企业创新[J].管理世界,2015(04):112-125.
[74] 李学峰,文茜.资本市场对外开放提升了市场有效性吗?——一项国际比较研究[J].国际金融研究,2012(08):85-96.
[75] 连立帅,朱松,陈关亭.资本市场开放、非财务信息定价与企业投资——基于沪深港通交易制度的经验证据[J].管理世界,2019,35(08):136-154.
[76] 梁上坤.机构投资者持股会影响公司费用粘性吗?[J].管理世界,2018,34(12):133-148.
[77] 廖信林,顾炜宇,王立勇.政府R&D资助效果、影响因素与资助对象选择——基于促进企业R&D投入的视角[J].中国工业经济,2013(11):148-160.
[78] 廖中举,程华.企业技术创新激励措施的影响因素及绩效研究[J].科研管理,2014,35(07):60-66.
[79] 刘冲,刘晨冉,孙腾.交通基础设施、金融约束与县域产业发展——基于"国道主干线系统"自然实验的证据[J].管理世界,2019,35(07):78-88,203.
[80] 刘莉亚,余晶晶,杨金强,等.竞争之于银行信贷结构调整是双刃剑

吗？——中国利率市场化进程的微观证据[J]. 经济研究，2017，52(05)：131-145.
[81] 刘莉亚，余晶晶.银行竞争对货币政策传导效率的推动力效应研究——利率市场化进程中银行业的微观证据[J].国际金融研究，2018(03)：57-67.
[82] 刘乾，陈林.R&D溢出效应下企业社会责任与技术创新[J].中国软科学，2021(07)：120-130.
[83] 刘小玄，周晓艳.金融资源与实体经济之间配置关系的检验——兼论经济结构失衡的原因[J].金融研究，2011(02)：57-70.
[84] 刘运国，刘雯. 我国上市公司的高管任期与R&D支出[J]. 管理世界，2007(01)：128-136.
[85] 刘振，刘博.股权集中度、管理者薪酬组合与自主创新投资[J].科研管理，2018，39(12)：95-102.
[86] 卢馨，郑阳飞，李建明.融资约束对企业R&D投资的影响研究——来自中国高新技术上市公司的经验证据[J].会计研究，2013(05)：51-58，96.
[87] 鲁桐，党印.公司治理与技术创新：分行业比较[J].经济研究，2014，49(06)：115-128.
[88] 鲁晓东，连玉君.中国工业企业全要素生产率估计：1999—2007[J].经济学(季刊)，2012，11(02)：541-558.
[89] 陆桂贤，许承明，许凤娇.金融深化与地区资本配置效率的再检验：1999—2013[J].国际金融研究，2016(03)：28-39.
[90] 陆正飞，何捷，窦欢. 谁更过度负债：国有还是非国有企业[J]. 经济研究，2015(12)：54-67.
[91] 罗思平，于永达.技术转移、"海归"与企业技术创新——基于中国光伏产业的实证研究[J].管理世界，2012(11)：124-132.
[92] 吕冰洋，毛捷.金融抑制和政府投资依赖的形成[J].世界经济，2013，36(07)：48-67.
[93] 毛盛志，张一林.金融发展、产业升级与跨越中等收入陷阱——基于新结构经济学的视角[J].金融研究，2020(12)：1-19.
[94] 孟猛猛，雷家骕，焦捷.专利质量、知识产权保护与经济高质量发展[J].科研管理，2021，42(01)：135-145.
[95] 聂辉华，谭松涛，王宇锋.创新、企业规模和市场竞争：基于中国企业层面的面板数据分析[J].世界经济，2008(07)：57-66.
[96] 牛建波，吴超，李胜楠.机构投资者类型、股权特征和自愿性信息披露[J].管理评论，2013，25(03)：48-59.

[97] 潘冬阳,陈川祺,Michael Grubb.金融政策与经济低碳转型——基于增长视角的研究[J].金融研究,2021(12):1-19.

[98] 潘越,汤旭东,宁博,等.连锁股东与企业投资效率:治理协同还是竞争合谋[J].中国工业经济,2020(02):136-164.

[99] 阮睿,孙宇辰,唐悦,等.资本市场开放能否提高企业信息披露质量?——基于“沪港通”和年报文本挖掘的分析[J].金融研究,2021(02):188-206.

[100] 邵金菊,王培.中国软件服务业投入产出效率及影响因素实证分析[J].管理世界,2013(07):176-177.

[101] 邵敏,包群.政府补贴与企业生产率——基于我国工业企业的经验分析[J].中国工业经济,2012(07):70-82.

[102] 申创,赵胜民,李莹.利率市场化、非利息收入与银行净息差——兼论分类非利息收入的差异化影响路径[J].统计研究,2020,37(05):68-81.

[103] 沈永建,徐巍,蒋德权.信贷管制、隐性契约与贷款利率变相市场化——现象与解释[J].金融研究,2018(07):49-68.

[104] 沈勇涛, 陈松, 周睿,等. 利率市场化改革与企业高质量发展——基于信贷资本流向的经验证据[J]. 会计与经济研究, 2021, 35(01):77-91.

[105] 施萧萧,张庆普.网络嵌入对企业突破性创新能力影响研究——以网络分裂断层为调节变量[J].科学学与科学技术管理,2021,42(01):90-109.

[106] 史青,李平,宗庆庆.出口中学:基于企业研发策略互动的视角[J].世界经济,2017,40(06):72-97.

[107] 宋竞,胡顾妍,何琪.风险投资与企业技术创新:产品市场竞争的调节作用[J].管理评论,2021,33(09):77-88.

[108] 宋清,刘奕惠.市场竞争程度、研发投入和中小科技企业创新产出——基于风险投资调节的条件过程分析[J].中国软科学,2021(10):182-192.

[109] 眭纪刚,刘影.创新发展中的竞争与垄断[J].中国软科学,2018(09):54-63.

[110] 孙国茂, 陈国文. 金融业利润增长对制造业的影响[J]. 中国工业经济, 2014(04):45-57.

[111] 孙亮, 柳建华.银行业改革、市场化与信贷资源的配置[J].金融研究,2011(01): 94-109.

[112] 孙伍琴,王培.中国金融发展促进技术创新研究[J].管理世界,2013(06):172-173.

[113] 孙晓华,郭旭,王昀.政府补贴、所有权性质与企业研发决策[J].管理科学学报,2017,20(06):18-31.

[114] 孙兆斌.股权集中、股权制衡与上市公司的技术效率[J].管理世界,2006

(07):115-124.
[115] 孙铮,刘凤委,李增泉.市场化程度、政府干预与企业债务期限结构——来自我国上市公司的经验证据[J].经济研究,2005(05):52-63.
[116] 谭德凯,田利辉.民间金融发展与企业金融化[J].世界经济,2021,44(03):61-85.
[117] 唐清泉,罗党论.政府补贴动机及其效果的实证研究——来自中国上市公司的经验证据[J].金融研究,2007(06):149-163.
[118] 田国强,赵旭霞.金融体系效率与地方政府债务的联动影响——民企融资难融资贵的一个双重分析视角[J].经济研究,2019,54(08):4-20.
[119] 田轩.金融创新支持实体经济创新[J].新金融评论,2019(04):46-58.
[120] 田轩.科创板和注册制的成功关乎我国技术创新的发展[J].清华金融评论,2019(06):16-18.
[121] 田轩.资本市场开放政策与科技创新[J].清华金融评论,2020(02):99-100.
[122] 田志龙,陈丽玲,顾佳林.我国政府创新政策的内涵与作用机制:基于政策文本的内容分析[J].中国软科学,2019(02):11-22.
[123] 万良勇,查媛媛,饶静.实体企业金融化与企业创新产出——有调节的中介效应[J].会计研究,2020(11):98-111.
[124] 汪明月,李颖明.企业绿色技术创新升级及政府价格型规制的调节作用研究[J].科研管理,2022(03):1-20.
[125] 王博,梁洪,张晓玫.利率市场化、货币政策冲击与线上线下民间借贷[J].中国工业经济,2019(06):60-78.
[126] 王博雅,蔡翼飞.创新产业支持政策体系研究[J].宏观经济研究,2018(10):93-104,120.
[127] 王东静,张祥建.利率市场化、企业融资与金融机构信贷行为研究[J].世界经济,2007(2):50-59.
[128] 王芳.经济金融化与经济结构调整[J].金融研究,2004(08):120-128.
[129] 王飞绒,胡祝琳,李亦晨.影响小微企业社会网络构建因素的实证研究[J].中国科技论坛,2014(09):63-68.
[130] 王红建,杨筝,阮刚铭,等.放松利率管制、过度负债与债务期限结构[J].金融研究,2018(02):100-117.
[131] 王红建,陈松,李艾珉.产业政策、信贷资本逆向流动与企业转型升级——基于信贷资本在不同生产率企业间的再配置研究[J].经济评论,2020(02):52-67.
[132] 王俊.我国政府 R&D 税收优惠强度的测算及影响效应检验[J].科研管

理,2011,32(09):157-164.

[133] 王敏,方荣贵,银路.基于产业生命周期的共性技术供给模式比较研究——以半导体产业为例[J].中国软科学,2013(09):124-132,111.

[134] 王霄,胡军.社会资本结构与中小企业创新——一项基于结构方程模型的实证研究[J].管理世界,2005(07):116-122,171.

[135] 王小鲁,樊纲,胡李鹏.中国分省份市场化指数报告(2018)[M].北京:社会科学文献出版社,2019.

[136] 王小鲁,樊纲.中国地区差距的变动趋势和影响因素[J].经济研究,2004(01):33-44.

[137] 王勋,Anders Johansson.金融抑制与经济结构转型[J].经济研究,2013,48(01):54-67.

[138] 王彦超.金融抑制与商业信用二次配置功能[J].经济研究,2014,49(06):86-99.

[139] 王一鸣,王君.关于提高企业自主创新能力的几个问题[J].中国软科学,2005(07):10-14,32.

[140] 王营,张光利.董事网络和企业创新:引资与引智[J].金融研究,2018(06):189-206.

[141] 王昀,孙晓华.政府补贴驱动工业转型升级的作用机理[J].中国工业经济,2017(10):99-117.

[142] 温军,冯根福.异质机构、企业性质与自主创新[J].经济研究,2012,47(03):53-64.

[143] 文豪.市场特征、知识产权与技术创新:基于产业差异的分析[J].管理世界,2009(09):172-173.

[144] 吴非,申么,祝佳,等.利率市场化对企业技术创新的驱动效应研究——异质性特征、微观机理与政府激励解构[J].中国软科学,2021(08):120-129.

[145] 吴静桦,王靖茹,刘建秋,等.贷款利率市场化改革与企业全要素生产率——来自贷款利率上下限放开的微观证据[J].会计研究,2021(04):145-156.

[146] 吴伟伟,张天一.非研发补贴与研发补贴对新创企业创新产出的非对称影响研究[J].管理世界,2021,37(03):137-160,10.

[147] 吴晓晖,叶瑛.市场化进程、资源获取与创业企业绩效——来自中国工业企业的经验证据[J].中国工业经济,2009(05):77-86.

[148] 吴延兵.中国式分权下的偏向性投资[J].经济研究,2017,52(06):137-152.

[149] 夏清华,乐毅.风险投资促进了中国企业的技术创新吗?[J].科研管理,

2021,42(07):189-199.
[150] 肖兴志,王伊攀.战略性新兴产业政府补贴是否用在了“刀刃”上?——基于254家上市公司的数据[J].经济管理,2014,36(04):19-31.
[151] 徐莉萍,辛宇,陈工孟.股权集中度和股权制衡及其对公司经营绩效的影响[J].经济研究,2006(01):90-100.
[152] 杨柏,陈银忠,李爱国,等.政府科技投入、区域内产学研协同与创新效率[J].科学学研究,2021,39(07):1335-1344.
[153] 杨松令,牛登云,刘亭立,等.实体企业金融化、分析师关注与内部创新驱动力[J].管理科学,2019,32(02):3-18.
[154] 杨亭亭,罗连化,许伯桐.政府补贴的技术创新效应:“量变”还是“质变”?[J].中国软科学,2018(10):52-61.
[155] 杨晓辉,游达明.考虑消费者环保意识与政府补贴的企业绿色技术创新决策研究[J].中国管理科学,2021(2):1-12.
[156] 杨筝,刘放,李茫茫.利率市场化、非效率投资与资本配置——基于中国人民银行取消贷款利率上下限的自然实验[J].金融研究,2017(05):81-96.
[157] 杨子晖,陈创练.金融深化条件下的跨境资本流动效应研究[J].金融研究,2015(05):34-49.
[158] 姚洋,章奇.中国工业企业技术效率分析[J].经济研究,2001(10):13-19,28-95.
[159] 易纲.中国改革开放三十年的利率市场化进程[J].金融研究,2009(01):1-14.
[160] 易靖韬,张修平,王化成.企业异质性、高管过度自信与企业创新绩效[J].南开管理评论,2015,18(06):101-112.
[161] 易信,刘凤良.金融发展、技术创新与产业结构转型——多部门内生增长理论分析框架[J].管理世界,2015(10):24-39,90.
[162] 游达明,朱桂菊.不同竞合模式下企业生态技术创新最优研发与补贴[J].中国工业经济,2014(08):122-134.
[163] 于飞,胡泽民,董亮,等.知识耦合对企业突破式创新的影响机制研究[J].科学学研究,2018,36(12):2292-2304.
[164] 于泽,钱智俊,方庆,等.数量管制、流动性错配和企业高额现金持有——来自上市公司的证据[J].管理世界,2017(02):67-84.
[165] 余静文.最优金融条件与经济发展——国际经验与中国案例[J].经济研究,2013,48(12):106-119.
[166] 余明桂,回雅甫,潘红波.政治联系、寻租与地方政府财政补贴有效性[J].

经济研究,2010,45(03):65-77.
[167] 余明桂,李文贵,潘红波.民营化、产权保护与企业风险承担[J].经济研究,2013,48(09):112-124.
[168] 余明桂,石沛宁,钟慧洁,等.垄断与企业创新——来自《反垄断法》实施的证据[J].南开管理评论,2021,24(01):159-168,180,204-206.
[169] 余怒涛,张华玉,刘昊.非控股大股东与企业金融化:蓄水池还是套利工具?[J].南开管理评论,2021(12):1-33.
[170] 袁军,邵燕敏,王珏.研发补贴集中度、高管技术背景与企业创新——以战略性新兴产业上市公司为例[J].系统工程理论与实践,2022(05):1185-1196.
[171] 张成思,郑宁.中国实体企业金融化:货币扩张、资本逐利还是风险规避?[J].金融研究,2020(09):1-19.
[172] 张成思,郑宁.中国实业部门金融化的异质性[J].金融研究,2019(07):1-18.
[173] 张红军.中国上市公司股权结构与公司绩效的理论及实证分析[J].经济科学,2000(04):34-44.
[174] 张杰,郑文平,翟福昕.竞争如何影响创新:中国情景的新检验[J].中国工业经济,2014(11):56-68.
[175] 张杰,陈志远,杨连星,等.中国创新补贴政策的绩效评估:理论与证据[J].经济研究,2015,50(10):4-17,33.
[176] 张杰,芦哲,郑文平,等.融资约束、融资渠道与企业 R&D 投入[J].世界经济,2012,35(10):66-90.
[177] 张杰,周晓艳,李勇.要素市场扭曲抑制了中国企业 R&D?[J].经济研究,2011,46(08):78-91.
[178] 张杰.金融抑制、融资约束与出口产品质量[J].金融研究,2015(06):64-79.
[179] 张杰.中国政府创新政策的混合激励效应研究[J].经济研究,2021,56(08):160-173.
[180] 张军,金煜.中国的金融深化和生产率关系的再检测:1987—2001[J].经济研究,2005(11):34-45.
[181] 张龙耀,张海宁.金融约束与家庭创业——中国的城乡差异[J].金融研究,2013(09):123-135.
[182] 张前程,龚刚.政府干预、金融深化与行业投资配置效率[J].经济学家,2016(02):60-68.
[183] 张曙光,赵农.市场化及其测度——兼评《中国经济体制市场化进程研究》

[J].经济研究,2000(10):73-77.
[184] 张伟华,毛新述,刘凯璇.利率市场化改革降低了上市公司债务融资成本吗?[J].金融研究,2018(10):106-122.
[185] 张宗和,彭昌奇.区域技术创新能力影响因素的实证分析——基于全国30个省市区的面板数据[J].中国工业经济,2009(11):35-44.
[186] 张宗益,吴恒宇,吴俊.商业银行价格竞争与风险行为关系——基于贷款利率市场化的经验研究[J].金融研究,2012(07):1-3,5-14.
[187] 章元,程郁,佘国满.政府补贴能否促进高新技术企业的自主创新?——来自中关村的证据[J].金融研究,2018(10):123-140.
[188] 赵晶,孟维烜.官员视察对企业创新的影响——基于组织合法性的实证分析[J].中国工业经济,2016(09):109-126.
[189] 赵芮,曹廷贵.实体企业金融化对技术创新的影响研究[J].经济与管理研究,2021,42(09):62-76.
[190] 赵筱媛,苏竣.基于政策工具的公共科技政策分析框架研究[J].科学学研究,2007,25(01):52-56.
[191] 赵仲匡,李殊琦,杨汝岱.金融约束、对冲与出口汇率弹性[J].管理世界,2016(06):40-50.
[192] 钟凯,孙昌玲,王永妍,等.资本市场对外开放与股价异质性波动——来自"沪港通"的经验证据[J].金融研究,2018(07):174-192.
[193] 周弘,张成思,何启志.中国居民资产配置效率的门限效应研究:金融约束视角[J].金融研究,2018(10):55-71.
[194] 周绍东.企业技术创新与政府R&D补贴:一个博弈[J].产业经济评论,2008(03):38-51.
[195] 周梓洵,张建君,周欣雨.地方政府如何驱动企业"脱虚返实"——来自官员任期的视角[J].经济管理,2021,43(09):31-47.
[196] 朱冰,张晓亮,郑晓佳.多个大股东与企业创新[J].管理世界,2018,34(07):151-165.
[197] 朱琳,伊志宏.资本市场对外开放能够促进企业创新吗?——基于"沪港通"交易制度的经验证据[J].经济管理,2020,42(02):40-57.
[198] 诸竹君,陈航宇,王芳.银行业外资开放与中国企业创新陷阱破解[J].中国工业经济,2020(10):175-192.
[199] 庄子银,贾红静,肖春唤.突破性创新研究进展[J].经济学动态,2020(09):145-160.
[200] 邹洋,张瑞君,孟庆斌,等.资本市场开放能抑制上市公司违规吗?——来

自"沪港通"的经验证据[J].中国软科学,2019(08):120-134.

[201] ACEMOGLU D, CAO D. Innovation by entrants and incumbents[J]. Journal of Economic Theory, 2015, 157: 255-294.

[202] AGGARWAL R, EREL I, FERREIRA M, et al. Does governance travel around the world? Evidence from institutional investors[J]. Journal of Financial Economics, 2011, 100(1): 154-181.

[203] AGHION P, BLOOM N, BLUNDELL R, et al. Competition and innovation: An inverted-U relationship[J]. The Quarterly Journal of Economics, 2005, 120(2): 701-728.

[204] AGHION P, VAN REENEN J, ZINGALES L. Innovation and institutional ownership[J]. American Economic Review, 2013, 103(1): 277-304.

[205] ALECKE B, REINKOWSKI J, MITZE T, et al.Does firm size make a difference? Analysing the effectiveness of R&D subsidies in East Germany[J]. German Economic Review, 2012, 13(2): 174-195.

[206] ALMEIDA H, CAMPELLO M. Financial constraints, asset tangibility, and corporate investment[J]. The Review of Financial Studies, 2007, 20(5): 1429-1460.

[207] ANGKINAND A P, SAWANGNGOENYUANG W, WIHLBORG C. Financial liberalization and banking crises: A cross-country analysis[J]. International Review of Finance, 2010, 10(2): 263-292.

[208] ANTÓN M, EDERER F, GINÉ M, et al. Common ownership, competition, and top management incentives[J]. Ross School of Business Paper, 2016(2046):1-65.

[209] AYYAGARI M, DEMIRGÜÇ-KUNT A, MAKSIMOVIC V. How important are financing constraints? The role of finance in the business environment[J]. The World Bank Economic Review, 2008, 22(3): 483-516.

[210] AZAR J,SCHMALZ M C, TECU I.Anticompetitive effects of common ownership[J].Journal of Finance,2018, 73(4):1513-1565.

[211] BAHEMIA H, SILLINCE J, VANHAVERBEKE W. The timing of openness in a radical innovation project, a temporal and loose coupling perspective[J]. Research Policy, 2018, 47(10): 2066-2076.

[212] BARBAROUX P. From market failures to market opportunities:

Managing innovation under asymmetric information[J]. Journal of Innovation and Entrepreneurship, 2014, 3(1): 1-15.

[213] BAYSINGER B D, KOSNIK R D, TURK T A. Effects of board and ownership structure on corporate R&D strategy[J]. Academy of Management Journal, 1991, 34(1): 205-214.

[214] BECKER B, HALL S G. The determinants of high-tech versus low-tech R&D investment: Evidence from testing the pooling assumption[J]. NIESR Discussion Papers, 2003, 217: 1-35.

[215] BECKER B, IVASHINA V. Financial repression in the European sovereign debt crisis[J]. Review of Finance, 2018, 22(1): 83-115.

[216] BEKAERT G, HARVEY C R, LUNDBLAD C T. Equity market liberalization in emerging markets[J]. Journal of Financial Research, 2003, 26(3): 275-299.

[217] BEKAERT G, HARVEY C R, LUNDBLAD C. Does financial liberalization spur growth? [J]. Journal of Financial Economics, 2005, 77(1): 3-55.

[218] BEKAERT G, HARVEY C R. Foreign speculators and emerging equity markets[J]. The Journal of Finance, 2000, 55(2): 565-613.

[219] BHADURI A. A contribution to the theory of financial fragility and crisis[J]. Cambridge Journal of Economics, 2011, 35(6): 995-1014.

[220] BHARATH S T, JAYARAMAN S, NAGAR V. Exit as governance: An empirical analysis[J]. The Journal of Finance, 2013, 68(6): 2515-2547.

[221] BIRKINSHAW J, BESSANT J, DELBRIDGE R. Finding, forming, and performing: Creating networks for discontinuous innovation[J]. California Management Review, 2007, 49(3): 67-84.

[222] BRADLEY S W, WIKLUND J, SHEPHERD D A. Swinging a double-edged sword: The effect of slack on entrepreneurial management and growth[J]. Journal of Business Venturing, 2011, 26(5): 537-554.

[223] BRANDT L, LI H. Bank discrimination in transition economies: ideology, information, or incentives? [J]. Journal of Comparative Economics,2003, 31 (3): 387-413.

[224] BRENNER H, HOFFMEISTER M, ARNDT V, et al. Protection from right-and left-sided colorectal neoplasms after colonoscopy: Population-

based study[J]. Journal of the National Cancer Institute, 2010, 102(2): 89-95.

[225] BROOKS C, CHEN Z, ZENG Y. Institutional cross-ownership and corporate strategy: The case of mergers and acquisitions[J]. Journal of Corporate Finance, 2018, 48: 187-216.

[226] BROWN J R, MARTINSSON G, PETERSEN B C. Do financing constraints matter for R&D? [J]. European Economic Review, 2012, 56(8): 1512-1529.

[227] CHAN K, MENKVELD A J, YANG Z. Information asymmetry and asset prices: Evidence from the China foreign share discount[J]. The Journal of Finance, 2008, 63(1): 159-196.

[228] CHANG C, LIU Z, SPIEGEL M M, et al. Reserve requirements and optimal Chinese stabilization policy[J].Journal of Monetary Economics, 2019, 103: 33-51.

[229] CHARI V V, DOVIS A, KEHOE P J. On the optimality of financial repression[J]. Journal of Political Economy, 2016, 128(2): 710-739.

[230] CHEN Q, CHEN X, SCHIPPER K, et al. The sensitivity of corporate cash holdings to corporate governance[J]. The Review of Financial Studies, 2012, 25(12): 3610-3644.

[231] CLEMENTI G L, HOPENHAYN H A. A theory of financing constraints and firm dynamics[J]. The Quarterly Journal of Economics, 2006, 121(1): 229-265.

[232] COAD A, RAO R. Firm growth and R&D expenditure[J]. Economics of Innovation and New Technology, 2010, 19(2): 127-145.

[233] CRANE A D, MICHENAUD S, WESTON J P. The effect of institutional ownership on payout policy: Evidence from index thresholds[J]. The Review of Financial Studies, 2016, 29(6): 1377-1408.

[234] CZARNITZKI D, KRAFT K. Capital control, debt financing and innovative activity[J]. Journal of Economic Behavior & Organization, 2009, 71(2): 372-383.

[235] DAHLIN K, BEHRENS D. When is an invention really radical?: Defining and measuring technological radicalness[J]. Research Policy, 2005, 34(5): 717-737.

[236] DELGADO-VERDE M, MARTIN-DE CASTRO G, AMORES-SALVADO J. Intellectual capital and radical innovation: Exploring the quadratic effects in technology-based manufacturing firms [J]. Technovation, 2016, 54: 35-47.

[237] DEMIR F. Financial liberalization, private investment and portfolio choice: Financialization of real sectors in emerging markets[J]. Journal of Development Economics, 2009, 88(2): 314-324.

[238] DENIS D J, MCKEON S B. Debt financing and financial flexibility evidence from proactive leverage increases [J]. Review of Financial Studies, 2012, (25):1897-1929.

[239] DORE R. Financialization of the global economy [J]. Industrial and Corporate Change, 2008, 17(6): 1097-1112.

[240] EDMANS A, LEVIT D, REILLY D. Governance under common ownership [J]. The Review of Financial Studies, 2019, 32 (7): 2673-2719.

[241] ELIAS A A, CAVANA R Y, JACKSON L S. Stakeholder analysis for R&D project management [J]. R&D Management, 2002, 32 (4): 301-310.

[242] FACCIO M, MARCHICA M T, MURA R. Large shareholder diversification and corporate risk-taking [J]. The Review of Financial Studies, 2011, 24(11): 3601-3641.

[243] FÄRNSTRAND DAMSGAARD E, HJERTSTRAND P, NORBÄCK P J, et al. Why entrepreneurs choose risky R&D projects—but still not risky enough[J].The Economic Journal, 2017, 127 (605):164-199.

[244] FERREIRA M A, MATOS P. The colors of investors' money: The role of institutional investors around the world [J]. Journal of Financial Economics, 2008, 88(3): 499-533.

[245] FLANAGAN K, UYARRA E, LARANJA M. Reconceptualising the 'policy mix'for innovation[J]. Research Policy, 2011, 40(5): 702-713.

[246] FLOR M L, COOPER S Y, OLTRA M J. External knowledge search, absorptive capacity and radical innovation in high-technology firms[J]. European Management Journal, 2018, 36(2): 183-194.

[247] FORNAHL D, BROEKEL T, BOSCHMA R. What drives patent performance of German biotech firms? The impact of R&D subsidies,

knowledge networks and their location[J]. Papers in Regional Science, 2011, 90(2): 395-418.

[248] FREEMAN K. The effects of common ownership on customer-supplier relationships[J]. Kelley School of Business Research Paper, 2019 (11): 16-84.

[249] FREEMAN R B. It's financialization! [J]. International Labour Review, 2010, 149(2): 163-183.

[250] GALASSO A, SCHANKERMAN M. Patents and cumulative innovation: Causal evidence from the courts[J]. The Quarterly Journal of Economics, 2015, 130(1): 317-369.

[251] GALINDO A, SCHIANTARELLI F, WEISS A. Does financial liberalization improve the allocation of investment?: Micro-evidence from developing countries [J]. Journal of Development Economics, 2007, 83(2): 562-587.

[252] GARCÍA-VILLAVERDE P M, ELCHE D, MARTINEZ-PEREZ A, et al. Determinants of radical innovation in clustered firms of the hospitality and tourism industry[J]. International Journal of Hospitality Management, 2017, 61: 45-58.

[253] GIANNETTI M, LIAO G, YU X. The brain gain of corporate boards: Evidence from China [J]. The Journal of Finance, 2015, 70 (4): 1629-1682.

[254] GIBBERT M, SCRANTON P. Constraints as sources of radical innovation? Insights from jet propulsion development[J]. Management & Organizational History, 2009, 4(4): 385-399.

[255] GIULIANI E, ARZA V. What drives the formation of 'Valuable' university-industry linkages?: Insights from the Wine industry [J]. Research policy, 2009, 38(6): 906-921.

[256] GLASS A J, SAGGI K. Intellectual property rights and foreign direct investment[J]. Journal of International economics, 2002, 56 (2): 387-410.

[257] GONZÁLEZ I, SALA H. Investment Crowding-Out and labor market effects of financialization in the US[J]. Scottish Journal of Political Economy, 2014, 61(5): 589-613.

[258] GONZÁLEZ X, PAZÓ C. Do public subsidies stimulate private R&D

spending? [J]. Research Policy, 2008, 37(3): 371-389.

[259] GOVINDARAJAN V, KOPALLE P K. Disruptiveness of innovations: measurement and an assessment of reliability and validity[J]. Strategic Management Journal, 2006, 27(2): 189-199.

[260] GROSS D P. Creativity under fire: The effects of competition on creative production[J]. Review of Economics and Statistics, 2020, 102 (3): 583-599.

[261] GUO J, PAN J, GUO J, et al. Measurement framework for assessing disruptive innovations[J]. Technological Forecasting and Social Change, 2019, 139: 250-265.

[262] GUPTA N, YUAN K. On the growth effect of stock market liberalizations[J]. The Review of Financial Studies, 2009, 22(11): 4715-4752.

[263] HALL B H. The financing of innovation[J]. The Handbook of Technology and Innovation Management, 2005: 409-430.

[264] HALL B H. The Financing of Research and Development[J]. Oxford Review of Economic Policy, 2002, (18): 35-51.

[265] HALL B, VAN REENEN J. How effective are fiscal incentives for R&D? A review of the evidence[J]. Research Policy, 2000, 29(4-5): 449-469.

[266] HASAN I, WACHTEL P, ZHOU M. Institutional development, financial deepening and economic growth: Evidence from China[J]. Journal of Banking & Finance, 2009, 33(1): 157-170.

[267] HE D, WANG H. Dual-trackinterest rates and the conduct of monetary policy in China[J].China Economic Review,2012, 23(4):928-947.

[268] HE J J, HUANG J, ZHAO S. Internalizing governance externalities: The role of institutional cross-ownership[J]. Journal of Financial Economics, 2019, 134(2): 400-418.

[269] HE J J, HUANG J. Product market competition in a world of cross-ownership: Evidence from institutional blockholdings[J]. The Review of Financial Studies, 2017, 30(8): 2674-2718.

[270] HENRY P B. Stock market liberalization, economic reform, and emerging market equity prices[J]. The Journal of Finance, 2000, 55 (2): 529-564.

[271] HEWITT-DUNDAS N, ROPER S. Exploring market failures in open innovation[J]. International Small Business Journal, 2018, 36(1): 23-40.

[272] HITAJ C. Wind power development in the United States[J]. Journal of Environmental Economics and Management, 2013, 65(3): 394-410.

[273] HOEGL M, GIBBERT M, MAZURSKY D. Financial constraints in innovation projects: When is less more? [J]. Research Policy, 2008, 37(8): 1382-1391.

[274] HONORÉ F, MUNARI F, DE LA POTTERIE B P. Corporate governance practices and companies' R&D intensity: Evidence from European countries[J].Research Policy, 2015, 44(2): 533-543.

[275] JAFFE A B, NEWELL R G, STAVINS R N. A tale of two market failures: Technology and environmental policy[J]. Ecological Economics, 2005, 54(2-3): 164-174.

[276] KANG J K, LUO J, NA H S. Are institutional investors with multiple blockholdings effective monitors? [J]. Journal of Financial Economics, 2018, 128(3): 576-602.

[277] KERR W, NANDA R. Financing constraints and entrepreneurship[J]. National Bureau of Economic Research, 2009(15498): 1-19.

[278] KEUPP M M, GASSMANN O. Resource constraints as triggers of radical innovation: Longitudinal evidence from the manufacturing sector [J]. Research Policy, 2013, 42(8): 1457-1468.

[279] KILPONEN J, SANTAVIRTA T. When do R&D subsidies boost innovation? Revisiting the inverted U-shape[J].Revisiting the Inverted U-Shape,2007(10):1-29.

[280] KIM H, KIM H, LEE P M. Ownership structure and the relationship between financial slack and R&D investments: Evidence from Korean firms[J]. Organization Science, 2008, 19(3): 404-418.

[281] KIM Y K, LEE K, PARK W G, et al. Appropriate intellectual property protection and economic growth in countries at different levels of development[J]. Research Policy, 2012, 41(2): 358-375.

[282] KIYOTAKI N, MOORE J. Financial deepening[J]. Journal of the European Economic Association, 2005, 3(2-3): 701-713.

[283] KLETTE T J, MOEN J. R&D investment responses to R&D subsidies:

A theoretical analysis and econometric evidence[J]. World Review of Science, Technology and Sustainable Development, 2012, 9(2-4): 169-203.

[284] KNIGHT M D. The G20's reform of bank regulation and the changing structure of the global financial system[J]. Global Policy, 2018, 9: 21-33.

[285] KOCHERLAKOTA N. Creating business cycles through credit constraints[J]. Federal Reserve Bank of Minneapolis Quarterly Review, 2000, 24(3): 2-10.

[286] KOTABE M, JIANG C X, MURRAY J Y. Examining the complementary effect of political networking capability with absorptive capacity on the innovative performance of emerging-market firms[J]. Journal of Management, 2017, 43(4): 1131-1156.

[287] KOTZ D M. The financial and economic crisis of 2008: A systemic crisis of neoliberal capitalism[J]. Review of Radical Political Economics, 2009, 41(3): 305-317.

[288] KRIPPNER G R. The financialization of the American economy[J]. Socio-economic Review, 2005, 3(2): 173-208.

[289] LACH S. Do R&D subsidies stimulate or displace private R&D? Evidence from Israel[J]. Journal of Industrial Economics, 2002, 50(4): 369-390.

[290] LEE C Y. A new perspective on industry R&D and market structure[J]. Journal of Industrial Economics, 2005, 53(1): 101-122.

[291] LEE P M, O'NEILL H M. Ownership structures and R&D investments of US and Japanese firms: Agency and stewardship perspectives[J]. Academy of Management Journal, 2003, 46(2): 212-225.

[292] LEMER A C. Building public works infrastructure management systems for achieving high return on public assets[J]. Public Works Management & Policy, 1999, 3(3): 255-272.

[293] LIU Z, WANG P, XU Z. Interest rate liberalization and capital misallocations[J]. American Economic Journal: Macroeconomics, 2021, 13(2): 373-419.

[294] LÓPEZ Á L, VIVES X. Overlapping ownership, R&D spillovers, and antitrust policy[J]. Journal of Political Economy, 2019, 127(5):

2394-2437.
[295] LOVE I. Financial development and financing constraints: International evidence from the structural investment model [J]. The Review of Financial Studies, 2003, 16(3): 765-791.
[296] MADRID-GUIJARRO A, GARCIA D, VAN AUKEN H. Barriers to innovation among Spanish manufacturing SMEs[J]. Journal of Small Business Management, 2009, 47(4): 465-488.
[297] MAZZUCATO M. Innovation systems: From fixing market failures to creating markets[J]. Revista do Serviço Público, 2015, 66(4): 627-640.
[298] MITTON T. Stock market liberalization and operating performance at the firm level [J]. Journal of Financial Economics, 2006, 81(3): 625-647.
[299] MOSHIRIAN F, TIAN X, ZHANG B, et al. Stock market liberalization and innovation[J]. Journal of Financial Economics, 2021, 139(3): 985-1014.
[300] NZOTTA S M, OKEREKE E J. Financial deepening and economic development of Nigeria: An empirical investigation[J]. African Journal of Accounting, Economics, Finance and Banking Research, 2009, 5(5): 52-66.
[301] ORHANGAZI O. Financialisation and capital accumulation in the nonfinancial corporate sector: A theoretical and empirical investigation on the US economy: 1973—2003[J]. Cambridge Journal of Economics, 2008, 32(6): 863-886.
[302] ORTIZ J P D. Financialization: The AIDS of economic system [J]. Ensayos DE Economia, 2014, 23(44): 55-73.
[303] PALLEY T I. Financialization: What it is and why it matters [M]. London: Palgrave Macmillan, 2013: 17-40.
[304] PALMIÉ M, WINCENT J, PARIDA V, et al. The evolution of the financial technology ecosystem: An introduction and agenda for future research on disruptive innovations in ecosystems [J]. Technological Forecasting and Social Change, 2020, 151(119779): 1-36.
[305] PINTUS P A, WEN Y. Leveraged borrowing and boom-bust cycles[J]. Review of Economic Dynamics, 2013, 16(4): 617-633.
[306] REJEB A B, BOUGHRARA A. Financial liberalization and stock

markets efficiency: New evidence from emerging economies [J]. Emerging Markets Review, 2013, 17: 186-208.
[307] RITALA P, SAINIO L M. Coopetition for radical innovation: technology, market and business-model perspectives [J]. Technology Analysis & Strategic Management, 2014, 26(2): 155-169.
[308] ROUSSEAU P L, WACHTEL P. What is happening to the impact of financial deepening on economic growth? [J]. Economic inquiry, 2011, 49(1): 276-288.
[309] SAFARI A. Worldwide venture capital, intellectual property rights, and innovation[J]. Industrial and Corporate Change, 2017, 26(3): 485-515.
[310] SAHAY R, ČIHÁK M, N'DIAYE P, et al. Rethinking financial deepening: Stability and growth in emerging markets [J]. Revista de Economía Institucional, 2015, 17(33): 73-107.
[311] SCHMALZ M C. Common-ownership concentration and corporate conduct[J]. Annual Review of Financial Economics, 2018, 10: 413-448.
[312] SCHOAR A. Effects of corporate diversification on productivity[J]. The Journal of Finance, 2002, 57(6): 2379-2403.
[313] SONG Z, STORESLETTEN K, ZILIBOTTI F. Growing like china[J]. American Economic Review, 2011, 101 (1): 196-233.
[314] STIGLITZ J E. Capital market liberalization, economic growth, and instability[J]. World Development, 2000, 28(6): 1075-1086.
[315] TADESSE S. Financial architecture and economic performance: international evidence[J]. Journal of Financial Intermediation, 2002, 11 (4): 429-454.
[316] TASSEY G. Tax incentives for innovation: Time to restructure the R&E tax credit [J]. Journal of Technology Transfer, 2007, 32 (6): 605-615.
[317] TIROLE J. Market failures and public policy [J]. American Economic Review, 2015, 105(6): 1665-82.
[318] VAN TONGEREN F W. Microsimulation of corporate response to investment subsidies [J]. Journal of Policy Modeling, 1998, 20 (1): 55-75.
[319] WALLSTEN S J. The effects of government-industry R&D programs on private R&D: the case of the small business innovation research

program[J]. The RAND Journal of Economics, 2000: 82-100.

[320] WINSTON C. Government failure versus market failure: Microeconomics policy research and government performance [M]. Washington,DC: Brookings Institution Press, 2007.

[321] WONG B. Understanding stakeholder values as a means of dealing with stakeholder conflicts[J].Software Quality Journal. 2005,13(4):429-445.

[322] YANG L, MASKUS K E. Intellectual property rights, technology transfer and exports in developing countries[J]. Journal of Development Economics, 2009, 90(2): 231-236.

[323] ZAHRA S A, NEUBAUM D O, HUSE M. Entrepreneurship in mediumsize companies: Exploring the effects of ownership and governance systems[J].Journal of Management, 2000,26(5):947-976.

[324] ZHOU K Z, LI C B. How knowledge affects radical innovation: Knowledge base, market knowledge acquisition, and internal knowledge sharing[J]. Strategic Management Journal, 2012, 33(9): 1090-1102.